La Ciudad Perdida del Dios Mono

La Ciudad Perdida del Dios Mono
Una historia real

DOUGLAS PRESTON

Traducción de
HUGO LÓPEZ ARAIZA BRAVO

LITERATURA RANDOM HOUSE

La Ciudad Perdida del Dios Mono

Título original: *The Lost City of the Monkey God*

Primera edición: junio, 2018

D. R. © 2018, Douglas Preston

D. R. © 2018, derechos de edición mundiales en lengua castellana:
Penguin Random House Grupo Editorial, S. A. de C. V.
Blvd. Miguel de Cervantes Saavedra núm. 301, 1er piso,
colonia Granada, delegación Miguel Hidalgo, C. P. 11520,
Ciudad de México

www.megustaleer.mx

D. R. © 2018, Hugo López Araiza Bravo, por la traducción

ISBN: 978-607-316-756-7

Impreso en México – *Printed in Mexico*

El papel utilizado para la impresión de este libro ha sido fabricado a partir de madera procedente
de bosques y plantaciones gestionadas con los más altos estándares ambientales, garantizando
una explotación de los recursos sostenible con el medio ambiente y beneficiosa para las personas.

A mi madre, Dorothy McCann Preston,
quien me enseñó a explorar.

Índice

Capítulo 1

El Portal del Infierno

En lo profundo de Honduras, en una región llamada la Mosquitia, yace uno de los últimos lugares sin explorar de la Tierra. La Mosquitia es una zona vasta y sin ley que cubre unos ochenta mil kilómetros cuadrados, una tierra de jungla, pantanos, lagunas, ríos y montañas. Los primeros mapas la etiquetaban como "Portal del Infierno", por ser tan inhóspita. Es una de las zonas más peligrosas del mundo, y durante siglos ha frustrado los esfuerzos por penetrar y explorarla. Aún hoy, en el siglo XXI, cientos de hectáreas de jungla no han sido investigadas por la ciencia.

En el corazón de la Mosquitia, la selva más densa del mundo alfombra cadenas montañosas implacables, algunas de kilómetro y medio de altura, cortadas por barrancos escarpados, con cascadas altivas y torrentes atronadores. Con diluvios de más de tres metros de precipitación al año, las inundaciones y deslaves barren el terreno cada tanto. Tiene arenas movedizas capaces de tragarse a una persona viva. El sotobosque está infestado de serpientes mortales, jaguares y uñas de gato, hiedras con espinas curvas que desgarran carne y ropa. En la Mosquitia, un grupo experimentado de exploradores, bien equipados con machetes y sierras, puede aspirar a viajar de tres a cinco kilómetros en una jornada brutal de diez horas.

Los peligros de explorar la Mosquitia van más allá de los impedimentos naturales. Honduras tiene una de las tasas de homicidio más altas del mundo. El ochenta por ciento de la cocaína sudamericana destinada a Estados Unidos pasa por el país, la mayoría a través de la Mosquitia. Los cárteles dominan gran parte de la región y pueblos adyacentes. El Departamento de Estado de Estados Unidos actualmente prohíbe al personal del gobierno estadounidense que viaje a la Mosquitia y al estado circundante de Gracias a Dios "debido a información creíble de amenaza contra ciudadanos estadounidenses".

Ese temible aislamiento ha causado un resultado curioso: durante siglos, la Mosquitia ha sido hogar de una de las leyendas más persistentes y seductoras del mundo. En algún lugar de su infranqueable bosque tropical, se dice, yace una "ciudad perdida" de piedra blanca. La llaman "Ciudad Blanca", y también se refieren a ella como la "Ciudad Perdida del Dios Mono". Algunos sostienen que es una ciudad maya, mientras que otros dicen que un pueblo desconocido y ahora desaparecido la construyó hace miles de años.

El 15 de febrero de 2015 me encontraba en una sala de conferencias en el hotel Papa Beto, en Catacamas, Honduras, participando en una sesión informativa. En los siguientes días, nuestro equipo tenía programado ir en helicóptero a un valle sin explorar, conocido sólo como Objetivo Uno, en lo profundo de las montañas interiores de la Mosquitia. El helicóptero nos dejaría en la ribera de un río sin nombre, y nos dejarían a nuestra suerte para levantar a machetazos un campamento primitivo en la selva. Ésa sería nuestra base de operaciones mientras explorábamos lo que creíamos ser las ruinas de una ciudad desconocida. Seríamos los primeros investigadores en entrar a esa parte de la Mosquitia. Ninguno de nosotros tenía la menor idea de lo que veríamos en el terreno, cubierto de jungla densa, en una naturaleza prístina que no había visto seres humanos desde que hay memoria.

Había caído la noche en Catacamas. El jefe de logística de la expedición, parado al frente de la sala, era un exsoldado de nombre Andrew Wood, al que llamaban Woody. Exsargento mayor en el SAS británico y miembro de los Coldstream Guards, Woody era experto en tácticas de guerra y supervivencia en la jungla. Comenzó la sesión diciéndonos que su trabajo era sencillo: mantenernos con vida. Había llamado a reunión para asegurarse de que estuviéramos conscientes de todas las amenazas que podríamos encontrar al explorar el valle. Quería que todos —incluso los líderes nominales de la expedición— entendieran y estuvieran de acuerdo en que su equipo del EXSAS estaría a cargo durante los días que pasaríamos en la selva: iba a ser una estructura de mando casi militar, y seguiríamos sus órdenes sin chistar.

Era la primera vez que nuestra expedición estaba reunida en un solo cuarto, un grupo variopinto de científicos, fotógrafos, productores de cine, arqueólogos y yo, escritor. Teníamos experiencias extremadamente variadas en habilidades de supervivencia.

Woody habló de seguridad con su estilo cortado de británico. Debíamos tener cuidado incluso antes de entrar a la jungla. Catacamas era una ciudad peligrosa, controlada por un cártel violento: nadie podía salir del hotel sin un escolta militar armado. Teníamos que callar lo que estábamos haciendo ahí. No podíamos hablar del proyecto en presencia del personal del hotel, ni dejar tirados papeles que hablaran del trabajo en nuestros cuartos, ni hablar por teléfono en público. Había una gran caja de seguridad en la bodega del hotel para papeles, dinero, mapas, computadoras y pasaportes.

En cuanto a los peligros a los que nos enfrentaríamos en la selva, las serpientes venenosas estaban en lo alto de la lista. La *Bothrops asper*, dijo, es conocida en esos lares como "barba amarilla". Los herpetólogos la consideran el crótalo supremo. Mata a más gente que ninguna otra víbora en el Nuevo Mundo. Sale de noche y le atraen la actividad y la gente. Es agresiva, irritable y rápida. Se le ha visto escupir veneno de los colmillos a más de dos metros, y puede penetrar hasta la bota de cuero más gruesa. A veces ataca, persigue y ataca otra vez. Casi siempre salta al embestir, por lo que muerde arriba de la rodilla. El veneno es letal: si no te mata de inmediato por una hemorragia cerebral, puede que te mate después por sepsis. Si sobrevives, casi siempre tienen que amputar el miembro afectado, debido a la naturaleza necrotizante del veneno. Íbamos, dijo Woody, a una zona en la que los helicópteros no pueden volar ni de noche ni con mal clima; la evacuación de una víctima de mordedura de víbora podría aplazarse por días. Nos dijo que usáramos nuestras polainas antiserpientes de kévlar en todo momento, incluso —en especial— cuando fuéramos a orinar de noche. Nos advirtió que siempre pisáramos encima de un tronco antes de bajar, que nunca pusiéramos el pie directamente del otro lado. Así mordieron a su amigo Steve Rankin, productor de Bear Grylls, cuando estaban en Costa Rica explorando una locación para un programa. Aunque Rankin llevara polainas antiserpientes, la barba amarilla, escondida bajo el otro lado del tronco, lo mordió en la bota, bajo la protección: los colmillos atravesaron el cuero como mantequilla. "Y esto fue lo que pasó", dijo Woody, sacando su iPhone. Nos lo pasó. Mostraba una foto aterradora del pie de Rankin después, mientras lo operaban. Incluso con tratamiento antiveneno, el pie se necrotizó y tuvieron que arrancar la carne muerta hasta dejar sólo tendones y hueso.

Se lo salvaron, pero tuvieron que transplantarle un pedazo de muslo para cubrir la herida abierta.* El valle, continuó Woody, parecía ser un hábitat ideal para la barba amarilla.

Les eché un vistazo a mis compatriotas: la anterior atmósfera de convivencia del grupo, cervezas en mano en torno a la alberca del hotel, se había evaporado.

Luego vino una clase sobre los insectos contagiosos que podríamos encontrar, incluyendo mosquitos** y jejenes, ácaros rojos, garrapatas, besucones (porque les gusta picarte la cara), escorpiones y hormigas bala, cuya mordida se equipara con el dolor de un balazo. Quizá la enfermedad más espantosa endémica de la Mosquitia sea la leishmaniasis mucocutánea, a veces llamada lepra blanca, causada por la mordida de un jején infectado. El parásito de *Leishmania* migra a las membranas mucosas de la nariz y labios de la víctima y los carcome hasta crear un boquete enorme donde solía estar la cara. Hizo énfasis en lo importante que era aplicarse constantemente DEET de pies a cabeza, rociar con él la ropa y cubrirnos minuciosamente tras el crepúsculo.

Oímos de escorpiones y arañas que entran en las botas por la noche, por lo que teníamos que ponerlas bocabajo en estacas clavadas en el suelo y sacudirlas cada mañana. Habló de feroces hormigas rojas que plagan el sotobosque y que, al menor tremor de una rama, llueven a raudales y se te meten en el cabello, te bajan por el cuello y muerden como locas,

---

* Se puede encontrar la foto fácilmente en internet, para los lectores de estómago fuerte.

** El nombre Mosquitia, sin embargo, no deriva del insecto: más bien viene de un pueblo costero cercano de herencia mixta indígena y africana que, hace siglos, consiguió mosquetes y el mote de miskitos, misquitos o pueblo "mosquete". Sin embargo, hay quienes afirman que el nombre tiene origen indígena.

inyectando una toxina que requiere evacuación inmediata. Miren con cautela, nos advirtió, antes de poner la mano sobre cualquier rama, tallo o tronco. No avancen sin cuidado por la vegetación densa. Además de los insectos escondidos y las serpientes trepadoras, muchas plantas tienen espinas y púas capaces de sacar sangre. Teníamos que usar guantes en la selva, de preferencia de los de buzo, que sirven mejor para prevenir la entrada de espinas. Nos advirtió lo fácil que es perderse en la jungla, casi siempre sólo es cuestión de deambular a tres o cinco metros del grupo. Bajo ninguna circunstancia nadie, nunca, tendría permiso de salir del campamento solo o separarse del grupo mientras estuviéramos en la espesura. En cada salida que hiciéramos del campamento base, dijo, tendríamos que cargar una mochila con un kit de suministros de emergencia —comida, agua, ropa, DEET, linterna, cuchillo, cerillos, impermeable—, bajo el supuesto de que nos perdiéramos y nos viéramos forzados a pasar la noche refugiados bajo un tronco goteante. Nos entregaron silbatos y en cuanto pensáramos que estábamos perdidos, teníamos que detenernos, silbar una señal de auxilio y esperar a que nos recogieran.

Puse atención. En serio. Desde la seguridad de la sala de conferencias, parecía claro que Woody sólo estaba tratando de asustarnos para que nos comportáramos, que aconsejaba precaución excesiva para los miembros de la expedición sin experiencia en la selva. Yo era una de las únicas tres personas que ya había volado sobre Objetivo Uno, el valle extremadamente remoto al que nos dirigíamos. Desde el aire parecía un paraíso tropical veteado de sol, no la jungla peligrosa, húmeda, fría e infestada de enfermedades y serpientes que nos pintaba Woody. Íbamos a estar bien.

Capítulo 2

Sólo te puedo decir que está en algún lugar de América

La primera vez que oí la leyenda de la Ciudad Blanca fue en 1996, cuando *National Geographic* me encargó escribir un artículo sobre los antiguos templos de Camboya. La NASA acababa de desplegar un DC-10 con un sistema de radar avanzado sobre varias zonas selváticas del mundo, para determinar si el radar podría penetrar el follaje y revelar lo que yacía escondido debajo de él. Un equipo de expertos en teledetección —es decir, en analizar imágenes terrestres tomadas desde el espacio— analizó los resultados en el Laboratorio de Propulsión a Reacción de la NASA, en Pasadena, California. Después de estudiar los datos, el equipo encontró las ruinas de un templo del siglo XII antes desconocido, escondidas en la jungla camboyana. Me reuní con el líder del equipo, Ron Blom, para saber más.

Blom no era un científico estereotípico: era tosco, estaba en forma y tenía barba, lentes de aviador y sombrero de Indiana Jones. Había ganado fama internacional por descubrir la ciudad perdida de Ubar en el desierto arábigo. Cuando le pregunté en qué otros proyectos estaba trabajando, recitó varias misiones: cartografiar las rutas de comercio de olíbano en el desierto arábigo, rastrear la antigua Ruta de la Seda y cartografiar sitios de la Guerra Civil en Virginia. Me explicó que, al combinar imágenes digitalizadas en diferentes longitudes de onda de luz infrarroja y radar, y luego recolectar los datos en computadoras, ahora eran capaces de ver cinco metros bajo las arenas del desierto, asomarse bajo la fronda selvática e incluso cancelar carreteras y caminos modernos para revelar sendas antiguas.

Las sendas antiguas eran interesantes, pero me cautivó la idea de que esa tecnología pudiera descubrir otras ciudades perdidas como Ubar. Cuando le pregunté al respecto, de pronto se tornó evasivo.

—Digamos que estamos mirando otros sitios.

Los científicos son pésimos embusteros: supe de inmediato que estaba encubriendo algo grande. Lo presioné y al final admitió que "podría ser un sitio muy importante", pero afirmó no poder hablar al respecto.

—Estoy trabajando para un particular. Firmé un acuerdo de confidencialidad. Está basado en leyendas de una ciudad perdida. Sólo te puedo decir que está en algún lugar de América. Las leyendas sugerían una zona general, y estamos usando datos satelitales para localizar objetivos.

—¿Ya la encontraron?

—No puedo decir más.

—¿Con quién estás trabajando?

—No puedo revelar esa información.

Blom aceptó informar a su misterioso patrón de mi interés y pedirle que me llamara. No podía prometerme que se pondría en contacto.

Enardecido de curiosidad por la posible identidad de esta "ciudad perdida", llamé a varios arqueólogos centroamericanos que conocía, y me ofrecieron sus propias especulaciones. David Stuart, en ese entonces director adjunto del proyecto del Corpus de Inscripciones Jeroglíficas Mayas en el Museo Peabody de Harvard y uno de los que habían contribuido a descifrar los glifos mayas, me dijo:

—Conozco bastante bien esa zona. Hay partes que los arqueólogos casi no han explorado. Los locales siempre me contaban de sitios que veían cuando salían de caza al monte: grandes ruinas con esculturas. La mayoría de esas historias es verdad: esa gente no tiene razón para mentir.

En los textos mayas, añadió, también hay seductoras referencias a ciudades y templos importantes que no han sido relacionados con sitios conocidos. Es una de las últimas zonas del planeta en la que podría estar escondida una ciudad precolombina, virgen desde hace siglos.

El mayista de Harvard, Gordon Willey (ahora fallecido), mencionó de inmediato la leyenda de la Ciudad Blanca.

—Recuerdo que cuando estaba allá en Honduras en 1970 había rumores de un lugar llamado Ciudad Blanca, metido lejos de la costa. Eran charlas de bar de los farsantes de costumbre, y yo pensaba que lo más probable era que se tratara de unos acantilados calcáreos.

Sin embargo, a Willey le intrigó lo suficiente como para querer echarle un ojo.

—Pero nunca logré conseguir el permiso para entrar ahí.

El gobierno hondureño rara vez concedía permisos arqueológicos para explorar esa jungla, porque es muy peligrosa.

Una semana después, el patrón de Blom me llamó. Se llamaba Steve Elkins y se describía a sí mismo como "un cineasta, un curioso, un aventurero". Quería saber por qué diablos estaba interrogando a Blom.

Le dije que quería escribir un artículo para el *New Yorker* sobre su búsqueda de esa legendaria ciudad perdida, fuera la que fuera. Aceptó hablar a regañadientes, pero sólo si yo no identificaba ni el sitio ni el país en el que estaba. Extraoficialmente, por fin admitió que sí estaban buscando la Ciudad Blanca, también conocida como la Ciudad Perdida del Dios Mono. Pero no quería que revelara nada de eso en mi artículo para el *New Yorker* hasta que hubiera podido confirmarlo en el terreno. "Sólo di que es una ciudad perdida en algún lugar de Centroamérica. No digas que está en Honduras o estamos jodidos".

Elkins había oído las leyendas, tanto indígenas como europeas, de la Ciudad Blanca. Describían una ciudad avanzada y próspera, con extensas redes comerciales, en lo profundo de las montañas inaccesibles de la Mosquitia, virgen desde hacía siglos, tan prístina como el día de su abandono; sería un descubrimiento arqueológico de una importancia enorme. "Pensamos que al usar imágenes satelitales podríamos localizar una zona objetivo e identificar sitios prometedores para explorar después en el terreno", explicó. Blom y su equipo habían localizado una zona de dos kilómetros cuadrados, a la que habían etiquetado como Objetivo Uno, u O1, en el que parecía haber grandes estructuras artificiales. Elkins se rehusó a profundizar.

"No te puedo decir nada más, porque cualquiera puede comprar estos datos satelitales. Cualquiera podría hacer lo que hicimos y quedarse con el crédito. También podrían saquearla. Lo único que nos queda es ir allá; ése es el plan esta primavera. Entonces —añadió—, esperamos tener algo que anunciarle al mundo".★

★ El artículo que escribí para el *New Yorker* se publicó en los números de octubre 20 y 27 de 1997.

Capítulo 3

El diablo lo había matado por haberse atrevido a contemplar este sitio prohibido

Sacra Católica Cesárea Majestad: [...] tengo noticia de muy grandes y ricas provincias, y de grandes señores en ella [...] y tuve por nueva muy cierta que está ocho o diez jornadas de aquella villa de Trujillo, que puede ser cincuenta o sesenta leguas, y desta hay tan grandes nuevas, que es cosa de admiración lo que della se dice, que aunque falten los dos tercios, hace mucha ventaja a esta de Méjico en riqueza, e iguálale en grandeza de pueblos y multitud de gente y policía della.

En 1526 Hernán Cortés redactó ese informe, su famosa "Quinta carta de relación" al emperador Carlos V, mientras estaba a bordo de su barco anclado en la Bahía de Trujillo, en la costa de Honduras. Los historiadores y antropólogos creen que ese reporte, escrito seis años tras la conquista de México, plantó las semillas del mito de la Ciudad Blanca, la Ciudad del Dios Mono. Ya que "Méjico" —es decir, el Imperio azteca— tenía una riqueza impactante y una capital de por lo menos trescientos mil habitantes, su declaración de que la nueva tierra lo superaba es increíble. Escribió que los indígenas la llamaban la Tierra Vieja del Barro Rojo y su vaga descripción la ubicaba en algún lugar de las montañas de la Mosquitia.

Pero en ese entonces, Cortés estaba enmarañado en intrigas y tenía que reprimir la rebelión de sus subordinados, así que nunca se embarcó en busca de la Tierra Vieja del Barro Rojo. Las escarpadas montañas claramente visibles desde la bahía quizá lo hayan convencido de que tal travesía sería abrumadora. Sin embargo, su historia adquirió vida propia, al igual que los relatos del Dorado persistieron en Sudamérica durante siglos. Veinte años después de la Quinta carta, un misionero llamado Cristóbal de Pedraza, que se convertiría en el primer obispo de Honduras, declaró haber viajado a lo profundo de las junglas de la Mosquitia en una de sus arduas travesías evangelizadoras y haberse topado con una vista impresionante: desde un risco elevado, descubrió que miraba hacia una gran y próspera ciudad extendida en un valle fluvial. Su guía indígena le dijo que los nobles de esa tierra comían en platos y copas dorados. Sin embargo, a Pedraza no le interesaba el oro, y continuó su camino sin entrar nunca al valle. Su informe a Carlos V alimentó la leyenda.

Durante los siguientes trescientos años, geógrafos y viajeros contaron historias de ciudades en ruinas en Centroamérica. En la década de 1830 un neoyorquino de nombre John Lloyd Stephens se obsesionó con encontrar esas ciudades en lo profundo de la selva centroamericana, si en verdad existían. Logró agenciarse un cargo diplomático como embajador en la efímera República Federal de Centro América. Llegó a Honduras en 1839, justo cuando la república se desmoronaba y caía en violencia y guerra civil. Entre el caos vio una oportunidad (aunque peligrosa) para ir solo a buscar esas misteriosas ruinas.

Llevó consigo a un artista británico soberbio, Frederick Catherwood, quien empacó una cámara lúcida para proyectar y copiar cada detallito de lo que encontraran. Los dos caminaron semanas por Honduras con guías nativos, siguiendo rumores de una gran ciudad. En lo profundo del país, por fin llegaron a un pueblo miserable, hostil e infestado de mosquitos llamado Copán, en la margen de un río cerca de la frontera con Guatemala. Los locales les dijeron que al otro lado del río había templos antiguos, sólo habitados por monos. Cuando llegaron a la ribera, vieron en la otra margen un muro de piedra cortada. Después de vadear el río a lomo de mula, subieron una escalera y entraron en la ciudad.

"Ascendimos por grandes escalones de piedra —escribió Stephens más tarde—, en algunos lugares perfectos, y en otros, derribados por árboles que habían crecido entre las grietas, y alcanzamos una terraza cuya forma era imposible de discernir a causa de la densidad de la selva que la cubría. Nuestro guía abrió paso con el machete […] y al avanzar por la densa fronda, llegamos ante una estela de piedra […] Al frente estaba la imagen de un hombre, curiosa y ricamente vestido, y su cara, evidentemente un retrato, solemne, seria y apropiada para inspirar terror. El dorso tenía otro diseño, distinto de todo lo que habíamos visto antes, y los costados estaban cubiertos de jeroglíficos".

Hasta ese descubrimiento, la imagen que la mayoría de los estadounidenses tenía de los indígenas le venía de las tribus de cazadores-recolectores de las que había leído o que había encontrado en la frontera oeste. La mayoría consideraba que los aborígenes del Nuevo Mundo eran indios semidesnudos y salvajes que nunca habían logrado nada que se acercara a lo que llamaban "civilización".

Las exploraciones de Stephens cambiaron eso. Fue un momento importante en la historia cuando el mundo se dio cuenta de que en América habían surgido civilizaciones estupendas de manera independiente. Escribió: "De una vez por todas, la vista de ese inesperado monumento despejó de dudas nuestras mentes respecto al carácter del mundo antiguo en América […] y probó, como hacen los documentos históricos recién descubiertos, que los pueblos que alguna vez ocuparon el continente americano no eran salvajes". El pueblo —llamado *maya*— que había construido esa extensa ciudad de pirámides y templos, y que había cubierto sus monumentos de escritura jeroglífica, había creado una civilización tan avanzada como cualquiera en la antigüedad del Viejo Mundo.

Stephens, como todo buen estadounidense emprendedor, de inmediato compró por cincuenta dólares las ruinas de Copán e hizo planes (que abandonó más tarde) para desmantelar los edificios, cargarlos en lanchas y llevarlos a Estados Unidos para una atracción turística. Durante los años siguientes, Stephens y Catherwood exploraron, cartografiaron y registraron antiguas ciudades mayas entre México y Honduras. Sin embargo, nunca se aventuraron a la Mosquitia, quizá disuadidos por montañas y jungla mucho más desalentadoras que cualquier cosa que hubieran vivido en tierras mayas.

Publicaron una obra en dos tomos de sus descubrimientos, *Incidentes de viaje en Centroamérica, Chiapas y Yucatán*, llena de emocionantes historias de ruinas, bandidos y viaje selvático brutal, y profusamente ilustrada con los espléndidos grabados de Catherwood. Su libro se convirtió en uno de los mayores éxitos de no ficción de todo el siglo XIX. A los estadounidenses les encantó la idea de que el Nuevo Mundo tuviera ciudades, templos y una antigüedad colosal que rivalizara con la del Viejo, equiparable a las pirámides de Egipto y las glorias de la antigua Roma. El trabajo de Stephens y Catherwood estableció el romance de las ciudades perdidas en la mente estadounidense e introdujo la noción de que las junglas de Centroamérica debían contener muchos más secretos que revelar.

En poco tiempo, los mayas se convirtieron en una de las culturas antiguas más estudiadas del Nuevo Mundo, y no sólo por los científicos seculares. La Iglesia de Jesucristo de los Santos de los Últimos Días identificó a los mayas como una de las tribus perdidas de Israel, los lamanitas, como lo relata *El libro de Mormón*, publicado en 1830. Los lamanitas salieron de Israel y navegaron a América aproximadamente en 600 a. C.; *El libro de Mormón* cuenta que Jesús se les apareció en el Nuevo Mundo y los convirtió al cristianismo, y describe muchos eventos ocurridos antes de la llegada de los europeos.

En el siglo XX, la Iglesia de Jesucristo de los Santos de los Últimos Días envió a varios arqueólogos bien financiados a México y Centroamérica para tratar de confirmar las historias por medio de excavaciones. Aunque de ahí haya resultado una investigación valiosa y de alta calidad, también fue difícil para los científicos: enfrentados a la evidencia que desmentía la visión mormona de la historia, algunos de los arqueólogos terminaron por perder la fe, y unos pocos de los que expresaron sus dudas fueron excomulgados.

Las tierras mayas, que se extendían desde el sur de México hasta Honduras, parecían terminar en Copán. Las vastas montañas selváticas al este de Copán, sobre todo en la Mosquitia, eran tan inhóspitas y peligrosas que hubo muy poca exploración y aún menos arqueología. Vistazos de otras culturas precolombinas no mayas se estaban descubriendo al este, pero esas sociedades desaparecidas también permanecieron elusivas y poco estudiadas. También era difícil elucidar qué tan lejos al sureste de Copán se extendía la influencia maya. En el vacío, crecieron rumores seductores de ciudades aún más grandes y ricas —quizá mayas, quizá no— escondidas en la impenetrable espesura, historias que fascinaban a arqueólogos y buscadores de tesoros por igual.

Al llegar el siglo xx esas historias y rumores se habían fusionado en una sola leyenda de una Ciudad Blanca sagrada y escondida, un rico tesoro cultural aún por descubrir. El nombre probablemente se haya originado con los indígenas pech (también conocidos como payas) de la Mosquitia; los antropólogos recolectaron historias de informantes pech que hablaban de una *Kaha Kamasa*, una "Casa Blanca" que decían se ubicaba tras un paso de montaña en el nacimiento de dos ríos. Algunos indígenas la describían como un refugio al que sus chamanes se habían retirado para escapar del invasor español, sin que se les volviera a ver nunca. Otros decían que los españoles sí habían entrado a la Ciudad Blanca, pero que los dioses los habían maldito y se habían desvanecido en la selva, perdidos para siempre. Otras historias indígenas más la describían como una ciudad trágica afectada por varias catástrofes: los habitantes, al ver que los dioses estaban molestos con ellos, la abandonaron. A partir de entonces se convirtió en un lugar prohibido, y cualquiera que entre en él morirá de enfermedad o será cazado por el diablo. También había versiones estadounidenses de la leyenda: varios exploradores, buscadores de oro y aviadores tempranos hablaron de haber visto las almenas calizas de una ciudad en ruinas alzándose sobre el follaje selvático en algún lugar de la Mosquitia central. Parece probable que todas esas historias —indígenas, españolas y estadounidenses— se mezclaran para formar la base de la leyenda de la Ciudad Blanca o del Dios Mono.

Aunque muchos exploradores habían viajado a las junglas centroamericanas siguiendo los pasos de los descubrimientos de Stephens, casi ninguno se había aventurado al sobrecogedor terreno de la Mosquitia. En la década de 1920 un etnólogo luxemburgués, Edouard Conzemius, se convirtió en uno de los primeros europeos en explorarla; la recorrió en canoa por el río Plátano. En su viaje oyó hablar de "ruinas muy importantes que fueron descubiertas por un 'hulero' hace unos veinte a veinticinco años, cuando éste se había extraviado en el monte entre los ríos Plátano y Paulaya. Dejó este hombre una descripción fantástica de lo que vio allí. Eran las ruinas de una ciudad importantísima con edificios blancos de piedras parecidas al mármol, ceñida por una grande muralla del mismo material". Pero poco después de reportar su descubrimiento, el cauchero desapareció. Un indígena le dijo a Conzemius que "el diablo lo había matado por haberse atrevido a contemplar este sitio prohibido". Cuando trató de contratar un guía que lo llevara a la Ciudad Blanca, los indígenas fingieron ignorancia, temerosos (le dijeron) de morir si revelaban su ubicación.

A principios de la década de 1930 la leyenda creciente atrajo la atención de arqueólogos estadounidenses e instituciones importantes, quienes no sólo consideraban posible, sino hasta probable, que las junglas montañosas e inexploradas de la frontera maya pudieran esconder una ciudad en ruinas, o quizá incluso una civilización perdida.[*] Podría ser maya o podría ser algo completamente nuevo.

A principios de la década de 1930 la Oficina de Etnología Americana del Instituto Smithsoniano envió a un arqueólogo profesional a explorar al este de Copán, para ver si la civiliza-

---

[*] A los arqueólogos de nuestros días no les gusta la palabra "civilización" porque implica superioridad; prefieren el término "cultura". Sin embargo, yo seguiré usando la palabra "civilización" bajo el entendimiento de que es sin intención de juicio de valor: sólo es el término para una cultura compleja y extendida.

ción maya se extendía por la escabrosa hojarasca de la Mosquitia. William Duncan Strong era un académico, un hombre adelantado a su tiempo: callado, cuidadoso y meticuloso en su trabajo, adverso al espectáculo y la publicidad. Fue uno de los primeros en establecer que la Mosquitia estuvo habitada por un pueblo antiguo y desconocido que no era maya. Pasó cinco meses atravesando Honduras en 1933, subiendo en canoa por el río Patuca y varios de sus afluentes. Llevó un diario ilustrado, preservado en la colección del Smithsoniano y lleno de detalles y muchos bellos dibujos de pájaros, artefactos y paisajes.

Strong encontró algunos sitios arqueológicos importantes, que describió y boceto con cuidado en su diario, y llevó a cabo unas cuantas excavaciones de prueba. Entre sus hallazgos están los montículos de Floresta, las ciudades antiguas de Wankibila y Dos Quebradas, y el Sitio Brown (Café). Su travesía no transcurrió sin aventuras: en algún punto le arrancaron el dedo de un tiro. (Las circunstancias exactas son confusas; quizá se disparó él solo). Combatió contra lluvia, insectos, serpientes venenosas y jungla densa.

De lo que se dio cuenta de inmediato fue de que ésas no eran ciudades mayas: los mayas construían en piedra, mientras que en esa región se había asentado una cultura separada y sofisticada que construía grandes montículos de tierra. Era algo completamente nuevo. Aun cuando el trabajo de Strong demostró de una vez por todas que la Mosquitia no era parte del Mayab, sus descubrimientos despertaron más preguntas de las que contestaron. ¿Quién era esa gente, de dónde había venido y por qué todo registro de ellos había desaparecido hasta ahora? ¿Cómo rayos lograron vivir y cultivar en un ámbito selvático tan hostil? ¿Cuál era su relación con sus poderosos vecinos mayas? Las estructuras de tierra planteaban otro enigma: ¿acaso esos montículos escondían edificios o tumbas enterradas, o los habían construido por otra razón?

Aun mientras descubría muchas otras maravillas antiguas, Strong seguía oyendo historias de la mayor ruina de todas, la Ciudad Blanca, que descartó como una "preciosa leyenda". Sentado en la ribera del río Tinto, en la Mosquitia, un informante le contó a Strong la siguiente historia, que registró en su diario bajo una entrada titulada "La ciudad prohibida".

La ciudad prohibida, escribió, yace en la costa de un lago en lo profundo de las montañas del norte, sus almenas blancas están rodeadas de arboledas de naranjos, limoneros y plátanos. Pero si uno toma de la fruta prohibida, se perderá en el monte para siempre. "Eso se cuenta", escribió Strong, "pero sería mejor hacer lo que hizo el padre de un informante, seguir el río hasta que se convierta en un chorrito entre rocas y árboles oscuros y luego tener que regresar. La ciudad seguiría estando hacia allá. Al igual que la 'Ciudad Blanca', la 'fruta prohibida' probablemente siga siendo por mucho tiempo una tentación para los curiosos".

Todos esos rumores, leyendas e historias preparan el escenario para la siguiente fase: por un lado, expediciones obsesivas y condenadas que buscan la ciudad perdida, y por el otro, el comienzo de una investigación arqueológica seria en la misma región. Ambos ayudarían a comenzar a desembrollar el misterio de la Ciudad Blanca.

Capítulo 4

Una tierra de selvas crueles en una cadena montañosa casi inaccesible

Entra George Gustav Heye. El padre de Heye había hecho fortuna vendiéndole su empresa petrolera a John D. Rockefeller, y su hijo aumentaría esa riqueza como banquero inversionista en Nueva York. Pero Heye tenía más intereses que el dinero. En 1897, recién salido de la universidad y trabajando en Arizona, se encontró a una indígena que estaba mascando la espléndida camisa de gamuza de su esposo, "para matar los piojos". Por capricho compró la prenda infestada de piojos.

Esa camisa de gamuza inició una de las carreras de coleccionista más voraces de la historia de Estados Unidos. Heye se obsesionó con todo lo amerindio, y terminó por amasar una colección de mil piezas. En 1916 estableció el Museo del Indígena Americano en Broadway, Nueva York, para alojar su colección. (En 1990 el museo se mudó a Washington, D. C., y se volvió parte del Smithsoniano).

Heye era un gigante de uno noventa de estatura y casi ciento cuarenta kilos; tenía una cabeza de bola de billar y una cara de bebé enmarcada por cachetes pesados, usaba un reloj de cadena que le cruzaba el pecho robusto y se vestía de traje negro con sombrero de paja, con un puro que sobresalía de su diminuta boca fruncida. Solía dar largos viajes en limusina por el país, consultando los obituarios de los diarios locales y preguntando si el fallecido había dejado alguna colección de artefactos indígenas que no quisieran. En esos viajes a veces ponía al chofer en el asiento trasero y tomaba el volante, conduciendo como demente.

Su obsesión se extendió a Honduras cuando un doctor en Nueva Orleans le vendió una escultura de un armadillo que supuestamente venía de la Mosquitia. Ese curioso y atractivo objeto estaba esculpido en basalto, con una cara chistosa, espalda arqueada y sólo tres patas, para poder pararse sin tambalearse. (Aún está en la colección del museo.) Cautivó a Heye, y finalmente financió una expedición a la traicionera región en busca de más artefactos. Contrató a un explorador de nombre Frederick Mitchell-Hedges, un aventurero británico que sostenía haber encontrado la ciudad maya de Lubaantún en Belice, donde su hija supuestamente había descubierto el famoso "Cráneo del Destino" hecho de cristal. Mitchell-Hedges era la imagen misma de un intrépido explorador británico: tenía el acento engolado, la pipa de brezo, el rostro bronceado y el apellido compuesto. Exploró los márgenes de la Mosquitia para Heye en 1930, hasta que lo tumbó un ataque de malaria y disentería tan severo que lo dejó temporalmente ciego de un ojo. Cuando se recuperó, regresó con más de mil artefactos, junto con una historia maravillosa de una ciudad abandonada en lo profundo de la sierra, hogar de una estatua gigante y enterrada de un mono. Dijo que los nativos la llamaban la Ciudad Perdida del Dios Mono. Heye lo envió rápido de vuelta en una nueva expedición para encontrar la ciudad perdida en la Mosquitia, cofinanciada por el Museo Británico.

El interés en la segunda expedición era alto. Mitchell-Hedges declaró al *New York Times*: "Nuestra expedición se propone penetrar cierta región marcada en los mapas actuales como inexplorada […] Según mis informes, la región contiene ruinas inmensas nunca antes visitadas". El lugar estaba en algún lugar de la Mosquitia, pero declaró que la posición exacta era un secreto. "La región puede describirse como una tierra de selvas crueles en una cadena montañosa casi inaccesible". Pero en la nueva expedición, Mitchell-Hedges no fue al interior, quizá temeroso de repetir sus tribulaciones. En vez de eso, pasó la mayor parte de su tiempo explorando las playas arenosas y costas de las Islas de la Bahía de Honduras, de donde sacó algunas estatuas de piedra del fondo del agua, probablemente depositadas ahí por la erosión costera. Justificó no haber vuelto a la Mosquitia con un descubrimiento aún mayor: había encontrado los restos de la Atlántida, que, sugirió, había sido "la cuna de las razas americanas". Volvió con más relatos de la Ciudad Perdida del Dios Mono, que había escuchado en sus travesías por la costa.

Heye de inmediato comenzó a planear otra expedición hondureña con un líder nuevo, esta vez pasando de largo por Mitchell-Hedges, quizá porque había comenzado a sospechar, demasiado tarde, que era un charlatán. La verdad era que Mitchell-Hedges era un fraude de escala espectacular. No descubrió Lubaantún, y el cráneo de cristal resultó (mucho después) ser falso. Sin embargo, logró engañar a muchos de sus contemporáneos; hasta su obituario en el *New York Times* repetiría como verdades muchos hechos dudosos que Mitchell-Hedges había pregonado durante años: que había "recibido ocho heridas de bala y tres cicatrices de cuchillo", que peleó junto con Pancho Villa, fue agente secreto de Estados Unidos durante la Primera Guerra Mundial y buscó monstruos marinos en el océano Índico con el hijo de sir Arthur Conan Doyle. Sin embargo, algunos arqueólogos escépticos habían tachado de charlatán a Mitchell-Hedges aún antes de su segundo viaje a Honduras, y después de él hubo quienes tacharon de ridículas sus excéntricas declaraciones de haber descubierto la Atlántida. Mitchell-Hedges publicó un libro sobre sus experiencias, *Tierra de maravillas y miedo*, sobre el que un arquéologo escribió: "Para mí la maravilla es cómo pudo escribir tal disparate y el miedo de qué tan grande será la próxima historia".

Para su tercera expedición a la Mosquitia, Heye se asoció con el Museo Nacional de Honduras y el presidente del país, quien esperaba que la nueva aventura ayudara a abrir la vasta región de la Mosquitia a la colonización de los hondureños modernos. Sabiendo que tal expansión, lamentablemente, involucraría el desplazamiento o incluso destrucción de los indígenas que aún vivían ahí —como sucedió en el Viejo Oeste—, el gobierno y el Museo Nacional estaban ansiosos por documentar la forma de vida de los locales antes de que desaparecieran. Por lo tanto, una meta importante de la expedición era hacer investigación etnográfica junto con la arqueológica.

Aunque su intención fuera contratar a un profesional serio, una vez más Heye demostró su debilidad por los hombres intrépidos de integridad dudosa. Para encontrar sus "grandes ruinas, desbordadas de densa jungla" eligió a un periodista canadiense llamado R. Stuart Murray. Murray se había autonombrado "Capitán" quince años antes, cuando se vio involucrado en una desaliñada revolución en Santo Domingo. En una entrevista antes de partir hacia Honduras, dijo: "Supuestamente hay una ciudad perdida que voy a ir a buscar, que los indígenas llaman la Ciudad del Dios Mono. Les da miedo acercarse, porque creen que quien lo haga morirá, en menos de un mes, por mordedura de serpiente".

Murray dirigió dos expediciones a la Mosquitia, en 1934 y 1935, viajes conocidos como la primera y segunda expediciones hondureñas. Al seguir varios relatos y descripciones de la Ciudad Perdida del Dios Mono, Murray creyó que había llegado seductoramente cerca de encontrarla. Pero una y otra vez, justo cuando pensaba que estaba al borde del éxito, algo siempre lo boicoteaba: la selva, los ríos, las montañas y la muerte de uno de sus guías. En los archivos del Museo del Indígena Americano hay una foto de Murray en la ribera de un río, hincado junto a una fila de metates, o piedras de moler, hermosamente labrados con cabezas de pájaros y animales. En el reverso de la foto, le escribió un mensaje a Heye:

Éstos vienen de la "Ciudad Perdida del Dios Mono": al indígena que las sacó de ahí lo mordió una barba amarilla en septiembre y murió. Con él murió el secreto de la ubicación de la ciudad. Más cuando vuelva. R. S. MURRAY.

Entre los muchos artefactos que llevó de vuelta había dos que creía que contenían pistas de la ciudad perdida: una piedra con caracteres "jeroglíficos" y una estatuilla de un mono cubriéndose la cara con las patas.

Tras la expedición de 1935 Murray pasó a otros proyectos. En 1939 lo invitaron a dar una conferencia en la Stella Polaris, el crucero más elegante de su época. Ahí conoció a un joven de nombre Theodore A. Morde, a quien habían contratado para editar el periódico de a bordo. Se volvieron amigos. Murray agasajó a Morde con anécdotas de su búsqueda de la Ciudad Perdida del Dios Mono, mientras que Morde le contó sus aventuras de periodista cuando cubría la Guerra Civil española. Cuando el barco atracó en Nueva York, Murray le presentó a Morde a Heye. "Busqué esa ciudad perdida durante años", dijo Murray. Ahora era el turno de alguien más.

Heye de inmediato contrató a Morde para dirigir la Tercera Expedición Hondureña a la Mosquitia, el viaje que finalmente —esperaba— le revelaría al mundo la Ciudad Perdida del Dios Mono. Morde apenas tenía veintinueve años, pero su expedición y su descubrimiento monumental retumbarían por la historia. El público estadounidense, ya cautivado por la historia de la Ciudad Perdida del Dios Mono, la siguió con un interés enorme, y la expedición les daría pistas seductoras a los historiadores y aventureros futuros para que debatieran y discutieran interminablemente. De no ser por Morde y su fatídica expedición, nunca habrían sucedido todas las bizarras y malinformadas búsquedas que plagaron las décadas de 1950 a 1980. Sin Morde, Steve Elkins quizá no habría oído la leyenda y nunca se habría embarcado en su propia búsqueda excéntrica de la Ciudad Perdida del Dios Mono

Capítulo 5

Voy a volver a la Ciudad del Dios Mono, para tratar de resolver uno de los pocos misterios que quedan en el mundo occidental

Theodore Morde, un hombre galán con bigote estilo lápiz; frente lisa y alta, y pelo relamido, nació en 1911 en Nueva Bedford, Massachusetts, en una familia de antiguos balleneros. Se vestía bien: favorecía los trajes Palm Beach, las camisas impecables y los zapatos blancos. Comenzó su carrera periodística en el bachillerato, como reportero deportivo para el periódico local, y luego pasó a la radio como escritor y comentarista de noticias. Asistió unos años a la Universidad de Brown, y más tarde consiguió trabajo de editor de periódicos en varios cruceros a mediados de la década de 1930. En 1938 cubrió la Guerra Civil española como corresponsal y fotógrafo. En algún momento declaró haber cruzado a nado un río que marcaba el frente entre el campamento fascista y el republicano, para poder cubrir ambos bandos.

Heye estaba ansioso por que partiera su expedición lo más pronto posible, y Morde no perdió tiempo en organizarla. Le pidió a un antiguo compañero universitario, Laurence C. Brown, geólogo, que lo acompañara. En marzo de 1940, mientras se desataba la guerra en Europa, Morde y Brown partieron de Nueva York hacia Honduras con media tonelada de equipo y suministros, en lo que Heye llamó Tercera

Expedición Hondureña. Siguieron cuatro meses de silencio. Cuando los dos exploradores por fin emergieron de la Mosquitia, Morde le envió una carta a Heye para anunciarle su sorprendente descubrimiento: habían logrado lo que ninguna otra expedición. La noticia se publicó en el *New York Times* el 12 de julio de 1940:

CREEN HABER UBICADO "CIUDAD DEL DIOS MONO"

————

Expedición reporta éxito en exploración hondureña

"Según el comunicado recibido por la fundación —decía el artículo del *Times*—, el equipo ha establecido la ubicación aproximada de la rumorada 'Ciudad Perdida del Dios Mono' en una zona casi inaccesible entre los ríos Paulaya y el Plátano". El público estadounidense devoró la noticia.

Morde y Brown regresaron a Nueva York en agosto, entre la fanfarria general. El 10 de septiembre de 1940 Morde dio una entrevista por radio en la CBS. El guion aún sobrevive, anotado con la letra de Morde, y parece ser el recuento restante más completo de su hallazgo.

"Acabo de regresar de descubrir una ciudad perdida —le dijo a su audiencia—. Fuimos a una región de Honduras que nunca había sido explorada [...] Pasamos semanas remando tediosamente por riachuelos selváticos enmarañados. Cuando no pudimos ir más lejos, comenzamos a abrirnos paso a machetazos [...] después de semanas de esa vida, estábamos muertos de hambre, débiles y desanimados. Entonces, justo cuando estábamos a punto de darnos por vencidos, vi desde la cumbre de un pequeño acantilado algo que me hizo detenerme en seco [...] Era el muro de una ciudad: ¡la Ciudad Perdida del Dios Mono! [...] No podría decir lo grande que era, pero sé que se extendía hacia lo profundo de la jungla y que quizá treinta mil personas hayan vivido ahí. Pero eso fue hace dos mil años. Todo lo que quedaba eran esos montículos de tierra cubriendo muros derrumbados en los que había habido casas, y los cimientos de piedra de lo que podrían haber sido templos majestuosos. Recordé una leyenda antigua contada por los indígenas. Decía que en la Ciudad Perdida adoraban como dios la estatua gigante de un mono. Vi un gran montículo cubierto de vegetación que, cuando algún día podamos excavarlo, creo que podría revelar esa deidad simiesca. Hoy en día los indígenas de la región temen la sola idea de la Ciudad del Dios Mono. Creen que está habitada por grandes hombres-simio, llamados *ulaks* […] En arroyos cerca de la ciudad encontramos ricos depósitos de oro, plata y platino. Encontré una máscara […] parecía la cara de un mono […] En casi todos lados estaba labrada la figura del mono: el dios mono […] Voy a volver a la Ciudad del Dios Mono, para tratar de resolver uno de los pocos misterios que quedan en el mundo occidental".

Morde se negó a revelar la ubicación de la ciudad, por miedo al saqueo. Parece que incluso le escondió esa información a Heye.

En otro recuento, escrito para una revista, Morde describió a detalle las ruinas: "La Ciudad del Dios Mono estaba amurallada —escribió—. Encontramos algunos muros en los cuales la magia verde de la jungla había hecho poco daño y que habían resistido la inundación vegetal. Rastreamos un muro hasta que desapareció entre montículos que tienen la apariencia de haber sido grandes edificios. De hecho, aún hay edificios bajo esos velos de siglos.

"Era el sitio ideal —continuó—. Las montañas encumbradas nos daban el escenario perfecto. Cerca de ahí, el torrente de una catarata, tan hermosa como un vestido de noche con lentejuelas, se derramaba sobre el verde valle de ruinas. Hasta los pájaros, brillantes como joyas, revoloteaban entre los árboles, y las caritas de los monos nos miraban curiosas desde la pantalla de follaje denso que nos rodeaba".

Interrogó minuciosamente a los indígenas ancianos y aprendió muchos detalles de la ciudad, "que sus ancestros, que la habían visto, habían transmitido de generación en generación".

"Descubriríamos —dijeron—, una entrada larga y escalonada, construida y pavimentada a la manera de las ciudades mayas del norte. Había una línea de efigies de monos de piedra en ella.

"El corazón del Templo era un alto pedestal de piedra en el que descansaba la estatua del Dios Mono. Antes era un lugar de sacrificio".

Morde llevó de vuelta varios artefactos: figuras de monos de piedra y barro, su canoa, vasijas y herramientas de piedra. Muchos de ellos siguen en la colección del Smithsoniano. Juró que volvería al año siguiente "para iniciar la excavación".

Pero la Segunda Guerra Mundial intervino.

Morde se convirtió en corresponsal y espía de la Oficina de Servicios Estratégicos, y su obituario sostiene que estuvo involucrado en un plan para matar a Hitler. Nunca volvió a Honduras. En 1954, hundido en alcoholismo y un matrimonio en ruinas, se colgó de la ducha en la casa de verano de sus padres en Dartmouth, Massachusetts. Nunca reveló la ubicación de la ciudad perdida. Su recuento del descubrimiento de la Ciudad Perdida del Dios Mono tuvo amplia cobertura en la prensa y disparó la imaginación de estadounidenses y hondureños. Desde su muerte, la ubicación de su ciudad ha sido objeto de intensa especulación y debate. Docenas de personas la han buscado sin éxito, analizando sus escritos y relatos en busca de pistas. Un objeto se convirtió en el Santo Grial de los buscadores: el querido bastón de caminata de Morde, aún en posesión de su familia. Grabadas en él hay cuatro enigmáticas columnas de números que parecen señas o coordenadas, por ejemplo: "NE 300; E 100; N 250; SE 300". Un cartógrafo canadiense de nombre Derek Parent se obsesionó con las marcas del bastón y pasó años explorando y cartografiando la Mosquitia, tratando de usarlas como señas de la ciudad perdida. En el proceso, Parent creó algunos de los mapas más detallados y precisos jamás hechos de la región.

La búsqueda más reciente de la ciudad perdida de Morde fue en 2009. Un periodista del *Wall Street Journal* ganador del Pulitzer, Christopher S. Stewart, emprendió una ardua travesía al corazón de la Mosquitia intentando retrazar la ruta de Morde. Lo acompañó el arqueólogo Christopher Begley, que había escrito su tesis de doctorado sobre los sitios arqueológicos de la región y había visitado más de cien de ellos. Begley y Stewart subieron por el río y se abrieron paso por la jungla hasta unas ruinas grandes llamadas Lancetillal, en lo alto del río Plátano, que habían sido construidas por el mismo pueblo antiguo que Strong y otros arqueólogos habían identificado como ocupante de la Mosquitia. Esa ciudad ya conocida, que había sido despejada y cartografiada por voluntarios del Cuerpo de Paz en 1988, estaba en la zona aproximada en la que Morde había dicho haber estado, por lo menos hasta donde podían afirmar Begley y Stewart. Consistía en veintiún montículos de tierra que definían cuatro plazas y un posible juego de pelota mesoamericano. En la selva, a cierta distancia de las ruinas, descubrieron un acantilado blanco, que Stewart creyó que podría haber sido tomado por un muro blanco a la distancia. Publicó un libro bien recibido sobre su búsqueda, titulado *Jungleland: A Mysterious Lost City, a WWII Spy, and a True Story of Deadly Adventure.* Es una lectura fascinante; sin embargo, a pesar de los mejores esfuerzos de Begley y Stewart, no había suficiente evidencia para zanjar la cuestión de si las ruinas de Lancetillal eran en realidad la Ciudad Perdida del Dios Mono, de Morde.

Resulta que todos esos investigadores pasaron casi tres cuartos de siglo buscando respuestas en el lugar equivocado. Los diarios de Morde y Brown se preservaron y heredaron en la familia del primero. Aunque los artefactos fueron depositados en el Museo del Indígena Americano, los diarios, no; eso en sí mismo es una divergencia notable de la práctica común, porque tales diarios normalmente contendrían información científica vital y pertenecerían a la institución financiadora, no al explorador. El custodio de los diarios hasta hace poco era el sobrino de Theodore, David Morde. Yo conseguí copias de ellos, que la familia Morde le había prestado a la National Geographic Society durante algunos meses en 2016. Nadie en National Geographic los había leído, pero un arqueólogo de planta tuvo la amabilidad de escaneármelos porque estaba escribiendo un artículo para la revista. Yo sabía que Christopher Stewart había visto por lo menos algunas partes de ellos, pero que se había decepcionado por no haber encontrado pistas de la ubicación de la Ciudad Perdida del Dios Mono. Había supuesto que Morde, por razones de seguridad, habría escondido esa información incluso de sus diarios. Así que cuando comencé a hojearlos, no esperaba encontrar nada digno de interés.

Hay tres diarios: dos son libros de pasta dura con sucias cubiertas de lona selladas "Tercera Expedición Hondureña", y el tercero es un libro engargolado más pequeño con una cubierta negra etiquetada "Libreta de campo". Ocupan más de trescientas páginas manuscritas y dan un recuento exhaustivo de inicio a fin de la expedición. No faltan fechas ni hojas; cada día fue registrado a detalle. Los diarios fueron el trabajo conjunto de Brown y Morde: cada uno hizo sus propias entradas en los mismos libros mientras se adentraban en el corazón de las tinieblas. La caligrafía redonda y fácil de leer de Brown se alterna con el estilo puntiagudo e inclinado de Morde.

No olvidaré pronto la experiencia de leer esos diarios, al principio con desconcierto, luego con incredulidad y al final con estupor.

Al parecer, Heye y el Museo del Indígena Estadounidense fueron estafados, junto con el público estadounidense. Según sus escritos, Morde y Brown tenían una agenda propia. Desde el principio, ninguno de los dos tenía la menor intención de buscar una ciudad. La única entrada en el diario que menciona la ciudad perdida es una nota azarosa garabateada en una página trasera, casi de pasada, claramente en referencia a Conzemius. Dice, en su totalidad:

Ciudad Blanca

1898: Paulaya, Plantain,★ Wampu: cabezas de afluentes deberían estar cerca de ubicación de ciudad.

Timoteteo Rosales —cauchero tuerto, al cruzar de Paulaya a Plantain— vio columnas aún de pie en 1905.

En cientos de páginas de entradas, ésa es la suma de toda la información acerca de la ciudad perdida que supuestamente

★ El "Plantain" era el nombre de Morde para el río Plátano, pues "plantain" es "plátano" en inglés.

estaban tratando de encontrar, la ciudad que habían descrito de forma tan vívida a los medios estadounidenses. No estaban buscando sitios arqueológicos. Sólo hicieron indagaciones someras. Los diarios revelan que en la Mosquitia no encontraron ninguna ruina, ningún artefacto, ningún sitio, ninguna "Ciudad Perdida del Dios Mono". ¿Así que qué hicieron Morde y Brown en la Mosquitia durante esos cuatro meses de silencio, mientras Heye y el mundo aguantaban la respiración? ¿Qué estaban buscando?

Oro.

Su búsqueda de oro no fue una decisión improvisada. Entre sus cientos de kilos de equipaje, Morde y Brown habían empacado sofisticado equipo de minería, cribas, palas, picos, equipo para construir canalones y mercurio para amalgamar. Es de notar que Morde, que pudo haber elegido cualquier compañero para su expedición, escogiera a un geólogo, no a un arqueólogo. Brown y Morde entraron en la selva con información detallada de posibles depósitos de oro en los arroyos y afluentes del río Blanco y planearon su ruta en consecuencia. Desde hacía tiempo se rumoraba que la zona era rica en oro depositado en bancos de grava y hoyos en los lechos. El río Blanco está a muchos kilómetros al sur de donde declararon haber encontrado la ciudad perdida. Cuando cartografié las entradas del diario, día por día, descubrí que Brown y Morde nunca subieron el Paulaya ni el Plátano. Mientras subían por el Patuca, pasaron de largo la boca del Wampu y siguieron muy hacia el sur, a donde el río Cuyamel se une al Patuca, y luego subieron por ahí hasta el río Blanco. Nunca se acercaron a sesenta kilómetros de la zona que abarca el nacimiento del Paulaya, Plátano y Wampu, que era la región general en la que después declararon haber encontrado la Ciudad Perdida del Dios Mono.

Estaban buscando otra California, otro Yukón. En todos lados cavaron en bancos de grava y cribaron en busca de pepitas de oro, describiendo con un detalle fanático cada pizca que vislumbraban. Finalmente, en un arroyo que desemboca en el río Blanco llamado Ulak-Was, encontraron oro. Un estadounidense de nombre Perl o Pearl (todo esto está anotado en el diario) había instalado una empresa de cribado ahí, en 1907. Pero Perl, el hijo holgazán de un neoyorquino rico, derrochó su tiempo en alcohol y prostitutas en vez de en minería, y su padre lo apaciguó; la empresa fue abandonada en 1908. Dejó atrás un dique, tuberías, esclusas, un yunque y demás equipo útil, que Morde y Brown arreglaron y reusaron.

En la boca del Ulak-Was despidieron a todos sus guías indígenas, subieron por él e instalaron el "Campamento Ulak" en el mismo lugar en el que había trabajado Perl. Luego pasaron las siguientes tres semanas —el núcleo de su expedición— en el trabajo asesino de extraer oro.

Repararon el viejo dique de Perl para desviar el arroyo hacia canalones, donde el flujo de agua sobre las crestas y el yute se usaban para separar y concentrar las partículas de oro, más pesadas, de la grava, y registraron su cuota diaria en la libreta. Trabajaron como mulas, empapados por aguaceros, comidos vivos por jejenes y mosquitos, arrancándose de treinta a cincuenta garrapatas del cuerpo al día. Estaban en terror perpetuo por las serpientes venenosas, omnipresentes. Se les acabó el café y el tabaco y comenzaron a morir de hambre. Pasaron la mayor parte del tiempo jugando cartas. "Discutimos nuestros prospectos mineros una y otra vez —escribió Morde—, y ponderamos el progreso probable de la guerra, preguntándonos si Estados Unidos ya se habría involucrado".

También soñaban en grande: "Encontramos un buen lugar para un aeropuerto —escribió Brown—, justo al otro lado del río. Lo más probable es que construyamos nuestro campamento permanente en esta misma meseta si nuestros planes se cumplen".

Pero la temporada de lluvias les cayó encima con furia: aguaceros torrenciales que comenzaban como rugidos en las copas de los árboles les volcaban centímetros de precipitación al día. El arroyo Ulak-Was crecía con cada nuevo aguacero, y batallaban por controlar el agua creciente. El 12 de junio llegó el desastre. Un chaparrón masivo desató una inundación relámpago que desbordó el arroyo, reventó su dique y se llevó su mina de oro. "Obviamente, ya no podemos trabajar en la mina —se lamentó Morde en el diario—. Nuestro dique ya no existe, ni nuestras planchas. Sentimos que el mejor proceder será recoger nuestras cosas lo más deprisa posible y bajar el río otra vez".

Abandonaron su mina; cargaron la canoa con sus suministros y oro, y bajaron por los ríos crecidos a una velocidad vertiginosa. Se precipitaron por el Ulak-Was hasta el Blanco, el Cuyamel y el Patuca. En un día cubrieron un trecho del Patuca que les había tomado dos semanas subir a motor. Cuando finalmente llegaron al borde de la civilización, en un asentamiento junto al Patuca en el que los habitantes tenían un radio, Morde se enteró de la caída de Francia. Les dijeron que Estados Unidos "prácticamente estaba en la guerra y lo estaría de forma oficial en unos días". Entraron en pánico al pensar que se quedarían varados en Honduras. "Decidimos apresurar el cumplimiento de todas las metas de la expedición". Es debatible a qué se refirieran con ese enigmático enunciado, pero parece que quizá se dieron cuenta de que tenían que ponerse a inventar un cuento y hacerse de algunos artefactos antiguos que pudieran decirle a Heye que venían de la "ciudad perdida". (Hasta ese punto, no hay mención en los diarios de haber encontrado ni cargado ningún artefacto desde el interior de la Mosquitia.)

Continuaron río abajo por el crecido Patuca de día y a veces de noche. El 25 de junio llegaron a la Brewer's Lagoon (ahora Brus Laguna) y al mar. Pasaron ahí una semana, ya sin prisa porque se habían enterado de que Estados Unidos estaba lejos de unirse a la guerra. El 10 de junio por fin llegaron a la capital, Tegucigalpa. En algún punto entre esas dos fechas Morde escribió el informe falso para su mecenas, George Heye, que generó el artículo del *New York Times*.

A su vuelta a Nueva York, Morde contó una y otra vez la historia de su descubrimiento de la Ciudad Perdida del Dios Mono, y en cada ocasión incluía más detalles. Al público le encantaba. Su colección bastante modesta de artefactos estuvo en exhibición en el museo, junto con una canoa. Los diarios indican que los dos hombres adquirieron esos artefactos a las prisas después de salir de la selva, en un lugar al oeste de la Brus Laguna cerca de la costa: un español les mostró un sitio con cerámica desperdigada por ahí, en el que excavaron un poco. Parece probable que también les compraran artefactos a los locales durante esos días, pero los diarios no dicen nada al respecto.

Morde y Brown no se esforzaron por esconder ni disimular sus actos en los diarios. Por qué escribieron un registro tan franco del engaño es difícil de entender. Está claro que nunca tuvieron la menor intención de compartir el contenido de esos diarios con su mecenas, Heye, ni con el público. Quizá estuvieran llenos de soberbia y soñaran que un hallazgo fabuloso de oro sería parte de su legado, y querían registrarlo para la posteridad. Su anuncio del descubrimiento de la ciudad perdida podría haber sido un impulso de último momento, pero parece más probable que lo hubieran planeado desde el principio como fachada para su agenda.

Lo que sí sabemos es que, durante décadas, muchos se preguntaron si Morde había encontrado una ciudad. El consenso general hasta ahora ha sido que probablemente sí encontrara un sitio arqueológico, quizá hasta uno importante. Sin embargo, los diarios son prueba de que Morde no encontró nada y de que su "descubrimiento" fue un fraude hecho y derecho.

¿Pero qué hay del bastón y sus señas enigmáticas? Hace poco estuve en contacto con Derek Parent, que había pasado décadas explorando la Mosquitia, estudiando la ruta de Morde y tratando de descifrar el bastón. Es probable que sepa más de Morde que nadie más con vida, y llevaba décadas en estrecho contacto con su familia.

Al pasar de los años, David Morde le había mandado fotocopias de varios fragmentos de los diarios, unas cuantas páginas a la vez. En algún punto de nuestra correspondencia, Parent me dijo que el descubrimiento de la ciudad estaba en las partes faltantes de los diarios. "¿Qué partes faltantes?", pregunté. Entonces se reveló el ardid de David Morde. Le había dicho a Parent que la mayor parte del diario 2 estaba perdida. Todo lo que quedaba, dijo, era la primera página, que fotocopió y le mandó. El resto se había perdido, y me dijo que estaba seguro de que la sección faltante era la parte que registraba la travesía de Morde por el río Paulaya hasta la Ciudad del Dios Mono. ¿Y por qué faltaba esa parte? Morde le explicó a Parent que la inteligencia militar británica le había ordenado a la familia que quemara sus papeles tras su muerte, y quizá se había perdido entonces; o quizá se había destruido durante un periodo en el que los diarios estuvieron almacenados en una bodega húmeda de Massachusetts infestada de ratas.

Me sorprendió que Parent me contara eso, porque esas páginas que David Morde decía perdidas no faltan en absoluto en el diario original. Yo tuve entre mis manos el diario 2 en su totalidad, cada página numerada, firmemente cosida al libro de pasta dura, sin huecos en las fechas ni texto faltante. La parte supuestamente perdida del diario 2 no registra nada más que el tiempo que Morde pasó relajándose en Brus Laguna, "poniéndose amistoso" con expatriados locales, veleando y pescando… y explorando por un día para cavar en busca de artefactos.

¿Por qué el engaño? Uno podría especular que David Morde estaba protegiendo la memoria de su tío o el honor de su familia, pero desafortunadamente no está disponible para dar explicaciones: está en prisión por un crimen serio. Después de su encarcelamiento, su esposa, quizá por inocencia, le prestó los diarios completos a la National Geographic Society.

Cuando le compartí esos hallazgos a Derek Parent, y le mandé una copia del resto del diario 2, me mandó de vuelta un correo: "Estoy conmocionado".

A pesar de los embustes, el misterio del bastón persiste. Después de la noticia, Parent me contó sus últimas teorías. Cree que el bastón podría registrar las señas desde el Campamento Ulak o sus alrededores hacia "algún sitio de interés". Cree que Morde encontró algo y grabó en su bastón las señas para llegar allá, en vez de ponerlas en su diario; algo tan importante que quiso mantenerlo como un secreto aún mayor que el diario que compartía con Brown.

Parent tomó las señas del bastón y las cartografió. Las orientaciones de brújula y distancias, dice, correspondían con las vueltas y giros del río Blanco al subir desde la boca del arroyo Ulak-Was. Cree que el bastón es una bitácora de viaje "que registra pasos por el cauce del río hacia un punto final ahora bien definido". Ese punto final, identificó Parent, era un valle estrecho de tres hectáreas por el que fluía el río Blanco. Ese valle nunca ha sido investigado. Podría haber sido otro depósito de oro prometedor, al que Morde esperara volver más tarde, quizá sin Brown, o podría haber marcado otro descubrimiento de interés. El misterio del bastón sigue sin resolverse.

Ahora sabemos, sin embargo, que no contiene señas cifradas para la ciudad perdida. En una entrada del diario del 17 de junio de 1940, el último día de la expedición antes de resurgir de la jungla y llegar a un pueblo civilizado, Morde escribió: "Estamos convencidos de que nunca existió una gran civilización aquí. Y no hay descubrimientos arqueológicos importantes que hacer".

Capítulo 6

Tomamos canoas hacia el corazón de las tinieblas

Durante tres cuartos de siglo el relato fantástico de Morde, tan rico en hazañas y aventuras, le ha dado ímpetu a la fábula de la ciudad perdida. La leyenda de la Ciudad Blanca o del Dios Mono se convirtió en parte de la psique nacional hondureña, un relato conocido hasta por los niños. En 1960 el gobierno de Honduras trazó una línea en torno a mil kilómetros cuadrados del interior casi inexplorado de la Mosquitia y los llamó Reserva Arqueológica Ciudad Blanca. En 1980 la UNESCO nombró el área Reserva de la Biósfera del río Plátano, y dos años después declaró aquel bosque tropical único Sitio de Patrimonio Mundial. Mientras tanto, exploradores ambiciosos siguieron exclamando de maneras dudosas y sin verificación que habían encontrado la ciudad perdida, al tiempo que muchos arqueólogos sospechaban que una urbe de esa naturaleza podría existir, de alguna forma, en lo profundo de la jungla, ya fuera cerca de la zona de Morde o en algún otro lugar. En 1994 el jefe de arqueología del gobierno hondureño, George Hasemann, dijo en entrevista que creía que todos los grandes sitios de la Mosquitia podrían haber formado parte de un solo sistema político cuyo centro, la Ciudad Blanca, aún no había sido encontrado.

Steve Elkins oyó de la Ciudad Blanca por primera vez por un aventurero llamado Steve Morgan, coleccionista profesional de leyendas e historias. Morgan había compilado una lista de lo que él consideraba los mayores misterios sin resolver del mundo, y tenía cajas de archivos de investigación sobre varias ciudades perdidas, tesoros piratas, tumbas antiguas y naufragios cargados de oro. Vivía del salvamento marino y de hecho había encontrado varios naufragios. Su casa estaba llena de pilas de porcelana china y cofres cargados de reales y pesos de ocho españoles. Elkins, que tenía una empresa de renta de equipo de filmación para productoras televisivas en Los Ángeles, decidió que quería entrar a la producción él mismo, porque ya tenía el equipo. Consultó con Morgan y leyó fascinado su lista de misterios sin resolver. Hubo dos que atrajeron su atención: la leyenda de la Ciudad Blanca y el Botín de Lima, también conocido como el Tesoro de la Isla del Coco.

Elkins y Morgan se asociaron, investigaron un poco sobre la Ciudad Blanca e identificaron una zona en la Mosquitia que pensaron que podría contenerla. Organizaron una expedición, dirigida por Morgan. Elkins le vendió la idea de un programa de televisión sobre la búsqueda a Spiegel TV, en Alemania.

Elkins, su coproductor y corresponsal alemán, y su equipo de filmación californiano llegaron a Honduras en 1994. Contrataron a un coordinador de producción local, un tal Bruce Heinicke, para que se encargara de la logística. Amigo de infancia de Morgan, Heinicke era un estadounidense casado con una hondureña. Llevaba muchos años haciendo negocios en Honduras como prospector de oro, contrabandista de drogas, buscador de tesoros y saqueador arqueológico. Aunque la elección de un hombre como Heinicke podría haber parecido excéntrica, la expedición necesitaba a alguien que no sólo supiera moverse por Honduras, sino que también tuviera una comprensión aguda de cuándo y cómo sobornar (un arte delicado), cómo manejar la burocracia hondureña, cómo intimidar y amenazar y cómo lidiar con criminales peligrosos sin acabar muerto. Elkins recuerda haber conocido a Heinicke en el estacionamiento del aeropuerto, recién llegados a Honduras. Era un tipo grande y gordo con una camisa de piña, anillo en el meñique y reloj de oro, cigarro colgándole de la boca y un fajo de billetes en el puño. Estaba ladrando órdenes en español y repartiendo dinero.

—Lo tenemos filmado —cuenta Elkins—. Para morirse de risa.

Sería el comienzo de una larga y complicada relación.

El equipo filmó en Copán y luego volaron a un pueblito llamado Palacios, en la costa de Mosquitos. Desde ahí partieron al interior, con guías indígenas y una idea aproximada de dónde podría estar la ciudad perdida, basados en su investigación y entrevistas.

—Tomamos canoas hacia el corazón de las tinieblas —recuerda Elkins.

Morgan dirigió la expedición y contrató a informantes locales que decían conocer una zona en lo profundo de las montañas en la que había ruinas.

—Para ser honesto —cuenta Elkins—, yo sólo los seguí. En realidad no sabía a dónde carajos íbamos.

Las canoas, hecha cada una con un tronco de caoba ahuecado, medían diez metros y estaban equipadas con pequeños motores Evinrude. En cada una cabían seis personas y un montón de equipo.

—Subimos por un riito. Ni siquiera me acuerdo del nombre.

Río arriba, el agua se volvió tan panda y llena de troncos hundidos y bancos de lodo que tuvieron que levantar los motores e impulsarse con pértigas. Cruzaron kilómetros y kilómetros de ciénagas interminables y subieron por afluentes desconocidos, siguiendo mapas dudosos e imprecisos.

—Nos subíamos y bajábamos constantemente de las canoas, en el fango. Se puso cada vez más denso, hasta que llegamos a lo alto de las montañas.

No había señal de ciudades perdidas, pero sí hicieron un descubrimiento.

—De pronto había una roca enorme en el río —cuenta Elkins—, y tenía un grabado que mostraba a un tipo con un tocado elegante que plantaba semillas.

Tuvo lo que llamó una "epifanía": ahí había una prueba, si se necesitaba más, de que un pueblo sofisticado y misterioso había habitado y cultivado una tierra que ahora era jungla profunda y deshabitada. Dirigidos por indígenas locales, Elkins y el grupo siguieron adelante, forzados a abandonar sus canoas y continuar a pie, abriéndose paso a machetazos por la selva. En un día de viaje difícil tenían suerte si lograban avanzar dos o tres kilómetros. Steve y su equipo comían alimentos prehechos y los guías indígenas cazaban iguanas. En cierto punto se agitaron: sacaron sus armas y declararon que los estaban siguiendo jaguares. Constantemente se topaban con serpientes venenosas y cada noche los atacaban los insectos.

—Después de salir —recuerda Elkins—, los piquetes me duraron seis meses.

Estaba agradecido por no haber sufrido ninguna de las aterradoras enfermedades tropicales comunes en la zona.

Una noche salió de su tienda para ir al baño. Toda la selva brillaba con millones de puntos bioluminiscentes, causados por hongos que brillan cuando la temperatura y humedad son correctas.

—Estaba mirando Los Ángeles a más de nueve mil metros de altura —cuenta—. Lo más hermoso que he visto en mi vida.

En algún lugar del bosque tropical encontraron desperdigadas esculturas de piedra, cerámica y herramientas. Era imposible saber si había montículos, porque la jungla era demasiado densa. Pero de cualquier manera, era un sitio menor y claramente no la Ciudad Blanca. Por fin se rindieron, exhaustos y sin dinero.

A Elkins le impresionaban los métodos de Heinicke para conseguir que las cosas funcionaran en Honduras. Después de emerger de la selva estaban filmando en la isla de Roatán, en la Bahía de Honduras, y el productor alemán recibió una llamada de emergencia por teléfono satelital en la que le ordenaban que regresara a Hamburgo de inmediato por negocios. Corrieron al aeropuerto para tomar un vuelo, pero al llegar les dijeron que el avión ya estaba lleno y en la pista. El siguiente vuelo tardaría días. Heinicke corrió jadeando por la pista, abordó el avión, sacó una Colt calibre .45 y preguntó quién había sido el último en abordar. Le apuntó al desafortunado pasajero.

—Necesito tu puto asiento —dijo—. Abajo.

El hombre se bajó aterrado y a tropezones; Heinicke metió la pistola de vuelta en la funda y le dijo al productor alemán:

—Bueno, ya tienes asiento.

Muchos años después, cuando Heinicke me contó esa historia, me explicó cómo veía él su papel en el equipo:

—Verás, es peligroso estar cerca de Steve. Él me dice los puntos positivos que ve en alguien y yo digo: "Al diablo, no me gusta, no confío en él". Quizá por eso hagamos buen equipo.

Elkins, por su parte, dijo:

—Bruce sin duda es el tipo de persona que quieres de tu lado. Y no al revés.

Añadió, bajando la voz:

—Para que esto funcionara, tuve que bailar con el diablo a veces.

Aquel primer intento por encontrar la Ciudad Blanca cambió a Elkins. Entró curioso por la leyenda de la Ciudad Blanca y volvió con una misión de vida.

—Yo lo llamo el "virus de la ciudad perdida" —me dijo más tarde—. Me volví adicto. Estaba obsesionado con la idea de tratar de demostrar si existía.

Elkins atrae por su persistencia y su naturaleza infatigable, lo que seguro viene de su familia poco convencional. Originarios de Inglaterra y Rusia, sus bisabuelos llegaron a Estados Unidos por medio de la isla Ellis en la década de 1890. Su abuelo, Jack Elkins, fue un pianista de jazz que estuvo de gira con bandas de Dixieland en los años veinte. El padre de Elkins, Bud, tomó una dirección completamente distinta: el ejército. Mintió sobre su edad para alistarse a los quince años, pero lo descubrieron durante el entrenamiento básico y su madre tuvo que ir por él y arrastrarlo de vuelta a casa para que terminara el bachillerato. Durante la Segunda Guerra Mundial Bud pilotó contra los japoneses en el escuadrón de los Tigres Aleutianos; tras la guerra entró en el negocio del vestido, donde consiguió un contrato para fabricar disfraces de conejita para los clubes Playboy. Luego volvió al ejército y participó en misiones de combate y reconocimiento en Vietnam, donde alcanzó el rango de coronel. Su sueño de jubilación era poner un negocio de hot dogs kosher al estilo de Chicago; así que después de dejar el ejército construyó una furgoneta enorme con forma de hot dog y la paseó por Los Ángeles vendiendo hot dogs y salchichas polacas hasta que quebró la empresa. Bud era encantador y mujeriego, inquieto, con ansias de aventura. A causa de sus amoríos, su esposa se divorció de él cuando Steve tenía once años, y él creció más o menos sin padre en Chicago.

—Mi madre era un pan de persona y firme como roca —dijo.

Al parecer, Elkins heredó el ansia de viajes de su padre y lo resuelta y pragmática que era su madre, una mezcla de rasgos que le serviría bien en la búsqueda de la ciudad perdida.

Fue a la Universidad de Illinois del Sur. Amante de las caminatas, recorrió el cercano Bosque Nacional Shawnee con sus amigos, que lo llamaban Tras el Siguiente Risco Elkins, porque siempre los urgía a "ver lo que había tras el siguiente risco". En una de esas excursiones encontró un refugio de piedra en unos peñascos que daban al río Mississippi. Acampó ahí con sus amigos, y al comenzar a rascar la tierra encontraron puntas de flechas, de lanzas, huesos y cerámica rota. Los llevó de vuelta a la universidad. Su profesor de arqueología organizó una excavación de la cueva como programa especial de estudios para el semestre. En las excavaciones de prueba, Elkins y el grupo descubrieron huesos humanos, grabados en concha, herramientas de piedra y restos de comida. La datación por radiocarbono indicó que las capas inferiores tenían miles de años de antigüedad.

—En ese momento me enganché con la historia antigua —me contó.

Pasó muchas horas sentado en el refugio, mirando el valle del Mississippi e imaginándose lo que habría sido haber nacido, crecer, criar hijos, envejecer y morir ahí en la cueva, en la América de cinco mil años atrás.

Su primera expedición a la Mosquitia le había inculcado un hecho simple y brutal:

—Caminar sin rumbo por la selva es una locura. No es manera de encontrar nada.

Necesitaba atacar el problema de manera más sistemática. Lo logró con un ataque por dos frentes: investigación histórica y tecnología de la era espacial.

Se sumergió en lo profundo de las muchas historias de la gente que había buscado la Ciudad Blanca, y algunos declaraban haberla encontrado. La mayoría eran farsas obvias o poco fiables, pero había una persona que sobresalía. Steve Morgan le había presentado a Elkins a un hombre llamado Sam Glassmire, que decía haber localizado y explorado la Ciudad Blanca. Cuando se conocieron, Glassmire le pareció un científico sólido y respetable con una historia sorprendentemente verosímil… y en su sala había impresionantes esculturas de piedra que supuestamente había sacado de las ruinas. En 1997 Elkins y su equipo de video entrevistaron a Glassmire en su hogar de Santa Fe, y capturaron su historia en video. (Yo conocí a Steve en ese viaje, porque también vivía en Santa Fe.)

Para darle un giro a la expedición de Morde, Glassmire, geólogo, había sido contratado como prospector de oro en la Mosquitia pero en vez de eso se había ido a buscar la ciudad perdida. Dirigió tres expediciones de prospección a la Mosquitia a finales de los años cincuenta. Glassmire, un hombre duro y curtido por los elementos con un acento grave y lento de Nuevo México, había hecho carrera como científico respetable y había trabajado de ingeniero para el Laboratorio Nacional de Los Álamos a mediados de los cincuenta, cuando Los Álamos seguía siendo una ciudad cerrada. Lo desencantó construir bombas atómicas, así que se mudó a Santa Fe y fundó una empresa de consultoría geológica.

En 1959 lo contrató una minera estadounidense para determinar si había sedimentos de oro en los bancos de arena en lo alto del río Patuca y sus afluentes. Sus patrones tenían mucho dinero: el presupuesto de su primera expedición fue de cuarenta mil dólares, y mandarían a Glassmire dos veces más.

En esa primera expedición, Glassmire oyó muchos rumores de la Ciudad Blanca.

—Oyes hablar de ella en cuanto entras a Honduras —recordaba.

Mientras exploraba los ríos en busca de oro, asedió con preguntas a sus guías. "Constantemente oía que los nativos mencionaban la misteriosa Ciudad Blanca", escribió en un artículo sobre su descubrimiento en el *Denver Post*, en 1960. "Le pregunté al respecto a mi guía. Por fin me dijo que los hombres tenían miedo de que planeara enviar la expedición a subir el río Guampu [Wampu], hacia la Ciudad Blanca. Si lo hacía, dijo, los hombres desertarían". Cuando Glassmire preguntó por qué, el guía dijo que cuando llegaron los conquistadores, la Ciudad Blanca era una ciudad magnífica. "Luego llegó una serie de catástrofes inesperadas. La gente decidió que los dioses estaban enojados", así que abandonaron la ciudad, dejando ahí todos sus bienes, y a partir de entonces la evitaron como lugar prohibido.

En su tercera expedición a Honduras Glassmire encontró bancos de sedimentos en el río Blanco y el río Cuyamel —"más oro del que nunca había esperado"—, aproximadamente en la misma zona en la que Morde había encontrado oro. Pero no podía sacarse la ciudad perdida de la cabeza.

—Cuando terminé mi trabajo —le dijo a Elkins—, fui a buscarla.

Eligió a diez hombres, incluyendo un viejo indígena "sumu" (mayanga) que decía que había ido a la Ciudad Blanca de niño y recordaba su ubicación.

—Tuve que sobonarlos con bastante dinero para conseguir que me acompañaran. Subimos por un río selvático, que llaman el río Wampu, y luego por un afluente que llamaban el Pao. Estuvimos en canoas todo ese tiempo. Se nos acabó la corriente y tuvimos que seguir a pie.

Se abrieron paso a machetazos.

—Es una de las selvas más espectaculares del mundo —recordaba—. La zona es muy montañosa, muy accidentada y muy empinada […] No conozco un lugar más remoto en el mundo.

Tras seis días de viaje por terreno brutal, el 10 de mayo de 1960 vio un montículo inusual: "como un barquillo de helado gigante, de cabeza y cubierto de follaje". En una pequeña pradera se encontraron artefactos desparramados por el suelo, incluyendo lo que parecía un asiento ceremonial o un trono, decorado con una cabeza de animal. Al seguir avanzando, "otros montículos sobresalieron del ilimitado manto selvático […] También discerní elusivas manchas cenicientas regadas por el verdor resplandeciente. Mis binoculares de nueve magnitudes las expusieron como lo que eran: ¡ruinas de edificios de piedra!"

—¡La encontré! —les gritó a sus guías indígenas—. ¡Encontré la Ciudad Blanca!

Se abrieron paso a machetazos por la ciudad durante tres días, pero calculó que su movimiento por la jungla era tan lento que toda la exploración de la ciudad no logró más que "un paseo por el parque". Sacó una colección de preciosas piedras labradas y otros artefactos, pero dijo que tuvo que dejar "toneladas".

Glassmire trató de que una fundación o universidad se interesara por el descubrimiento. La Universidad de Pensilvania expresó el deseo de tener su colección, le dijo a Elkins, así que les envió la mayoría de sus artefactos, fotografías y mapas, aunque se quedó con muchas cabezas esculpidas y tazones de piedra. Su hija, Bonnie, aún tiene la colección, y me la enseñó. Contiene vasijas de piedra, metates y cabezas de piedra de buena factura, incluyendo una fabulosa escultura de Quetzalcóatl, la Serpiente Emplumada, idéntica a la de la colección Michael Rockefeller en el Museo Metropolitano de Nueva York. Los artefactos sugieren que encontró un sitio importante, y una fotografía de un depósito de objetos en las ruinas muestra una enorme colección de esculturas que tuvo que dejar. Su mapa dibujado a mano delinea detalles antes desconocidos de riachuelos en los altos del río Pao, lo que demuestra que sí penetró esa región inexplorada. Según su entrevista, la universidad realizó una expedición, pero en vez de entrar por mar y subir los ríos en canoa, comenzaron en el pueblo de Catacamas y trataron de tomar un "atajo" por las montañas. "Tres o cuatro de ellos murieron —contó—, dos por serpientes" y los demás por enfermedades. La expedición tuvo que regresar.

No he podido confirmar que haya existido esa expedición, y la Universidad de Pensilvania insiste en que no tienen tal colección. (También revisé con la Universidad Estatal de Pensilvania, por si se había confundido.) Pero la hija de Glassmire, Bonnie, está igual de segura de que su padre envió parte de su material al Museo de Arqueología y Antropología de la Universidad de Pensilvania.

Glassmire le dio una copia de su mapa a Steve Elkins. No era lo suficientemente detallado para determinar la ubicación exacta, pero era lo bastante preciso para que Elkins identificara más tarde un valle que quizá contuviera las ruinas de Glassmire. Muchos años después Elkins lo llamaría "Objetivo 4" en su reconocimiento aéreo mientras buscábamos la Ciudad Blanca. El descubrimiento de Glassmire fue un gran paso adelante: le dio a Elkins un reporte convincente de por lo menos unas ruinas importantes y desconocidas en lo profundo de la Mosquitia. Lo tomó como evidencia sólida de que las leyendas de ciudades perdidas no eran fantasía.

El segundo frente del ataque de Steve contra el problema incluyó acudir a la última tecnología de la era espacial para la búsqueda. Para eso, Elkins acudió a Ron Blom del Laboratorio de Propulsión a Reacción. Sabía de su búsqueda exitosa de la ciudad perdida de Ubar en el desierto de Rub' al-Khali —el Cuarto Vacío—, en la península Arábiga. Ubar, también llamada "Iram, la de las columnas", había sido mencionada en el Corán, que dice que el "Señor descargó sobre ellos el azote de un castigo" por corrupción, la golpeó y la hundió entre las arenas. Al escudriñar imágenes espaciales del desierto del Cuarto Vacío, Blom y su equipo descubrieron un patrón radial de viejos caminos de caravanas, no visibles desde el suelo, que convergían en lo que ya se sabía que era un antiguo abrevadero y caravasar, un lugar en el que las antiguas caravanas de camellos se alojaban. Los datos satelitales indicaban que ahí había mucho más que un mero campamento. Cuando el equipo excavó, descubrió las ruinas de una fortaleza de más de quince siglos, con muros enormes y ocho torres, que coincidía con la descripción del Corán. También descifró lo que había pasado: la constante extracción de agua del abrevadero minó la fortaleza, que un día colapsó en un agujero y terminó enterrado por la arena. La leyenda registrada en el Corán estaba basada en un suceso real.

Elkins llamó a Blom y le preguntó si le interesaría buscar otra ciudad perdida. Blom dijo que sí.

Sin embargo, el problema era que la Mosquitia representaba un reto mucho mayor que el desierto Arábigo. El desierto es un libro abierto: el radar de apertura sintética puede asomarse a cinco metros o más bajo las secas arenas del desierto. La clave está en "secas": las moléculas de agua absorben mucho el radar. Por esa razón, el follaje selvático es mucho más difícil de penetrar con radar: una hoja grande bloqueará un rayo de radar que penetraría varios metros de arena seca. Sin desalentarse por el reto, Blom y su equipo comenzaron a analizar montones de imágenes satelitales de la Mosquitia tomadas en longitudes de luz infrarroja y visible. Vieron imágenes de radar de apertura sintética tomadas desde el Transbordador Espacial. Blom combinó imágenes, analizó datos, los manipuló y aumentó. Le tomó meses de esfuerzo, pero por fin pareció que le había dado a la lotería. Él y su equipo identificaron una zona que parecía contener figuras rectilíneas y curvas que no eran naturales. Llamaron al valle y a los rasgos desconocidos Objetivo Uno, u O1.

El 12 de mayo de 1997 Elkins le envió un fax con la noticia a uno de sus socios, Tom Weinberg:

Este valle está completamente rodeado de montañas muy empinadas con la excepción de una pequeña "muesca" que permite el acceso. hay dos arroyos que fluyen por el valle. es el lugar perfecto para un asentamiento… ¡como que me recuerda a la película *horizontes perdidos*!

Emocionado, anotó al final del fax que Blom había identificado un "objeto en forma de *l* bastante grande (500 m. según las mediciones de ron)".

El mismo valle era impactante: una misteriosa formación geológica que parecía un cráter o cuenco, cercado por precipicios empinados que creaban una fortaleza natural. Sí se parecía mucho a las descripciones de Shangri-La o, para ser aún más precisos, al "mundo perdido" de sir Arthur Conan

Doyle. El terreno dentro del valle, regado por los dos ríos, era gentil y amigable, tenía colinas, terrazas y humedales, muy apropiado para cultivos y asentamientos antiguos. Las imágenes satelitales no mostraban señales de entrada, ocupación ni uso por parte de los indígenas: parecía selva prístina y virgen. Las áreas completamente deshabitadas de bosque tropical son muy raras en el mundo actual: incluso los lugares más remotos del Amazonas, por ejemplo, o los altos de Nueva Guinea, tienen un uso de temporal por parte de la población indígena y han tenido por lo menos un mínimo de exploración científica.

Era una idea emocionante, pero por el momento sólo era una idea, una hipótesis. Aun con procesamiento exhaustivo de imágenes, la inmensa selva de triple copa de cincuenta metros no entregó sus secretos. La mayoría de las imágenes satelitales desclasificadas de finales del siglo xx tenía una resolución baja, de treinta metros en el suelo; en otras palabras, lo más pequeño que podía verse en las imágenes tenía por lo menos treinta metros de lado. Las imágenes mostraban siluetas borrosas que, si uno las miraba el tiempo suficiente, se veían artificiales, pero estaban lejos de ser una prueba definitiva. Eran una suerte de manchas de Rorschach: quizá la mente viera cosas que no había ahí.

Ansioso por saber más, Elkins se preguntó si alguna vez se había explorado el valle. Él y su socio, Tom Weinberg, dragaron el mundo en busca de gente que hubiera pasado tiempo en la Mosquitia, y filmaron entrevistas. Recolectó historias de arqueólogos, prospectores de oro, contrabandistas de drogas, geólogos, saqueadores y aventureros. Contrató investigadores que barrieron los archivos en Honduras y otras partes, averiguando qué zonas de la Mosquitia habían sido exploradas y cuáles no.

Después de mucha investigación, concluyó que O1 sí estaba inexplorado. Prácticamente todas las expediciones a la Mosquitia habían subido por los grandes ríos y sus afluentes navegables. Los ríos son las autopistas tradicionales de la jungla; las expediciones que se desviaban de ellos nunca llegaban muy lejos a través de las montañas feroces e impasibles. Pero O1 no tenía ríos navegables y estaba completamente rodeado de montañas.

Al final todo se resumió a una corazonada que Elkins tenía sobre O1:

—Sólo pensé que si yo fuera rey, ése sería el lugar perfecto para esconder mi reino.

Capítulo 7

El pez que se tragó a la ballena

Convencido de que estaba al borde de resolver el misterio, Steve de inmediato comenzó a planear una expedición a O1. La logística fue una pesadilla. La burocracia hondureña que controlaba los permisos era errática y disfuncional. El ambiente tribalizado implicaba que si un político accedía a ayudar, la oposición lo bloqueaba. Pero con persistencia gentil y después de granjearse a ambos bandos, además de ciertos fondos bien dirigidos, Elkins por fin consiguió los permisos para explorar O1. Durante todo ese tiempo había tenido cuidado de esconderle la ubicación al gobierno de Honduras, por temor a que la información provocara saqueos. Fue un acto de malabarismo diplomático avanzado. Logró alinear seis cifras de financiamiento. Esperaba evitarse varias semanas de viaje brutal por tierra entrando en helicóptero.

Pero todos sus planes llegaron a un final abrupto el 29 de octubre de 1998, cuando el huracán *Mitch* golpeó Honduras. *Mitch* volcó hasta un metro de lluvia en algunas zonas, lo que causó inundaciones y avalanchas catastróficas y dejó siete mil muertos, diseminó enfermedades y desató saqueos y disturbios públicos. La tormenta infligió un daño equivalente a setenta por ciento del PIB de Honduras y destruyó dos tercios de sus caminos y puentes. La expedición tuvo que cancelarse. Había poca noción de cuándo, si acaso algún día, podría reactivarse.

El presidente de ese entonces dijo que la tormenta había retrasado la economía hondureña medio siglo. Siguieron muchos años de caos y colapso, durante los cuales la tasa de homicidios se elevó y la inversión y el sistema judicial se derrumbaron. Un empresario hondureño le dijo en 2013 a un reportero del *Telegraph*: "Este país se está convirtiendo en el apocalipsis zombi perfecto".

Hay dos razones principales por las cuales le costó tanto trabajo a Honduras recuperarse después de la tormenta. La primera fue el sistema latifundista que heredó de España, en el que un pequeño número de familias extremadamente ricas terminó controlando la mayor parte de la tierra. Pero lo más debilitante era su relación enferma con Estados Unidos, cuyas políticas miopes e intereses comerciales habían mantenido al país políticamente inestable durante más de un siglo. Desde su independencia en 1821 hasta el presente, Honduras ha sufrido una historia tumultuosa que incluye cerca de trescientas guerras civiles, rebeliones, golpes de Estado y cambios inesperados de gobierno.

Podría decirse que la historia moderna de Honduras comenzó en 1873, cuando Julio Verne les presentó a los estadounidenses el plátano en *La vuelta al mundo en 80 días*, donde halagaba sus frutos "tan sanos como el pan y tan suculentos como la crema". Originario de Asia, el plátano se había cultivado en Centroamérica desde que había sido introducido por los españoles siglos atrás, pero era una *delicatessen* exótica en Estados Unidos por su escasez y por ser perecedero. En 1884 el emprendedor de Boston Andrew Preston★ y un socio for-

---

★ Como mi familia es de Boston, le pregunté a mi prima Ellen Cutler, nuestra genealóga familiar, si Andrew era pariente. Me contestó que era mi tío abuelo quinto: "¡Otro capitalista imperialista en el árbol familiar!"

maron la Boston Fruit Company, con la idea de usar barcos de vapor rápidos, en vez de veleros, para llevar los plátanos al mercado antes de que se pudrieran. Fue un éxito: los plátanos baratos y deliciosos irrumpieron en el país. Al llegar el nuevo siglo, la Boston Fruit, que luego se fusionó con la United Fruit Company, había labrado dieciséis mil hectáreas de plantaciones de plátano en la costa norte de Honduras, con lo que se convirtió en la principal fuente de empleo del país. Ése fue el inicio de una relación larga y destructiva entre las compañías bananeras estadounidenses y Honduras, lo que le ganó el apodo peyorativo de "República Bananera". La United Fruit y otras compañías fruteras que no tardaron en llegar se volvieron infames por sus maquinaciones políticas y fiscales, golpes de Estado tramados, sobornos y explotación de trabajadores. Asfixiaron la evolución del país y cultivaron una forma extrema y corrupta de capitalismo de compadrazgo, en el que desestabilizaron al gobierno para sus propios fines.

Un personaje central en esta historia fue un estadounidense llamado Samuel Zemurray, un joven inmigrante ruso que comenzó como vendedor de carretillas en Alabama. Cuando tenía dieciocho años, se dio cuenta de que los cargueros de la Boston Fruit que llegaban al puerto de Mobile tiraban los plátanos que habían madurado durante el viaje, porque iban a pudrirse antes de llegar al mercado. Zemurray compró un cargamento de plátanos maduros por casi nada, llenó un vagón de tren y lo llevó al interior, telegrafiando a los vendedores de fruta del camino para que acudieran a las vías y compraran rápido sus plátanos baratos. Para cuando cumplió veintiún años, había ganado más de cien mil dólares y era conocido como Sam *el Platanero*. Zemurray fundó la Cuyamel Fruit Company, con dos vapores mercantes y dos mil hectáreas de platanares en la costa hondureña.

Los estadounidenses tenían un apetito de plátanos insaciable. (Y aún lo tienen: el plátano no deja de ser el producto más vendido en Walmart.)

Mientras que las compañías bananeras florecían, la economía hondureña estaba casi en una crisis perpetua. En ese entonces los británicos aún eran los banqueros del mundo, y habían cometido la insensatez de prestarle a Honduras mucho más dinero del que podía pagar. La deuda externa hondureña había crecido tanto que los británicos estaban amenazando con declararles la guerra para cobrar. La posibilidad de que el Reino Unido, o cualquier potencia europea, interfiriera en Centroamérica era inaceptable para el presidente estadounidense William Howard Taft. En 1910 su secretario de Estado, Philander Knox, reclutó a J. P. Morgan para una estratagema para comprarles la deuda hondureña a los británicos —lo que logró a quince centavos el dólar— y reestructurarla. Bajo el trato que hizo Morgan con el gobierno de Honduras, sus agentes ocuparían físicamente las aduanas hondureñas e interceptarían todas las recaudaciones para cobrar la deuda.

Eso enfureció a Zemurray. Al pasar los años se había labrado una red de tratos favorables y libres de impuestos con el gobierno hondureño. Ahora Morgan estaba prometiendo un impuesto bananero tan alto, de un centavo por libra, que Cuyamel Fruit no tardaría en quebrar. Zemurray viajó a Washington para protestar por el nuevo acuerdo y tuvo una junta con Knox. No salió bien. Knox sermoneó a Zemurray con un celo santurrón, insistiendo en que hiciera su parte para ayudar a que los buenos banqueros de J. P. Morgan ganaran dinero por el bien de la nación. Zemurray se fue furioso, y a Knox le preocupó lo suficiente su reacción como para ordenarle a un agente del Servicio Secreto que lo siguiera.

Zemurray veía una solución simple al problema: derrocar al gobierno hondureño que había hecho el trato con Morgan. Fue una casualidad conveniente que un expresidente depuesto de Honduras, Manuel Bonilla, viviera sin un centavo en Nueva Orleans, a unas cuadras de la mansión de Zemurray. Zemurray evadió con facilidad la vigilancia del Servicio Secreto, reclutó furtivamente a mercenarios para adquirir armas, un barco y contrabandear a Bonilla de vuelta a Honduras. Mientras tanto, se aseguró de que la prensa hondureña despotricara contra el "plan Morgan", haciendo hincapié en que subvertía la soberanía nacional. El pueblo hondureño, ya suspicaz del acuerdo, se alzó pronto en fervor revolucionario. La "invasión" funcionó: Bonilla regresó triunfal, el presidente de Honduras renunció y el expresidente arrasó en las elecciones. Premió a Zemurray con una concesión de veinticinco años sin impuestos, un préstamo de quinientos mil dólares y un regalo de diez mil hectáreas de excelente tierra fértil en la costa norte.

Aunque la deuda hondureña quedaría sin pagarse, Zemurray había logrado una victoria personal impresionante. Había superado en astucia a Knox, desafiado con éxito al gobierno de Estados Unidos, picado los ojos a J. P. Morgan y terminado como un hombre mucho más rico. Al tramar la "invasión" había cubierto sus huellas tan bien que las investigaciones contemporáneas del complot nunca lograron conectarlo con él ni probar que había violado ninguna ley. Pero también había derrocado un gobierno para alcanzar sus propios fines financieros.

Bajo la presidencia de Andrew Preston, la United Fruit había crecido hasta convertirse en la compañía frutera y azucarera más grande del mundo. Pero la Cuyamel Fruit de Zemurray también había crecido y ahora tenía el poder suficiente para enfrentarla en guerras de precios debilitantes. En 1930 la United Fruit resolvió el problema comprando Cuyamel Fruit, le pagó a Zemurray treinta y un millones de dólares en acciones y le dio una silla en el consejo directivo. Pero la Gran Depresión afectó gravemente a la United Fruit: tras la muerte de Preston en 1924, se volvió sobredimensionada, poco productiva y mal administrada. Durante los siguientes pocos años, Zemurray vio declinar sus acciones de la United Fruit más de noventa por ciento, lo que redujo su inversión a dos millones de dólares. Trató de asesorar al consejo, pero lo rechazaron groseramente. En ese entonces estaba dominado por miembros de la élite protestante de Boston, muchos de los cuales —aunque no todos— eran terribles antisemitas: no les gustaba el inmigrante judío que se habían visto forzados a admitir como parte de la transacción de Cuyamel. En una fatídica junta de 1933 Zemurray trató una vez más de persuadir al consejo de tomar en cuenta sus ideas para salvar a la compañía: el presidente, un decadente brahmán bostoniano de nombre Daniel Gould Wing, escuchó con desdén evidente el fuerte acento shtetl de Zemurray y luego, ante las risas de otros miembros del consejo, dijo:

—Desafortunadamente, señor Zemurray, no entiendo una palabra de lo que dice.

Zemurray no era alguien a quien pudieras ignorar ni insultar. Había llegado a esa junta con un arma de destrucción masiva: un saco lleno de cartas poder de otros accionistas de la United Fruit que le daban el control mayoritario de la compañía y la autoridad para actuar a discreción. Salió de la sala, tomó el saco, volvió a entrar y lo echó sobre la mesa, diciendo:

—Está despedido. ¿Eso sí lo entiende, señor presidente?

Se volvió hacia el consejo y dijo:

—Llevan bastante tiempo jodiendo esta compañía. Yo voy a arreglarla.

Después de despedir al presidente y a la mayor parte del consejo, Zemurray tomó control de la enorme e incompetente compañía, la despertó de su letargo y la volvió lucrativa sin tardanza. Esa jugada drástica hizo que el *New York Times* lo llamara "el pez que se tragó a la ballena".

Con el control total de la United Fruit, Zemurray siguió metiendo mano en la política hondureña hasta que se jubiló en 1954 para dedicarse de tiempo completo a la filantropía. En sus últimos días, quizá para compensar sus negocios dudosos, hizo generosas donaciones a causas, escuelas y empresas filantrópicas centroamericanas; tuvo un papel importante en la fundación de Israel; donó una plaza de profesora a Harvard, lo que llevó al primer nombramiento de una profesora de tiempo completo en esa universidad, y financió la revista progresista *The Nation*. Fue un hombre impresionantemente brillante, complejo y contradictorio.*

Pero, por más colorida que fuera su historia, hay que decirlo: Preston, Zemurray y las compañías fruteras dejaron un oscuro legado colonialista que ha pervivido como miasma sobre Honduras hasta la fecha. El efecto de las compañías fruteras en el desarrollo de Honduras fue profundamente pernicioso. Aunque finalmente se liberara de su yugo, ese legado de inestabilidad y acoso corporativo perdura en la disfunción política, las instituciones nacionales subdesarrolladas y las relaciones íntimas entre las familias poderosas, los intereses económicos, el gobierno y el ejército. Esa

---

* Su legado positivo perdura: su hija, Doris Zemurray Stone, se convirtió en una arqueóloga y etnógrafa reconocida que hizo trabajo pionero en Honduras y Costa Rica. Ella y su esposo fundaron el Centro Stone de Estudios Latinoamericanos en la Universidad de Tulane.

debilidad magnificó los desastrosos efectos del huracán *Mitch*. El país cayó presa del narcotráfico. Durante los años noventa, las políticas antidroga efectivas y las redadas en Colombia empujaron mucho del narcotráfico hacia Honduras. Los traficantes convirtieron al país en el mayor punto de embarque de contrabando de cocaína entre Sudamérica y Estados Unidos, y la Mosquitia estaba en su centro. Abrían pistas burdas en la selva y las usaban para aterrizar de emergencia aviones llenos de droga provenientes de Venezuela: las drogas valían mucho más que el avión y la muerte ocasional de algún piloto. La tasa de homicidios se disparó mientras que el Estado de derecho y el sistema judicial se derrumbaban. Las pandillas violentas se apropiaron de amplias franjas de las ciudades importantes, se dedicaron a la extorsión y crearon zonas de exclusión del ejército y la policía, excepto cuando la policía misma era parte de sus actividades, lo que no era inaudito. La implacable violencia de las pandillas provocó que miles de familias hondureñas desesperadas mandaran a sus hijos al norte, casi siempre solos, en busca de seguridad a Estados Unidos.

No había manera de que Elkins pudiera conseguir permisos ni montar una expedición en esas circunstancias. El país parecía un caso perdido. Abandonó la búsqueda de la Ciudad Blanca, aparentemente para siempre. Me dijo en ese entonces:

—Ya tuve suficiente. Se acabó. Quizá éste sea un misterio que no pueda resolver.

Capítulo 8

Láseres en la selva

Después de rendirse con la Ciudad Blanca, Elkins dirigió su atención hacia el segundo punto en la lista de misterios de Steve Morgan: el Botín de Lima. Esperaba, entre otras cosas, que la tecnología de punta de la que se había enterado en busca de la Ciudad Blanca también fuera aplicable a rastrear tesoros escondidos. Esa búsqueda, a la que también me arrastró, consumiría los siguientes diez años de su vida.

También conocido como "Tesoro de la Isla del Coco", el Botín de Lima era una supuesta fortuna en oro y gemas —estimada en un valor de alrededor de mil millones de dólares— que se cree que desapareció de Lima, Perú, en 1821, durante la guerra de Independencia peruana. Lima estaba bajo asedio, y se dice que el virrey quería mantener el vasto tesoro de la ciudad fuera de las manos de los revolucionarios en caso de que la capital cayera en manos de los rebeldes.

Los insurgentes habían bloqueado el puerto, pero permitían el libre paso de barcos extranjeros no militares. En secreto, el virrey le confió el tesoro a un barco británico capitaneado por un inglés al que conocía bien. Sólo por si acaso, subió a bordo un contingente de soldados y sacerdotes españoles, para resguardarlo. El plan era que el barco saliera del bloqueo y luego trajera de vuelta el tesoro si la ciudad repelía a los invasores o lo llevara a la Hacienda española en México para que lo guardaran.

Pero cuenta la historia que la tentación del tesoro fue demasiada. A la primera oportunidad tras haber pasado el bloqueo, la tripulación británica asesinó a los soldados y sacerdotes, lanzó sus cuerpos al mar y se fue con el botín. Perseguidos por los españoles, llegaron a la isla del Coco, una masa terrestre remota, deshabitada y volcánica en el océano Pacífico. Ahí enterraron la fortuna y zarparon. No tardó en capturarlos una fragata española. Los españoles colgaron a los oficiales y a la tripulación por piratería; sólo perdonaron la vida al capitán y al primer oficial, bajo la condición de que los guiaran hacia el tesoro.

Al llegar de vuelta a la isla, los dos hombres desaparecieron en el monte. Los españoles los cazaron durante semanas, hasta que se les acabaron los suministros y tuvieron que rendirse y zarpar. Más tarde, el capitán y el primer oficial fueron rescatados por un barco ballenero que creyó que habían quedado náufragos. En secreto, los fugitivos trazaron un mapa y prepararon otros documentos que registraban la ubicación del tesoro enterrado, con la intención de volver a recogerlo a la primera oportunidad.

El capitán murió poco tiempo después. El primer oficial, un escocés de nombre James Alexander Forbes, terminó por asentarse en California, se casó con la hija de una prominente familia española y se convirtió en patriarca de una dinastía californiana de acaudalados latifundistas. Sus muchos negocios lo absorbieron tanto, y ganó tanto dinero tan rápido, que nunca trató de recuperar el botín, pero supuestamente le dio a su primogénito, Charles, los mapas y documentos que indicaban su ubicación. Esos materiales se heredaron de padre a hijo en la familia Forbes hasta nuestros días.

Después de que el huracán *Mitch* le arrebatara sus sueños de Ciudad Blanca, Elkins y sus socios se aliaron con los descendientes de la familia Forbes, que aún tenían los papeles en su poder, y comenzaron a hacer planes para recuperar el tesoro. Como la isla, ahora un parque nacional, había cambiado mucho con los años, muchas marcas habían desaparecido. Elkins estaba ansioso por probar los últimos avances tecnológicos en la detección remota de metal enterrado en el suelo. Él y sus socios pasaron años tratando de recolectar dinero y obtener los permisos necesarios del gobierno de Costa Rica, dueño de la isla, pero el proyecto colapsó antes de llegar a una expedición. El tesoro, si es que está ahí, sigue sin ser descubierto.

Ya era 2010. Steve Elkins, de cincuenta y nueve años, había desperdiciado los últimos veinte años de su vida y muchos miles de dólares tratando de resolver dos de los misterios más perdurables del mundo... y tenía las manos vacías.

Y entonces, ese mismo año desalentador, leyó un artículo en la revista *Archaeology* titulado "Láseres en la selva". Describía una poderosa tecnología llamada lidar, del inglés *Light Detection and Ranging* (detección por luz y distancia), que acababa de ser usada para cartografiar la ciudad maya de Caracol, Belice. El cartografiado mediante lidar de Caracol fue un parteaguas en la arqueología. El artículo lo electrizó: se dio cuenta de que quizá por fin tenía la herramienta necesaria para localizar la Ciudad Blanca.

Los exploradores habían descubierto Caracol en los años treinta y se habían percatado de que era una de las ciudades más grandes del Mayab. El artículo contaba la historia de cómo, en la década de 1980, el equipo conformado por el matrimonio de Arlen y Diane Chase había comenzado el sobrecogedor proyecto de cartografiar Caracol y sus alrededores. Durante veinticinco años los Chase y equipos de cincuenta y un asistentes y estudiantes vagaron por el bosque tropical, registrando y midiendo cada muro, roca, cueva, terraza, camino, tumba y estructura que pudieran encontrar. Para 2009 habían creado uno de los mapas más detallados jamás creados de una ciudad maya.

Pero durante esos años de trabajo los Chase constantemente se sentían frustrados. La ciudad era enorme y siempre tenían la inquietante sensación de que había mucho que no lograban encontrar por la densidad de la jungla y la dificultad y peligros de cartografiar en semejante entorno. "Abríamos caminos con machetes —escribieron—, gateábamos por la densa maleza y nos preguntábamos de qué nos estaríamos perdiendo". Anhelaban una mejor manera de cartografiar la ciudad, dijeron: "sin pasar otros veinticinco años en campo".

Así que acudieron a una nueva tecnología: la lidar. Aunque ya se hubiera usado para cartografiar la superficie lunar y hacer cartografía terrestre a gran escala, apenas en la última década había ganado la resolución necesaria para discernir rasgos arqueológicos precisos. La habían usado para cartografiar las ruinas de Copán tras el huracán, pero hasta ahí llegaba su uso en Centroamérica. Los Chase se aliaron con la NASA y el Centro Nacional de Cartografía Aérea por Láser (NCALM, por sus siglas en inglés) de la Universidad de Houston para cartografiar Caracol usando lidar aérea, una tecnología muchas veces más poderosa que los datos satelitales y por radar disponibles para Blom. La mejor resolución que Blom pudo obtener a mediados de los noventa fue de unos treinta metros; la lidar prometía una resolución mejor a un metro, incluso bajo el follaje.

El NCALM tenía un pequeño Cessna Skymaster al que habían destripado para meter una cajota verde que contenía la máquina de lidar, de un millón de dólares. Un piloto entrenado en misiones de lidar voló la aeronave de Houston a Belice, donde se reunió con tres ingenieros cartógrafos. El equipo voló en cinco misiones sobre Caracol y sus alrededores, escaneando la jungla con láseres, un proceso que tomó poco más de una semana.

Cuando les entregaron las imágenes, los Chase quedaron helados. "Aparentemente sin esfuerzo —escribieron—, el sistema produjo una vista detallada de casi doscientos kilómetros cuadrados —de los cuales sólo trece por ciento había sido cartografiado— y reveló topografía, estructuras antiguas, calzadas y terrazas de cultivos", junto con cuevas, edificios, tumbas… decenas de miles de rasgos arqueológicos que habían escapado a su cartografía tradicional. En cinco días, la lidar había logrado siete veces más que los Chase en veinticinco años.

Su artículo declaró a la lidar una "revolución científica" y un "cambio de paradigma arqueológico". Era, dijeron, el mayor avance arqueológico desde la datación por carbono-14.

Capítulo 9

Era algo que nadie había hecho nunca

Cuanto más estudiaba sobre la lidar, más se convencía Elkins de que si la ciudad perdida existía y él tenía la fortaleza para reanudar la lucha, la lidar la encontraría. Su emoción, sin embargo, se reducía cuando pensaba en tratar de conseguir los permisos del gobierno de Honduras, que había sido una pesadilla la vez anterior. El gobierno había cambiado de manos varias veces y sufrido un golpe de Estado, y el proceso de permisos se veía más sobrecogedor que nunca.

—Me pregunté —me dijo Elkins— si quería volver a pasar por esa mierda.

La Mosquitia, durante los doce años intermedios, se había vuelto extremadamente peligrosa, una región fuera de la ley controlada por violentos cárteles y pandillas. Tan sólo volar un avión en el espacio aéreo de la región era peligroso, porque era el principal corredor aéreo de los contrabandistas de droga, y los aeroplanos no identificados podían ser derribados por el ejército estadounidense o el hondureño.

Entonces sucedió una de esas coincidencias dementes que un novelista no se atrevería a meter en un libro. Mientras Elkins meditaba qué hacer, recibió una llamada de su viejo amigo y hacelotodo en Honduras, Bruce Heinicke.

Bruce y su esposa hondureña, Mabel, se habían mudado a San Luis, Misuri, en 1996, después de que asesinaran a la hermana de Mabel en Honduras. Bruce dejó su carrera de contrabando y saqueo y sentó cabeza con negocios más mundanos. Pero él, igual que Elkins, tampoco podía curarse la obsesión de encontrar la Ciudad Blanca.

A finales de 2009 Mabel regresó a Tegucigalpa, sin Bruce, para el velorio de su padre. En ese momento el país se estaba recuperando de un golpe de Estado. Había sucedido ese mismo año, cuando el presidente de izquierda José Manuel Zelaya había hecho un esfuerzo torpe por convocar un referéndum para reescribir la Constitución y poder aspirar a ser elegido un segundo periodo. La Suprema Corte declaró ilegal el intento; Zelaya desafió a la Corte y el Congreso ordenó su arresto. Una mañana de domingo el ejército desarmó a la guardia presidencial, sacó a Zelaya de la cama y lo puso en un avión a Costa Rica, donde, en el aeropuerto, dio un discurso incendiario aún vestido con piyama. La prensa reportó que Zelaya había sido sacado del país tan rápido que no le habían permitido vestirse, pero algunos funcionarios hondureños me contaron en privado que sí le habían permitido vestirse y llevarse un poco de ropa; en un momento de astuto histrionismo, se había vuelto a poner la piyama en el avión para granjearse más simpatía e indignación.

Los militares le devolvieron el poder al sector civil y hubo elecciones cinco meses después. Aquellas elecciones, ferozmente competidas, llevaron al poder a Porfirio "Pepe" Lobo Sosa. Mientras Mabel estaba en la iglesia del funeral, escuchó que Pepe, el nuevo presidente electo, asistiría a misa en el mismo templo el domingo siguiente con su gabinete, para obtener la bendición divina en su periodo de cuatro años.

Se lo mencionó por teléfono a Bruce, quien la urgió a aprovechar la oportunidad. Mabel me dijo en entrevista:

—Bruce no dejó de sacar el tema toda la semana. "Te le acercas a ese tipo —decía—, y le explicas lo de la Ciudad Blanca. El resto me lo dejas a mí."

El día de la visita del presidente, Mabel fue a la iglesia con su hermano, Mango, una estrella del futbol hondureño, para tratar de acorralar al presidente. El lugar estaba abarrotado. El presidente llegó tarde, con veinte guardaespaldas y un contingente de policías con rifles.

Después de la misa, Mango le dijo a Mabel que se quedara en su asiento y él lo arreglaría todo. Fue a hablar con el pastor, pero conforme su conversación se alargaba, Mabel comprendió que no estaba llegando a nada. Mientras tanto, el presidente y su séquito se levantaron para irse, y Mabel se dio cuenta de que estaba a punto de perder la oportunidad. Saltó de su asiento y avanzó a codazos entre la multitud. Se dirigió hacia el presidente, que estaba rodeado por una cadena de guardaespaldas tomados de los brazos. Gritó su nombre —"¡Pepe! ¡Pepe!"—, pero la ignoró. Por fin logró alcanzar el anillo de guardias, pasó su brazo por encima y agarró el brazo del presidente.

—Dije: "¡Pepe, necesito hablar contigo!"

—Bueno —contestó, resignado—, tienes mi atención.

—Les dije a los guardias: "Disculpen, déjenme pasar". Y negaron con la cabeza. Llevaron las manos a las armas. Estaban bien agarrados de la mano y yo estaba tratando de separarlos. Pepe se estaba riendo y le dije: "¿Puedes decirles que me dejen pasar?" Lo hicieron, y luego cerraron el círculo a mi alrededor y se agarraron las manos otra vez, muy fuerte.

"Le pregunté si había oído de la Ciudad Blanca. Dijo que sí. Le dije que mi esposo había tratado de encontrarla hacía veinte años. Dijo que sonaba interesante, que siguiera. Dije que él había estado ahí.⋆ Dijo: "¿Puede ir otra vez?" Y yo dije: "Para eso necesitamos tu permiso".

Lobo la miró y contestó por fin:

—Bueno, ya lo lograste. Me convenciste, Dios sabrá cómo. He oído de esa ciudad, pero nunca he oído de nadie que haya estado ahí físicamente. Confío en ti y quiero que confíes en mí. Voy a presentarte a un miembro de mi gabinete. Él va a hablar por mí y podrá conseguirte todos los permisos y lo que necesites para que esto se haga. Se llama África Madrid.

Así que Mabel fue a donde se había reunido el gabinete y encontró a África.

—Comencé a hablar con él sobre el proyecto. Me dijo: "Guau, sí que suena interesante. Si el presidente te dijo que lo vamos a hacer, pues lo vamos a hacer. Te voy a conseguir todo lo que necesites".

Intercambiaron direcciones de correo electrónico.

Cuando se iba, Mabel vio al presidente entrando a su coche; corrió hacia él y le pidió que se tomara una *selfie* con ella. Él accedió y luego le pidió el teléfono, porque quería hablar con su esposo. Ella se lo dio y llamó a Bruce Heinicke, en Estados Unidos.

—Estoy sentado en San Luis y me llega una llamada —me dijo Heinicke—. Es el presidente de Honduras al teléfono. Me pregunta: "¿En serio sabes dónde está?" Contesté: "Sí, señor". Dijo: "Quiero hacer esto. Va a ser bueno para el país".

El presidente colgó y se lo devolvió a Mabel, preguntando:

⋆ Esto por supuesto es una exageración. Cuando oí más historias de Bruce me di cuenta de que solía referirse a casi cualquier ruina en la Mosquitia como la "Ciudad Blanca".

—¿Ahora sí me puedo ir?

—Sí, Pepe —contestó ella—, puedes irte.

Mabel recordó:

—¡Huyó como si fuera a perseguirlo y pedirle algo más!

Elkins estaba impresionado y escéptico cuando escuchó esa historia bizarra, que de casualidad coincidió con su lectura del artículo sobre la lidar. Pero cuando investigó a Bruce y al nuevo gobierno hondureño, descubrió que era cierta. Al presidente Lobo le entusiasmaba el proyecto, pues veía las ventajas que semejante descubrimiento le traería a su país y también el potencial para impulsar su propia popularidad endeble.

Con la bendición del presidente y los permisos asegurados, Elkins voló a Houston para encontrarse con el personal del Centro Nacional de Cartografía Aérea por Láser, que había cartografiado Caracol, para tratar de persuadirlos de unirse a su empresa. El NCALM es un proyecto conjunto de la Universidad de Houston y la Universidad de California, en Berkeley, financiado por la Fundación Nacional para la Ciencia, y su función está confinada a la investigación académica y científica, no a la mera exploración de ciudades perdidas que quizá no existan. El investigador codirector y científico en jefe del NCALM es un hombre llamado William Carter, uno de los padres de la lidar. Como estudiante de doctorado, Carter había trabajado en las misiones Apollo y ayudado a diseñar y operar una de las primeras estaciones de medición de distancias con láser, capaz de medir la distancia entre la Tierra y la Luna con una precisión de unos pocos centímetros.

Elkins pasó el día tratando de convencer a Carter, a Ramesh Shrestha, director del NCALM, y a su equipo de que se unieran a la búsqueda de la ciudad perdida. Era una propuesta excéntrica, distinta a todo lo que el NCALM había hecho antes. Con Caracol, estaban cartografiando un sitio reconocido mundialmente con resultados garantizados; el proyecto de Elkins era un albur que podría ser una pérdida de tiempo y una vergüenza científica. La lidar nunca se había usado antes como herramienta de exploración arqueológica pura, es decir, para buscar algo de cuya existencia nadie podía estar seguro.

—En realidad no sabemos si haya algo allá —dijo Shrestha—. La pregunta es: ¿podemos encontrarlo siquiera?

Pero a Carter le impresionó que Elkins ya hubiera reclutado a la NASA en la caza por la ciudad. Miró las imágenes de O1 de Ron Blom y sintió que había lo bastante ahí para arriesgarse.

Era un proyecto arriesgado en muchos sentidos. Shrestha recordó su debate.

—Era algo que nadie había hecho. Tenía el potencial de encontrar algo y tener un impacto significativo en el ámbito arqueológico. Le dije explícitamente a Steve: "Mira, éste es un proyecto experimental. Haremos lo mejor que podamos. No podemos prometer que funcione, ¡y no podemos asumir la culpa si no lo hace!"

Sin embargo, tanto a Shrestha como a Carter les atraía el reto de tratar de cartografiar terreno bajo el bosque tropical más denso del planeta. Si la lidar funcionaba en la Mosquitia, iba a funcionar en cualquier parte. Sería la prueba definitiva de esa tecnología.

Algunos miembros del NCALM eran más escépticos. "Había gente en mi personal —dijo Shrestha— que decía que no podíamos hacerlo" porque la selva es demasiado densa. "Si no lo intentas —dije yo—, no puedes decirme que no se puede".

A otros les preocupaba que no hubiera arqueólogos involucrados.

—Steve Elkins es cineasta —me dijo después Michael Sartori, el cartógrafo en jefe del NCALM—. Muchas veces les dije a mis colegas que era mala idea, que ése no era el tipo de proyecto que deberíamos hacer. No es la forma normal de brindarles datos de calidad a los académicos del ámbito de la arqueología.

Elkins al principio le propuso al NCALM que sondearan toda la Mosquitia con lidar. Pero cuando se enteró de que costaría millones de dólares podó la zona de búsqueda a unos ciento treinta kilómetros cuadrados. Cartografiar eso valdría casi un cuarto de millón de dólares en costos directos y una cantidad parecida en costos de apoyo.

O1 apenas medía cincuenta kilómetros cuadrados. En caso de que O1 estuviera vacío, Steve eligió otras tres zonas inexploradas que sondear. Las llamó O2, O3 y O4. O2 era un valle profundo rodeado de acantilados calizos que también se rumoraba que contenía la Ciudad Blanca. O3 era una zona parecida a O1: de acceso difícil, sin exploración científica, un paisaje más amable con grandes espacios abiertos, encerrado entre montañas. O4 era el valle en el que Elkins creía que Sam Glassmire había encontrado sus ruinas.

Hizo una investigación intensiva de las cuatro zonas objetivo para ver si se había hecho alguna exploración reciente, arqueológica o no. Reunió los últimos mapas de todos los sitios arqueológicos conocidos de la Mosquitia. Barrió los archivos del Instituto Hondureño de Antropología e Historia en busca de informes inéditos, y rebuscó en el registro hondureño oficial de sitios arqueológicos.

Durante el transcurso del siglo XX, los arqueólogos habían identificado unos doscientos sitios arqueológicos en la Mosquitia. No es casi nada comparado con los cientos de miles de sitios registrados en el Mayab, o los ciento sesenta y tres mil sitios arqueológicos registrados en mi estado natal de Nuevo México. Esos doscientos sitios de la Mosquitia variaban entre asentamientos grandes con estructuras de tierra inmensas y muchos sitios pequeños, entierros en cuevas, arte lítico y tiraderos de artefactos que parecían pertenecer todos a la misma extensa cultura. Muchos de ellos, a diferencia del Mayab, eran simplemente puntos en un mapa que nunca habían sido sondeados con precisión y prácticamente ninguno había sido excavado por completo. Un siglo de arqueología en la Mosquitia había producido pocas respuestas, y mucho de lo que se había hecho era limitado, superficial o de baja calidad. Los arqueólogos hasta entonces no habían logrado contestar algunas de las preguntas más básicas de esa cultura: quiénes eran, de dónde venían, cómo vivían y qué les había pasado. Sin duda, la Mosquitia contenía muchos, muchos sitios sin descubrir que develarían secretos esenciales.

Elkins no pudo encontrar evidencia alguna de que nadie hubiera explorado nunca O2, O3 ni O4 (sin contar a Glassmire). Sin registro de entrada humana, estaban en blanco, desconocidos para la ciencia. ¿Pero también estarían deshabitados? Los archivos no documentaban el uso de las zonas para caza y recolección.

Elkins ordenó las últimas imágenes satelitales de las cuatro zonas objetivo. Cuando llegaron, tuvo una desagradable sorpresa. La fotografía satelital más reciente de O4, el valle que contenía la Ciudad Blanca de Glassmire, mostraba que estaba horadado de claros provocados por tala ilegal. La deforestación y el saqueo arqueológico van de la mano: las ruinas de Glassmire, si existían, habían sido descubiertas y saqueadas en silencio, sus artefactos trasladables estaban dispersos por el mercado negro o habían sido tomados por los locales. Pero Elkins también sabía que había muchas ruinas grandes en la Mosquitia, conocidas y desconocidas, y que cualquiera podía ser la legendaria Ciudad Blanca, si es que en verdad existía como la describían, lo cual seguía siendo una pregunta abierta. Eliminó O4 de la lista.

Tristemente, el destino de O4 no era poco usual. Las selvas hondureñas están desapareciendo a un ritmo de por lo menos mil doscientos kilómetros cuadrados al año. Entre 1990 y 2010 Honduras perdió más de treinta y siete por ciento de su bosque tropical ante la tala. Todos los objetivos de Elkins yacen en o cerca de la Reserva de la Biósfera Tawakha Asangni y la de río Plátano, pero la protección y la aplicación de la ley son débiles. La lejanía, las montañas escarpadas y la hostilidad de la jungla no son competencia para las ganancias de la tala y la ganadería. La arqueología está en una carrera contra la deforestación; para cuando los arqueólogos logran llegar a un sitio para sondearlo, quizá ya no esté, quizá haya caído presa del hacha del talador y de la pala del saqueador.

El equipo recibió los permisos para usar la lidar en la selva de la Mosquitia en octubre de 2010. Llegaron con la bendición del presidente y del secretario del interior y población, África Madrid, junto con el apoyo completo del Instituto Hondureño de Antropología e Historia (IHAH) y su director, Virgilio Paredes. El nuevo gobierno de Honduras estaba de lleno en la búsqueda.

El presidente *Pepe* Lobo estaba tomando posesión tras una elección competida en uno de los puntos más bajos de la historia de Honduras. La economía hondureña era la segunda más pobre de América. Largas franjas del campo, los pueblos y partes de algunas ciudades habían sido tomadas por narcotraficantes. Habían brotado pandillas y se dedicaban a la extorsión y al secuestro. La tasa de homicidios, ya la más alta del mundo, se estaba disparando. La corrupción era rampante. El sistema judicial y el Estado de derecho estaban colapsados. La gente era pobre, cínica, terca y estaba a la deriva.

El golpe de 2009 había dejado a la nación, incluyendo a la comunidad arqueológica, amargamente fracturada. Honduras era un país al que le urgían buenas noticias. El descubrimiento de la Ciudad Blanca, me dijo más tarde el presidente Lobo, serían esas buenas noticias.

Yo nunca subiría otra vez por ese río. Es el lugar más peligroso del planeta, ese río

Con permisos en mano, Elkins salió a recaudar fondos. Le pidió a un amigo, el cineasta Bill Benenson, que le ayudara a conseguir inversionistas para un proyecto fílmico que documentara la búsqueda. Benenson conocía a mucha gente de dinero. Pero después de pensarlo un poco, Benenson decidió buscar en su propio bolsillo. Era una oportunidad demasiado buena: financiaría la expedición él mismo. Finalmente, Benenson y Elkins dividieron sus papeles fílmicos para ser codirectores del documental; Benenson además sería productor único, y Tom Weinberg y Steve tendrían créditos de coproductores.

Benenson, que tenía setenta y dos años al iniciar el proyecto, es un hombre apuesto y en forma con una barba bien cuidada. Habla meticulosamente, sopesando cada palabra, y no parece alguien que corra riesgos. Admitió que el proyecto era una "locura maravillosa", pero sentía el impulso de jugársela.

—Esta historia me interesa. Y también esta ciudad perdida y todos los aventureros, mentirosos y locos que la han estado buscando. Si te la vas a jugar por un proyecto fílmico, pensé que tenía que apostar por éste. Era mi número diecisiete en la ruleta.

El abuelo de Benenson, Benjamin, llegó a Estados Unidos de Bielorrusia a finales del siglo XIX y se asentó en el Bronx, Nueva York. Trabajó de carpintero, al principio construyendo casas para otras personas, pasó él mismo a la construcción y hoy por hoy Benenson Capital Partners, donde Bill es socio mayoritario, es una importante compañía de bienes raíces, dueña de propiedades de punta en Manhattan y otros lugares. Pero el verdadero amor de Benenson es el cine y su intersección con la antropología y la arqueología. Al salir de la universidad se unió al Cuerpo de Paz y pasó dos años en Brasil, donde hizo su primera cinta, *Diamond Rivers*, transmitida por PBS. Hoy en día tiene créditos en más de veinte cintas y documentales. Fue productor ejecutivo del documental *Beasts of no Nation* y dirigió y produjo *The Hadza: Last of the First*, sobre el último pueblo de cazadores-recolectores en África Oriental.

Benenson tenía un ojo agudo para proyectos no convencionales, y creía que aunque no se encontrara nada, el fracaso de otra búsqueda demente más de la ciudad legendaria produciría una cinta interesante. Elkins y Benenson, junto con otros socios, crearon una compañía llamada UTL, LLC —"Bajo la Lidar", por sus siglas en inglés—, para que se encargara de los detalles de la expedición y la película.

Cuando las cosas por fin estaban cayendo en su sitio luego de un proyecto de décadas, Elkins comenzó a reunir su equipo. Él y yo habíamos estado en contacto constante durante años, y me preguntó si escribiría sobre la búsqueda para el *New Yorker*, para el cual escribía artículos arqueológicos de vez en cuando. Accedí, pero sin mucha convicción. La verdad sea dicha, era tan escéptico del resultado que decidí no presentarle la idea al *New Yorker* hasta que terminara la expedición, y sólo si encontraban algo. No quería arriesgarme a parecer un soberano imbécil si el sondeo mediante lidar salía vacío, lo que me parecía probable, ya que todo intento por encontrar la ciudad perdida en los últimos quinientos años había terminado en fracaso o fraude. Cuando se lo confesé a Steve, dijo:

—Bueno, si no llegamos a nada, por lo menos te fuiste de vacaciones.

El 28 de abril de 2012 los diez miembros de la expedición nos reunimos en Houston y volamos como grupo a la isla de Roatán, en el Golfo de Honduras. Roatán está a un mundo de distancia de Honduras continental: mide cincuenta kilómetros de largo y unos tres de ancho, y es un paraíso tropical de playas de arena de marfil, aguas turquesa, arrecifes deslumbrantes, pueblos pesqueros y hoteles de lujo. Un destino importante para cruceros y buzos. Por su historia de colonia británica, el inglés es la lengua principal.

Por preciosa que fuera para vacacionar, Elkins y Benenson habían elegido Roatán, sobre todo, porque el aeropuerto de la isla tenía mejor seguridad para nuestro avión y su carga clasificada que los de tierra firme. El Departamento de Estado había emitido un permiso de dos semanas para sacar el avión del país, pero exigía que se mantuviera en una zona de alta seguridad, cerrada al público y con guardias armados protegiéndolo día y noche. Elkins y Benenson contrataron al ejército hondureño para el trabajo. Roatán, en la parte noreste del país, también estaba bien situada respecto a la Mosquitia: las tres zonas objetivo estaban a sólo una hora de vuelo. Sin embargo, tenía una desventaja: el aeropuerto de Roatán tenía prohibido almacenar gasolina de aviación. A causa del narcotráfico, la gasolina de aviación estaba muy controlada en Honduras. Secuestraban constantemente pipas, mataban al conductor y usaban el combustible para el contrabando. El Cessna tendría que aterrizar en el aeropuerto de La Ceiba, en tierra firme, para reabastecerse después de cada vuelo de lidar, antes de volver a Roatán.

En nuestro cuartel general, Parrot Tree Plantation, en la costa sur de la isla, el equipo de la expedición ocupó un conjunto de búngalos con techos de teja, extendidos por la costa de una laguna turquesa rodeada de playas de arena blanca, fuentes borboteantes y palmeras mecidas por el viento. Las suites presumían baños de mármol, cocinas con barra de granito y habitaciones con acabados de maderas tropicales pulidas. El complejo tenía el aire acondicionado a niveles de hipotermia. Detrás de los búngalos se extendía una enorme piscina de agua dulce, entre rocas falsas, cascadas, puentes y racimos de flores tropicales cargados de rocío, con pérgolas envueltas en sábanas de nieve y cortinas de raso ondeando por la brisa tropical. En la marina adyacente había yates de un millón de dólares amarrados al embarcadero, lamidos por las aguas del Caribe, sus cascos pulidos refulgiendo bajo el sol. Las colinas de arriba estaban salpicadas de villas encaladas.

—¿Por qué estar incómodos? —dijo Elkins cuando nos reunimos para cenar colas de langosta a la parrilla bajo una palapa con vista a la laguna en la playa, el cielo tintineante de estrellas, las olas susurrando en la orilla.

Sin embargo, el lujoso entorno sólo aumentaba el temperamento ansioso de la expedición. En su viaje desde Houston, el pequeño Cessna se había quedado atrapado en los Cayos de Florida, encerrado por una serie de tormentas del Golfo. Podrían pasar días hasta que se despejara el clima. Benenson y Elkins estaban pagando miles de dólares al día para que todo mundo se sentara a esperar. Nadie estaba contento.

El NCALM había enviado tres ingenieros de lidar para manejar la misión: el doctor Juan Carlos Fernández Díaz, planeador de la misión e ingeniero en jefe de lidar; Michael Sartori, residente escéptico y cartógrafo de datos, y Abhinav Singhania, técnico de lidar.

Fernández era, por una coincidencia feliz, hondureño de nacimiento. Tenía un doctorado en ingeniería en sistemas de geodetección de la Universidad de Florida; también tenía una maestría en negocios, *summa cum laude*, de la Universidad Católica de Honduras y una beca Fulbright. Su familiaridad con la política y la cultura hondureñas, su fluidez en español, su conocimiento de lidar y su personalidad atractiva lo convertirían en uno de los miembros más indispensables de la expedición. El ingeniero de treinta y cinco años tenía una presencia tranquila y objetiva, detrás de la cual había una mente científica brillante y un sentido del humor pícaro. Era diplomático, de voz suave, y nunca se inmutaba cuando todo se estaba yendo al infierno a su alrededor, lo que sucedió muy a menudo durante la expedición. Juan Carlos estaba encantado de formar parte del proyecto, y su involucramiento lo ha convertido en una suerte de héroe nacional en Honduras.

—Tienen que ser los Dioses Monos —dijo con una carcajada—. Una combinación maravillosa de suerte, oportunidad y destino que estuviera en posibilidad de ayudar. Si eres hondureño, eres una mezcla de muchas cosas distintas, españolas e indígenas. Aunque mi nombre sea español, sé que hay algo de indígena por ahí.

Tenía la esperanza de que el esfuerzo tuviera un buen efecto en su país.

—La gente de Honduras no tiene una identidad cultural clara. Tenemos que empezar a aprender más de nuestro pasado para crear un futuro más brillante.

Sartori, en contraste, no guardaba en secreto su escepticismo.

—¿En serio van a ir a esa selva enorme y apuntar hacia esas zonas sin saber qué hay allá? Me parece un disparo al aire a lo tonto.

La elegancia absurda del hotel, tan distinta de las míseras expediciones académicas de costumbre, aumentó su suspicacia.

La expedición también incluía un equipo de filmación, un fotógrafo fijo y a Tom Weinberg, el otro coproductor y cronista oficial. Weinberg, de setenta y dos años, era un hombre con una risa contagiosa y una personalidad dulce y amable, con un fleco de canas rebeldes y barba. Llevaba desde 1994 trabajando con Elkins en el proyecto de la Ciudad Blanca. Durante su larga carrera en cine y televisión se había ganado varios Emmy y se había convertido en una leyenda en el mundo del cine de Chicago. Fue cofundador del colectivo de video TVTV en 1972, que producía documentales "de guerrilla" sobre temas progresistas en cultura y política estadounidenses; después creó el Archivo Independiente Media Burn, que, mucho tiempo antes del internet, almacenó miles de horas de metraje importante de documentales que de otra forma se habrían perdido, incluyendo la mayoría de las entrevistas de Studs Terkel.

El miembro más inolvidable del grupo era Bruce Heinicke, el coordinador de producción por excelencia de Elkins. Yo llevaba años queriendo conocerlo, después de escuchar las vívidas descripciones que hacía Steve de él y sus aventuras. Lo encontré en el bar de la palapa antes de la cena: un hombre mórbidamente obeso con sombrero Panamá, camisa hawaiana desabrochada, cadenas de oro, un cigarro en una mano y una cerveza en la otra. Tenía una mueca horrible en la cara.

Me dijo que había vuelto del aeropuerto, "donde acabo de entregar un maldito fajo de billetes" para pasar el equipo de la expedición por la aduana de Roatán: computadoras, cámaras, equipo de sonido, tripiés y todo lo demás. Incluso con la bendición del presidente, había que encargarse de la gente.

—Querían un "depósito" de ciento ochenta mil dólares —dijo, sus cachetes temblando de indignación—. Dijeron que lo devolverían cuando el equipo saliera del país. Les dije: "No, no, ni madres". Pero tuve que sobornar a mucha gente.

Cuando comencé a tomar nota, dijo:

—No puedes imprimir una sola palabra de lo que te cuente a menos que te lo diga explícitamente.

Tenía un tesoro de anécdotas, pero al final de casi todas, me clavaba sus ojos acuosos, me apuntaba con el dedo y decía:

—No puedes escribir eso. Es extraoficial.

Por fin, frustrado, le pregunté:

—¿No hay manera de que pueda contar por lo menos algunas de estas anécdotas?

—Ay, claro —dijo—, por supuesto. No hay problema. ¡Cuando sea un puto cadáver!*

Soltó una carcajada y casi se ahoga con la flema.

Le pregunté a Bruce sobre su relación con Steve Elkins y cómo funcionaba su asociación.

—Deja que te cuente algo. Estaba en un restaurante y había unos tipos fanfarroneando. Vi que iba a haber problemas. Así que le puse una pistola en la cabeza a uno y le dije: "Lárgate de aquí o te desparramo los putos sesos por la pared que tienes detrás". Así resuelvo yo las cosas. Así tie-

---

* Más tarde me permitió tomar notas exhaustivas, de donde tomé estas conversaciones, siempre que prometiera no publicar nada antes de su muerte. Falleció el 8 de septiembre de 2013.

nes que ser aquí. *No jodas a ese gringo, porque te mata.* Cuando estás tratando con gente así, no tienen respeto por nadie, la vida humana no importa, así que tienes que tratarlos así o te pasan por encima. Steve cree que todo el mundo es su amigo. Quiere ser su amigo también. Y no entiende que hay gente que sólo está buscando una oportunidad para robarte y hasta matarte. Steve confía en todo mundo, y por aquí eso no se puede.

Tenía una rodilla coja por una herida de bala, que explicaba con gusto. Antes de conocer a su esposa había salido con una colombiana y había estrechado lazos con su padre, que manejaba uno de los cárteles más grandes de Colombia. Hizo algunos trabajitos para él, transportando drogas y cobrando dinero. Lo atrapó la DEA y le exigieron que colaborara como informante encubierto si no quería ir a la cárcel. Pero dijo que siguió trabajando para el capo y mantuvo a la DEA satisfecha delatando a miembros de bajo y mediano nivel.

—Estaba sacando coca de la puta Colombia —inició su relato.

Lo habían contratado para hacer una entrega de Colombia a Nicaragua. Fue a Cartagena a recoger el "producto" en una pequeña maleta, para llevársela al contacto, que supuestamente iba a pagar setenta y cinco mil dólares por ella. Fue a un restaurante cerrado, donde le sorprendió no ver a un hombre, sino a dos. Uno tenía un saco lleno de dinero.

—Le dije que me mostrara el dinero, comenzó a acercarse y le dije que se detuviera y sólo abriera el saco y lo deslizara por el piso.

Y lo hizo. Cuando el hombre dio un paso atrás, los dos sacaron sus pistolas y comenzaron a dispararle.

—Estaban a sólo tres metros de mí cuando saqué mi 45 y le disparé a uno en el hombro derecho, al otro en la cara y antes de que al que le había dado en el hombro tocara el suelo le abrí la cabeza como sandía. Todo el tiroteo duró dos o tres segundos. Una bala me dio en la rodilla.

Tomó todas las armas, el dinero y las drogas. Sentía un dolor terrible, así que inhaló unas líneas y se metió cocaína en la herida de bala, lo que lo hizo sentir mejor.

—Tenía setenta y cinco mil dólares en efectivo en una maleta de mierda, cinco kilos de cocaína y dos pistolas —dijo—. Un amigo de La Ceiba llegó volando. Le dije: "Sácame de aquí, tengo una bala dentro". Más tarde, X [quité de aquí el nombre de un escritor y exsoldado estadounidense bien conocido] me puso en contacto con la Embajada de Estados Unidos en Honduras, y me mandaron a Nicaragua a tomar fotos de campamentos sandinistas y obtener sus ubicaciones con GPS.

Después de la cena, Elkins se dirigió al equipo en una junta de planificación. Lo primero en la agenda era acordar una historia falsa para los locales. Sólo pocas personas en el gobierno hondureño sabían lo que estábamos haciendo. No se iba a hablar de la Ciudad Blanca ni de la Ciudad Perdida del Dios Mono. Éramos, nos explicó Elkins, sólo un montón de científicos *nerds* que hacían un sondeo aéreo de la Mosquitia con una tecnología nueva, para estudiar la ecología, el bosque tropical, la flora y la fauna. La leyenda había crecido tanto que muchos hondureños estaban convencidos de que la Ciudad Blanca escondía un tesoro inmenso; no sería seguro si nuestras actividades reales se supieran.

Antes de enviar el avión, el equipo de lidar tenía que encontrar sitios seguros para erigir tres unidades de GPS fijas. Esas unidades se comunicarían con la unidad de GPS del avión durante el vuelo. Cada una tenía que tener una fuente de poder e, idealmente, una conexión a internet para subir los datos. Juan Carlos Fernández había resuelto la geometría del sistema, lo cual fue difícil de lograr, porque la mayor parte del suelo era intransitable o demasiado peligroso. Por fin resolvió un arreglo casi lineal para ubicar las unidades: una en la isla Roatán; la segunda a cuarenta y cinco millas aéreas, en Trujillo (la ciudad costera en la que Cortés escribió su carta al emperador Carlos V), y la tercera en un pueblito minúsculo llamado Dulce Nombre de Culmí, al borde de la Mosquitia, a ciento sesenta kilómetros de distancia. Erigieron la primera unidad al final de la playa que formaba la laguna artificial en Parrot Tree. La segunda fue a dar al techo del hotel Christopher Columbus, en Trujillo.

Poner el tercer —y más crucial— receptor en Dulce Nombre de Culmí representó un reto mayor. Culmí era lo más cerca que podías llegar al interior de la Mosquitia si eras razonable. El pueblo estaba a dieciséis horas de la peligrosa carretera de Trujillo, por caminos infestados de narcotraficantes y bandidos. El equipo decidió llevar la unidad de GPS en helicóptero e instalarla en una granja a las afueras de Culmí, propiedad de un primo de Mabel y Mango.

Pero a unas horas de vuelo, el helicóptero que Elkins había reservado para el viaje a Culmí fue expropiado por la DEA para un operativo antidrogas. A Bruce le encargaron tomarle prestado un helicóptero y su piloto sin previo aviso al gobierno hondureño, lo que —sorprendentemente— logró. ("¿Quién más podría conseguir un jodido helicóptero en quince minutos en un país como Honduras? Estos tipos no aprecian lo que hago.") Al acercarse, Mango no pudo reconocer la granja de su primo desde el aire, así que el helicóptero tuvo que aterrizar en la cancha de futbol del pueblo para pedir direcciones, lo que causó sensación. Fernández erigió el GPS en un pastizal de la granja, donde su mero aislamiento lo mantendría seguro, alimentado por un panel solar y una batería de ciclo profundo. Como la zona no tenía conexión a internet, Mango tenía que retirar físicamente los datos en una memoria USB y llevarlos a Catacamas, el pueblo más cercano con conexión a internet, varias horas hacia el sur por un camino de terracería, y subirlos al NCALM en Houston. No era tarea fácil. El viaje era arriesgado, pues Catacamas estaba dominado por un cártel y tenía una de las tasas de homicidio más altas del mundo. Pero, como nos explicó Mango, los narcotraficantes se limitaban a sus asuntos mientras nadie los molestara. Después de subir los datos a Houston, Michael Sartori los descargaba a su laptop en la isla Roatán. Durante tres días esperamos a que el avión completara su último tramo de Cayo Hueso a Roatán. Holgazaneábamos por el hotel, sometidos a vacaciones forzadas, comiendo, bebiendo cerveza y —al diablo los lujos— poniéndonos cada vez más irritables e impacientes por que comenzara la búsqueda.

Todos los días, a mediodía, la peculiar figura de Bruce Heinicke aparecía a la sombra de la palapa, donde se apoltronaba en una silla de mimbre como Jabba the Hutt, cerveza y cigarros en mano. Se quedaba estacionado ahí casi toda la tarde y la noche, a menos que sucediera algo que requiriera su atención, en cuyo caso se le oía insultando por teléfono en español o en inglés. Sin nada más que hacer, adquirí el hábito de invitarle una cerveza y escuchar sus historias.

Hablaba abiertamente de sus días de saquear sitios arqueológicos en la Mosquitia. (Me sorprendió que fuera tan franco respecto a esas actividades, dada la naturaleza de su contrato con Steve, pero nunca le preocuparon las contradicciones.)

—A principios de los noventa —dijo—, tenía un amigo, Dimas, con el que solía ir a excavar cementerios y robar artefactos, y los contrabandeaba a Estados Unidos.

En algún lugar en lo alto de un río sin nombre, mientras estaba en una de esas expediciones de saqueo, Bruce cazó un tapir para cenar. Habían acampado en un banco de arena y encendido una fogata. Bruce cortó la carne en rodajas, pero cuando la puso a cocer sobre piedras calientes, "oyó un rugido fuerte". Tomó su M16 y se volvió justo a tiempo para ver un animal cargando contra ellos; tenía el arma en automático y lo roció con "por lo menos veinte balas"; cayó a metro y medio de él: un jaguar enorme, de dos metros. Él y Dimas lo tiraron al río.

—Detesté haber matado al jaguar —dijo Bruce—, era un animal hermoso.

Al día siguiente llegaron a una bifurcación en el río y subieron por un pequeño afluente, vadeando por la corriente panda y rápida. Después de dos días llegaron al sitio. A unos doce metros del empinado terraplén sobresalía el costado de una enorme mesa tallada en piedra. Salieron del río y, en las terrazas de arriba, encontraron pilas "de lo que habían sido estructuras de piedra por todos lados". Bruce bajó a rastras el terraplén hasta la mesa y limpió un poco de tierra, con lo que expuso un jaguar vívido, gruñendo. La mesa era demasiado grande para llevársela entera, así que pasaron tres días sacando el jaguar a golpe de cincel. Luego, picando entre las pilas de piedras en busca de una entrada a las estructuras o tumbas subterráneas, hicieron un hoyo. Bruce metió la cabeza y percibió cerámica en el suelo a metro y medio hacia abajo. Se escurrió adentro y cayó, pero aterrizó mal, se torció la pierna y se desgarró los tendones de la rodilla, que seguía débil por el tiroteo de la cocaína.

Trató de pararse, pero no pudo, y le gritó a Dimas que le consiguiera un palo para usar de muleta. Mientras esperaba, sus ojos se ajustaron a la oscuridad, y entonces vio que "el piso estaba lleno de arañas, escorpiones y unas cuantas víboras, para sazonar". Pero el mismo sondeo reveló que los muros estaban horadados de nichos, dentro de los cuales vio preciosas vasijas pintadas y cuencos de mármol. Cojeando con cuidado para esquivar a las criaturas a sus pies, recogió los tesoros y se los pasó a Dimas. Al llegar más lejos en la cámara subterránea percibió un objeto amarillo brillante en el suelo. Lo recogió impresionado: era una estatua de oro sólido, de unos seis centímetros de ancho y doce de alto, "la pieza de oro más hermosa que he visto en mi vida". Dijo que "parecía una suerte de rey con tocado de plumas y un escudo en el pecho. Era muy gruesa". Encontró más objetos, incluyendo cientos de cuentas de jade pulido. "No me molestaba con nada que no fuera perfecto".

Después de vaciar la cámara volvieron por el río hasta la civilización y se dirigieron a Estados Unidos. Pasaron el botín por la aduana en su equipaje de mano: mezclaron los artefactos con un montón de "basura para turistas" comprada en una tienda de regalos, pusieron precio falso a todo y lo envolvieron en periódico.

Al día siguiente Bruce estaba en el bar del Club Metropolitan en Nueva York, bebiendo Chivas en las rocas. "Solía encontrarme con X ahí" —era el mismo escritor—, quien ya le había ayudado a vender antigüedades saqueadas. "X tenía compradores". Cuando llegó, Bruce lo llevó a su habitación en el hotel y le mostró el botín.

—Dijo: "Hijo de puta, esto es genial. ¡Bruce, amigo, lo superaste todo!"

Pero Bruce no tenía idea de lo que tenía, y tampoco X. Así que X contactó a "una chica" que conocía que trabajaba en una casa de subastas que llamaré *Y*. "Le echaría un ojo a las cosas y nos diría lo que teníamos". La mujer se encontró con ellos en la habitación de Bruce, con todos los artefactos extendidos sobre la cama. Cuando los vio se le cayó la mandíbula y exclamó: "¡Están locos de atar!" Les dijo lo que eran las piezas y lo que valían, aunque no podía identificar con certeza la cultura, porque eran muy inusuales. También ayudó a conectarlos con compradores. Vendieron los artefactos, unas piezas a la vez, para no inundar el mercado.

—Ganamos un montón de dinero, no te miento. Esa estatua de oro se vendió a doscientos cuarenta mil dólares de ese entonces… eso fue a principios de los noventa.

Los objetos saqueados desaparecieron en el vasto mercado negro de las antigüedades centroamericanas, probablemente para nunca aparecer de nuevo.

Seguí invitándole cervezas a Bruce y las historias siguieron fluyendo. A pesar de su mal lenguaje y su apariencia alarmante, tenía cierto encanto y carisma burdos, expresados por un par de ojos azul profundo. Mientras hablaba, me asombró otra vez que Steve se aliara con un hombre de su historial para localizar lo que podría ser uno de los sitios arqueológicos más importantes de Centroamérica. Recordé lo que me había dicho antes de tener que "bailar con el diablo" a veces para que las cosas funcionaran. Era innegable que la ayuda de Bruce era crucial para el éxito de la empresa.

—Hay dos formas de entrar ahí [a la Mosquitia] —me dijo Bruce—: el río Plátano y el río Patuca. Yo tuve problemas en el río Patuca. Estaba comprándoles a unos indígenas que cribaban oro en esa zona. Compré un poco, quizá unos doscientos gramos en total. Los tipos que me llevaron allá decidieron que me iban a robar. Llegué a donde se encuentran el Wampu y el Patuca. El Wuampu va hacia el oeste, hacia el río Plátano. Al subirme al bote uno de ellos me golpeó con un remo y me tiró al agua. Salí del río con mi 45.

El otro tipo venía hacia mí con un machete. Le disparé en la cara y tiré contra el otro. Los até juntos y los jalé hasta donde estaban los caimanes, y los solté. Yo nunca subiría otra vez por ese río. Es el lugar más peligroso del planeta, ese río. Cuando regresé a Brus Laguna tuve que pedir que me recogiera un jet privado. Tuve que esconderme entre los matorrales junto a la pista hasta que llegara el avión. Después de eso huí de la zona del río Patuca como de la peste. La vida no significa nada allá arriba.

Capítulo 11

Es territorio inexplorado, estás allá afuera por tu cuenta, en medio de la nada

El primero de mayo, el clima por fin se despejó en Cayo Hueso. El avión que traía la máquina de lidar despegó, se reabasteció en Gran Caimán y llegó al aeropuerto de Roatán a las 2 p.m. Todos corrimos a recibirlo, aplaudiendo y dando vivas cuando por fin aterrizó. Ahora podía empezar nuestra búsqueda de la ciudad perdida.

El Skymaster es una aeronave de doble motor dispuestos en lo que los aviadores llaman una configuración mixta tracción-empuje, con los dos motores montados en línea, uno en la nariz y el otro en la cola del fuselaje. El rasgo más distintivo del avión es la doble viga que se extiende tras las alas. La pintura, que alguna vez había sido alegre, blanca y roja, estaba llena de parches y franjas descarapeladas, y una fea mancha de aceite corría por el fuselaje desde el motor delantero. Una gran caja verde de lidar casi llenaba el interior del avión. Esa elegante, avanzada y costosa tecnología, tan secreta que tenía que ser vigilada por soldados, iba de aquí para allá en un cacharro volador... o eso le parecía a mi ojo inexperto.

Después de aterrizar, siete soldados hondureños con M16 escoltaron el avión a un rincón remoto del aeropuerto, lejos de las áreas públicas, donde podrían mantenerlo seguro.

Nadie parecía hacerle caso de todos modos: el aeropuerto era pequeño y los militares, omnipresentes. Los seis soldados, la mayoría apenas salidos de la adolescencia, y su teniente al mando llevaban tres días vagando por el aeropuerto, aburridos. Estaban emocionados por la llegada del avión, y marcharon alrededor de él, posando con sus armas mientras el equipo de Elkins los filmaba.

El piloto, Chuck Gross, era un hombre grande y de habla suave de Georgia que trataba a todo mundo de "señor". Acababa de regresar de Iraq, donde había estado cumpliendo misiones de lidar clasificadas para el ejército estadounidense. No podía revelar mucho, pero entendí que incluían, entre otras cosas, lidarear zonas en rutas de patrullaje varias veces para detectar cambios mínimos en la topografía. Un nuevo montón de basura o una pila de tierra fresca que apareciera de pronto junto a una ruta casi siempre indicaba que habían puesto un explosivo improvisado.

Gross mencionó que tenía un número de sobrevuelo cubano, que le permitía cruzar el espacio aéreo de Cuba. Le pregunté qué habría pasado si hubiera tenido un problema de motor o de clima y se hubiera visto forzado a aterrizar en la isla. A fin de cuentas, el avión cargaba equipo militar clasificado, y las relaciones con Cuba seguían en el congelador en ese entonces.

—En primer lugar, habría incendiado el avión en la pista.

Ése era, me explicó, el protocolo estándar con lidar aérea.

—En el desierto, eso también es lo que habríamos hecho: destruir el equipo de inmediato.

Añadió:

—Hubieras visto el papeleo que tuve que llenar para sacar ese Cessna de Estados Unidos.

La tecnología de lidar fue desarrollada poco después del descubrimiento del láser, a principios de los años sesenta. En palabras simples, la lidar funciona como el radar: rebota un haz de láser contra algo, captura el reflejo y mide el tiempo del viaje de ida y vuelta, con lo que determina la distancia. Los científicos no tardaron en percatarse de su potencial como herramienta cartográfica. Las misiones 15 y 17 del Apollo llevaron una máquina de lidar en el orbitador, que cartografió franjas de la superficie lunar. El *Mars Global Surveyor*, un satélite en órbita sobre Marte, también llevó una máquina de lidar, que rebotaba haces de láser contra la superficie marciana diez veces por segundo. Durante su misión de diez años, desde 1996 hasta 2006, el *Surveyor* creó un mapa topográfico prodigiosamente preciso de la superficie marciana, uno de los proyectos cartográficos supremos de la historia de la humanidad.

Hay tres tipos de instrumentos de lidar: espaciales, aéreos y terrestres. En la Tierra, la lidar aérea se ha usado en agricultura, geología, minería, monitoreo de glaciares y campos de hielo para el calentamiento global, urbanismo y vigilancia. Tuvo muchos usos clasificados en la guerra de Iraq y la de Afganistán. La lidar terrestre se está probando en vehículos autodirigidos y en control de crucero "inteligente", que usan la lidar para cartografiar el entorno en constante cambio de un coche que se mueve por la calle, y también para hacer mapas tridimensionales detallados de habitaciones, tumbas, esculturas y edificios; puede recrear digitalmente, con un detalle increíblemente fino, cualquier objeto tridimensional.

Los sitios objetivo O1, O2 y O3 se cartografiarían con ese Cessna, el mismo que había sido usado sobre Caracol. Mientras el avión vuela en un patrón de podadora de pasto sobre la jungla, la lidar dispara ciento veinticinco mil pulsos de láser infrarrojo por segundo contra el follaje de la jungla y registra los reflejos. (Los pulsos de láser son inofensivos e invisibles.) El tiempo transcurrido da la distancia exacta desde el avión hasta cada punto de reflexión.

El haz de lidar no penetra el follaje. De hecho, no ve "a través" de nada: el haz rebota contra todas y cada una de las ramas u hojitas. Pero hasta en la jungla más densa hay hoyitos en la fronda que permiten que un pulso de láser llegue al suelo y se refleje de vuelta. Si te acuestas en la selva y miras hacia arriba, siempre verás machas de cielo aquí y allá; la vasta cantidad de pulsos láser le permite a la lidar encontrar y explotar esas pequeñas aperturas.

Los datos resultantes son lo que los ingenieros de lidar llaman una "nube de puntos". Son millones de puntos que muestran la ubicación de cada reflejo, organizados en un espacio tridimensional. El ingeniero cartógrafo usa un programa para eliminar los puntos de las hojas y las ramas, y dejar sólo los rebotes que vienen del suelo. Analizar más los datos convierte esos puntos del suelo en una imagen en relieve del terreno, con lo que revela cualquier rasgo arqueológico presente.

La resolución de la imagen de lidar depende de que tan bien monitorees la posición del avión mientras vuela por el espacio. Ése es el mayor reto tecnológico: para lograr una resolución alta, necesitas monitorear la posición del avión en tres dimensiones durante cada segundo del vuelo sin desviarte ni un centímetro. Una unidad de GPS estándar que use satélite sólo puede localizar al avión en un radio de tres metros, lo cual es inútil para la cartografía arqueológica. La resolución puede refinarse hasta treinta centímetros si se colocan unidades de GPS fijas en el suelo sobre el que el avión va a volar. Pero a un avión en pleno vuelo lo zarandea la turbulencia y está sujeto a inclinaciones, cabeceos y bandazos, que ni siquiera la mejor unidad de GPS puede monitorear.

Para resolver ese problema, la máquina de lidar contiene un instrumento sellado que parece lata de café. Dentro hay un artefacto militar clasificado llamado unidad de medición inercial o IMU, por sus siglas en inglés. Es la misma tecnología que usan los misiles de crucero para permitir que el misil sepa dónde está en el espacio durante todo el trayecto hacia su objetivo. A causa del IMU, la máquina de lidar es tecnología militar clasificada, que no puede salir del país sin permiso especial, y aun entonces sólo en circunstancias muy controladas. (Es otra razón por la cual hubo una larga espera hasta que pudo usarse la lidar en los sitios arqueológicos del Tercer Mundo: durante años, el gobierno evitó que se usara el IMU en cuestiones civiles fuera del país.)

La lidar aérea puede lograr una resolución de tres centímetros si no hay cubierta vegetal. Pero en la selva, el follaje hace que la resolución caiga precipitadamente, porque hay muchos menos pulsos que llegan al suelo. (A menos pulsos, peor resolución.) El bosque tropical beliceño en torno a Caracol, donde los Chase usaron la lidar en 2010, es denso. Pero no se compara con la densidad de la Mosquitia.

El primer vuelo de lidar sobre O1 despegó al día siguiente, el 2 de mayo de 2012 a las 7:30 a.m., con Chuck Gross en los controles y Juan Carlos Fernández como navegador y a cargo de la máquina de lidar. Todos fuimos al aeropuerto a despedirnos del avión, y lo vimos ascender al cielo del Caribe y difuminarse en el azul del golfo de Honduras, hacia tierra firme. Tomaría tres días cartografiar los cincuenta y dos kilómetros cuadrados de O1. Si todo salía bien, en cuatro días sabríamos si había algo de interés en O1. Después, el avión se dirigiría hacia O2 y O3.

Volvió de su primera misión al caer la tarde. A las nueve de la noche, Sartori confirmó que los datos estaban limpios y eran buenos; la máquina de lidar estaba operando sin fallas y tenían suficientes puntos desde el suelo para cartografiar el terreno bajo la fronda. Aunque aún no tuviera imágenes, no se le ocurría ninguna razón técnica por la cual no obtendríamos mapas detallados del terreno.

Después del segundo día de vuelo, el 3 de mayo, Juan Carlos volvió con noticias intrigantes. Había visto algo en O1 que no parecía natural y había tratado de sacarle una foto desde las ventanas del Skymaster. Nos reunimos en su búngalo para mirar las fotos en su laptop.

Fue mi primer vistazo del valle. Las fotos, tomadas con un telefoto trémulo a través de plexiglás rayado, no estaban claras, pero mostraban dos objetos blancos y cuadrados que parecían las cimas de pilares de piedra caliza tallada en la entrada de una zona cuadrangular de vegetación baja. El distintivo estaba en una llanura aluvial en la parte superior del valle. Todos nos amontonamos en torno a la laptop, entrecerrando los ojos, señalando y hablando emocionados, tratando de hallarles sentido a esas imágenes pixeladas tan seductoramente ambiguas: podían ser pilares, pero también podían ser basura tirada desde un avión, o incluso las cimas de dos tocones de árbol.

Rogué que me dejaran ir en el tercer y último vuelo sobre O1, a pesar de los problemas logísticos que eso acarrearía. No había lugar en el avión, pero después de discutir un poco, Chuck Gross admitió que podría despejarme un rinconcito diminuto en el cual pudiera embutirme. Me advirtió que estaría tremendamente incómodo durante las seis o siete horas de vuelo.

El 4 de mayo llegamos al aeropuerto mientras el sol apenas despuntaba sobre la curva del océano; el avión proyectaba una sombra estilo Edward Hopper sobre la pista. Los soldados que lo vigilaban nos saludaron somnolientos. Ahora que iba a ser pasajero observé el avión con más atención, y no me gustó lo que vi.

—¿Y esa mancha de aceite? —le pregunté a Chuck.

—No te preocupes —dijo—, lo estoy rellenando diario. En un vuelo no va a perder suficiente como para que importe.

Al treparme a bordo, mi consternación aumentó. El interior del Cessna, alguna vez de un rico bermellón aterciopelado, estaba desgastado, grasiento y deslavado; gran parte parecía mantenerse unida con cinta adhesiva. Olía a perfume de cacharro. Habían calafateado partes del fuselaje con acrílico, y se estaba descarapelando por hebras. Cuando traté de maniobrar en torno a la enorme caja de lidar para llegar a mi miniespacio, mi codo chocó contra un panel y lo tiró.

—No te preocupes, siempre pasa —dijo Gross, y lo volvió a meter de un puñetazo.

Me maravilló que usaran un avión tan inseguro y decrépito como se veía ése para cargar un instrumento científico de un millón de dólares. Chuck no estuvo nada de acuerdo.

—No, señor —dijo—. Este avión es una plataforma perfecta para el trabajo.

Me aseguró que el 337 Skymaster era un "clásico" y un "aeroplanito genial". A diferencia de un King Air o un Piper Navajo, dijo, esa nave era ideal, con una eficiencia de combustible que nos permitiría pasar "seis horas de vuelo". Aunque tuviera cuarenta años, era "completamente confiable".

—¿Y si nos caemos?

—¡Guau —dijo Chuck—, qué pregunta! En primer lugar, buscaría un claro para aterrizar. Es territorio inexplorado: estás allá afuera por tu cuenta, en medio de la nada, incomunicado.

Negó con la cabeza: impensable.

A pesar de mi preocupación, le tenía mucha confianza a Chuck, porque había oído de sus hazañas aéreas: a los dieciocho años de edad había cruzado el Atlántico en solitario, uno de los pilotos más jóvenes en lograrlo. Tenían la esperanza de que las deficiencias de la aeronave fueran sobre todo cosméticas. Me dije que un piloto de clase mundial como él nunca volaría en un avión que no fuera seguro.

Me embutí detrás de la caja de lidar: sin asiento, con las rodillas en la boca. Juan Carlos estaba justo enfrente de mí. Le preocupaba cómo iba a irme: sospeché que le inquietaba que pudieran darme náuseas y quizá le vomitara en la nuca. Me preguntó si ya había comido o bebido esa mañana. Dije que no. Mencionó casualmente lo pesado que era estar allá afuera, volando bajo y lento sobre la jungla durante seis horas seguidas, con vueltas cerradas que ladean el avión, zarandeado por corrientes de aire, a veces esquivando buitres. El aire acondicionado estaba descompuesto, dijo: estaríamos encerrados en un tubo de metal volando bajo el rayo del sol. No había baño. Si te urgía, te hacías en los pantalones. Traté de asegurarle que sería un pasajero ejemplar.

Elkins me dio una GoPro de video y una cámara con telefoto y me pidió que les tomara más fotos a los misteriosos pilares blancos y a cualquier otra cosa interesante que viera.

Chuck Gross se subió al asiento del piloto y comenzó a revisar la lista, mientras Juan Carlos conectaba su laptop a la caja de lidar. Me enseñó el plan de vuelo que había programado en su monitor: docenas de líneas paralelas que entrecruzaban el valle, diseñadas para maximizar la cobertura y minimizar el tiempo de vuelo. Además de ser ingeniero de lidar, Juan Carlos era piloto con licencia, lo que le permitía trabajar de maravilla con Chuck.

Despegamos de Roatán y no tardamos en cruzar la centelleante Bahía de Honduras, con la tierra firme creciendo en el horizonte. Era un día precioso, con cúmulos esponjosos y blancos salpicados por el cielo. A lo lejos, donde se erguían las montañas azules de la Mosquitia, podíamos ver que la cubierta de nubes era escasa y alta. Mientras volábamos hacia el interior, los asentamientos de la costa se convirtieron en caseríos desperdigados y campos de cultivo a lo largo de ríos lentos y pardos. La tierra se convertía en colinas boscosas, donde saltaban a la vista cientos de franjas de tala irregular. Volutas de humo subían desde la selva en todas direcciones.

Los hoyos de los leñadores desaparecieron y volamos a más de mil doscientos metros sobre jungla intacta y escarpada. Chuck maniobró entre las montañas para acercarnos a O1. A una hora de Roatán, Juan Carlos señaló el borde del valle a lo lejos, un muro de montes verdes con una muesca abrupta. Chuck descendió suavemente y cruzamos el umbral a trescientos metros de altura, lo que nos dio una vista tremenda del paisaje. Al ver la tierra descender después del borde, me sorprendió la pintoresca topografía del valle, el anillo montañoso abrazando un paisaje gentil y ondulado dividido por dos ríos. En serio parecía un Shangri-La tropical.

El avión se asentó a una altura de casi ochocientos metros sobre el terreno y Juan Carlos encendió la máquina de lidar, para continuar donde se habían quedado el día anterior. Mientras la lidar bombardeaba el follaje con pulsos láser, Chuck dirigía el Cessna en líneas paralelas por el valle, cada una de seis a diez kilómetros de largo, en un patrón que, en el monitor, parecía un tejido gigante. El avión sufría el embate de las corrientes de aire, lo movían de arriba abajo y de atrás hacia adelante, y a veces lo desplazaban de lado. Como para torcerte las entrañas. Juan Carlos tenía razón: era un viaje brutal y aterrador. Pero Gross manejaba los controles con una finura constante y mano segura.

—Nos sacudimos y meneamos bastante —dijo Gross después—. Es como volar en una telaraña enorme. Se requiere una habilidad increíble. Tienes que volar por el centro de la línea, y no puedes salirte a veinte metros hacia ningún lado. Tienes que deslizar el avión, a puro golpe de timón. Quedarme en la línea, con ese viento, fue difícil. Y tienes que mantener la altitud y la velocidad. Tenía que ascender con el terreno y mantener la misma altitud. Si el terreno comienza a subir, tengo que subir con él.

En medio de todo aquello, yo me asomaba por la ventana, fascinado. Apenas puedo encontrar palabras para describir la opulencia del bosque tropical que se desplegaba bajo nosotros. Las copas de los árboles estaban amontonadas como setas y exhibían todos los matices, tintes y tonos posibles de verde. Chartreuse, esmeralda, limón, aguamarina, cian, botella, glauco, espárrago, oliva, celadón, jade, malaquita… las meras palabras son inadecuadas para expresar la infinidad cromática. Aquí y allá, una copa asfixiada de enormes flores púrpuras interrumpía la fronda. A lo largo de la cuenca central del valle, la selva cerrada se convertía en praderas exuberantes. Dos ríos culebreantes brillaban bajo la luz del sol y se unían antes de brotar por la muesca.

Estábamos volando sobre un Edén primordial, buscando una ciudad perdida usando tecnología avanzada para disparar millones de haces de láser contra una jungla en la que ningún ser humano había entrado en quizá quinientos años: un asalto del siglo XXI contra un misterio antiguo.

—Ahí viene —dijo Juan Carlos—. Justo ahí: dos cosas blancas.

En una zona abierta, podía ver los dos distintivos que había fotografiado el día anterior, separados unos diez metros uno del otro, junto a un área grande y rectangular de vegetación más oscura. El avión pasó varias veces mientras yo tomaba fotos. Otra vez me parecieron dos pilares cuadrados y blancos que surgían entre la hojarasca.

Terminamos el vuelo sin incidentes, excepto el momento en el que, después de algunas horas, apagué la máquina de lidar con la rodilla al tratar de reacomodar mis piernas adoloridas. La máquina y el sistema de navegación del piloto estaban conectados, así que apagar la lidar tumbó la navegación de Gross. Inmediatamente entró en un patrón cerrado y nauseabundo de espera mientras Juan Carlos reencendía la máquina y yo me disculpaba profusamente. "No hay problema", dijo, mucho menos perturbado de lo que creí que estaría.

Terminamos de cartografiar O1 con suficiente combustible para trazar un par de líneas sobre O2, a treinta kilómetros de distancia. La ruta nos llevó a cruzar el río Patuca, el "lugar más peligroso del planeta" de Heinicke, una culebra de agua parda que zigzagueaba por la selva. O2 era magnífico y dramático: un valle profundo y escondido encerrado por escarpados acantilados calizos de trescientos metros de altura, revestido de hiedra e infestado de cuevas. Pero la deforestación reciente —apenas de unas semanas— había llegado a la boca del valle. Al sobrevolarlo pude ver los árboles recién cortados tirados en el suelo para que se secaran, poder quemarlos y dejar una horrible cicatriz café.

Al final del día volamos a La Ceiba, en tierra firme, para reabastecer el combustible. Chuck había forzado el suministro y aterrizamos con menos de ochenta litros restantes, unos cuarenta minutos de vuelo. Pero el aeropuerto no tenía combustible y nadie podía localizar al tanque que lo traería. Los funcionarios del aeropuerto temían que lo hubieran secuestrado narcotraficantes. Juan Carlos llamó a Elkins a Roatán. Elkins le encargó el problema a Bruce Heinicke. Después de hacer unas llamadas, Bruce averiguó que el camión estaba de camino, retrasado por una ponchadura de llanta.

No podíamos dejar el Cessna sin vigilancia, sobre todo si el combustible no llegaba y el avión tenía que pasar la noche en La Ceiba. Juan Carlos y Chuck debatieron dormir en el avión, pero no era ideal, porque no estaban armados. Por fin decidieron que si el combustible no llegaba, irían a la base de la Fuerza Aérea de Estados Unidos en La Ceiba y le pedirían a los soldados que montaran guardia esa noche. Mientras tanto, Michael Sartori estaba desesperado por conseguir los datos y terminar de cartografiar O1, así que acordamos que yo volvería solo a la isla. Fernández me dio los dos discos duros con los datos y fui al mostrador del aeropuerto para ver si podía conseguir un vuelo comercial de La Ceiba a Roatán. Había un vuelo a Roatán esa tarde, pero ya estaba lleno. Por treinta y siete dólares logré que me llevaran en el asiento del copiloto. El avión se veía aún menos confiable que el Cessna, y mientras abordaba, Juan Carlos bromeó que sería una lástima perder todos esos datos valiosos en un accidente aéreo después de haber trabajado tan duro recolectándolos.

Aterricé en Roatán al atardecer y le di los discos duros a Sartori, quien me los arrebató y desapareció en su búngalo, de donde sólo emergió una vez para zamparse un par de colas de langosta durante la cena. Ahora tenía todos los datos necesarios para cartografiar O1. Más tarde por la noche, Juan Carlos y Chuck Gross por fin aterrizaron de vuelta en Roatán, exhaustos pero aliviados. El camión de combustible había llegado en el último instante.

Sartori tenía horas de trabajo por delante. Tenía que combinar datos de varias fuentes: la máquina de lidar, las estaciones terrestres de GPS, los datos del GPS de la aeronave y los datos del IMU. Todo eso junto crearía la nube de puntos, que formaría una imagen tridimensional del bosque tropical y el terreno subyacente. Primero tenía que esperar a que Mango sacara la memoria USB de la unidad de GPS en Culmí y la llevara a Catacamas para subirla al servidor en Houston: Sartori tenía que descargar los datos desde allá. Las luces del búngalo de Sartori seguían encendidas cuando me fui a dormir, a medianoche. Ramesh Shrestha, allá en el NCALM en Houston, se quedó despierto, presionándolo para que le diera más detalles.

Era el momento de la verdad: las imágenes mostrarían qué había en el valle, si es que había algo. Era casi la una de la mañana cuando Sartori terminó de crear las imágenes crudas de O1; Shrestha por fin se había ido a dormir y la conexión a internet de Roatán estaba cortada. Exhausto, Sartori se fue a la cama sin siquiera mirar las imágenes que acababa de crear.

El día siguiente fue sábado, cinco de mayo. Sartori se levantó temprano y subió las imágenes crudas a un servidor en Houston, otra vez sin examinarlas. En cuanto las recibió, Shrestha se las reenvió al científico en jefe del NCALM, William Carter, quien estaba en su casa de verano en Virginia Occidental. Shrestha planeaba revisarlas pronto, pero Carter le ganó.

A las 8:30 a.m. de esa tranquila mañana de sábado, las imágenes del terreno de O1 llegaron al buzón de Carter justo cuando estaba a punto de salir a hacer mandados. Tenía que comprar un refrigerador. Dudó un instante y le dijo a su esposa que quería echarles un vistazo. Bajó los datos y desplegó los mapas en su monitor. Quedó paralizado.

—Creo que me tomó menos de cinco minutos ver algo que parecía una pirámide —me dijo más tarde—. Miré al otro del río y vi una plaza con lo que parecían edificios, claramente objetos hechos por el hombre. Mientras veía ese valle fluvial, encontré más, y también alteraciones en el terreno. Fue un poco sorprendente lo fácil que fue encontrarlo todo.

Le mandó las coordenadas por correo a Sartori y Shrestha.

Sartori sacó las imágenes y las miró. En su emoción, Carter había escrito mal las coordenadas, pero a Sartori sólo le tomó un instante encontrar el grupo de distintivos.

—Mi escepticismo no se rompía con facilidad —dijo—, pero eran tan claras como para convencer al dudoso más resuelto. Sartori se disgustó.

—¡Me enojó no haberlo visto yo primero, porque yo fui quien produjo las imágenes!

Salió corriendo a reportárselo a Steve Elkins, pero luego lo pensó mejor. ¿Sería real? Quizá sólo fuera su imaginación.

—Crucé esa puerta unas seis veces —dijo.

Yo estaba volviendo del desayuno con Steve y otros más cuando Sartori apareció en el muelle, corriendo como loco con sus sandalias, agitando los brazos y gritando:

—¡Hay algo en el valle!

Nos desconcertó el repentino cambio de conducta, el escéptico serio transformado en un Christopher Lloyd delirante.

Cuando le preguntamos qué era, dijo:

—No lo puedo describir. No lo voy a describir. Tienen que verlo.

Fue el pandemónium. Steve comenzó a correr y luego recordó que era cineasta, así que comenzó a gritarle a su grupo que reunieran el equipo y filmaran el momento: *cinéma verité*. Con las cámaras rodando, nos amontonamos todos en el cuarto de Sartori para mirar las imágenes en su laptop. Los mapas estaban en escala de grises y eran una primera iteración, pero estaban bastante claros. En el valle de O1, sobre la confluencia de los dos ríos, pudimos ver rasgos rectangulares y montículos largos, parecidos a pirámides, organizados en cuadrados, que cubrían un área de cientos de hectáreas. También visibles, pero imposibles de interpretar, estaban los dos objetos que parecían pilares cuadrados que habíamos visto desde el avión. Mientras examinábamos las imágenes, el buzón de Sartori estaba sonando por correos de Carter y Shrestha, que también estaban leyendo atentamente los mismos mapas y disparaban un correo con coordenadas cada vez que encontraban un rasgo nuevo.

Yo estaba estupefacto. No había duda de que parecían unas ruinas muy grandes, quizá incluso una ciudad. Había creído que tendríamos suerte de encontrar cualquier cosa; no me había esperado eso. ¿Sería posible que aún pudiera hallarse una ciudad perdida entera en pleno siglo XXI?

Podía ver el cuaderno engargolado de Sartori abierto junto a la laptop. De acuerdo con el científico metódico que era, había estado garabateando notas diarias sobre su trabajo. Pero en la entrada del 5 de mayo, sólo había escrito dos palabras:

¡SANTO DIOS!

—Cuando vi esos rectángulos y cuadrados —me dijo Steve más tarde—, mi primer sentimiento fue de reivindicación.

Benenson, quien había estado capturando fervientemente en video el descubrimiento en curso, estaba sorprendido y feliz de que la ruleta del millón de dólares hubiera caído en su número.

—Lo estoy presenciando —dijo—, pero no lo estoy procesando muy bien. Tengo escalofríos.

Nadie se atrevió a despertar a Bruce Heinicke para darle la noticia. Por fin emergió de su búngalo a la una de la tarde y escuchó con el ceño fruncido. Nos preguntó por qué estábamos tan emocionados: claro que la Ciudad Blanca estaba ahí. ¿Quién diantres pensaba lo contrario? Llamó por teléfono a Áfrico Madrid, el secretario del interior. Áfrico dijo que volaría a Roatán lo antes posible para revisar lo que habíamos encontrado y, si quedaba convencido de que era real —y no tenía razón para dudarlo—, daría la noticia al presidente Lobo y al presidente del Congreso hondureño, Juan Orlando Hernández. Mientras tanto, el director del Instituto Hondureño de Antropología e Historia, Virgilio Paredes, voló a Roatán para darle un primer vistazo a nuestro hallazgo.

Más tarde recordó el momento:

—Vi eso y dije: "¡Guau! Sabemos que la Mosquitia está llena de sitios arqueológicos, pero ver ciudades reales, una gran población viviendo ahí, ¡es sorprendente!"

El valle de O1 estaba cartografiado, pero el proyecto apenas estaba en cuarenta por ciento: O2 y O3 faltaban por explorar. Chuck y Juan Carlos habían salido temprano aquella mañana de sábado para seguir cartografiando O2, ignorantes del alboroto que había causado el descubrimiento en Parrot Tree. Sin embargo, ya en el aire Juan Carlos descubrió que la máquina de lidar estaba muerta. Volvieron a Roatán y trataron de hacerla funcionar mientras el avión estaba en la pista, sin éxito. A eso de las nueve de la mañana los tres ingenieros de lidar la examinaron y confirmaron que estaba descompuesta.

El NCALM, en Houston, tenía un contrato de mantenimiento técnico con un equipo en Toronto, Canadá, donde habían diseñado y construido esa caja de lidar. Como era fin de semana, sólo había una persona al teléfono en el soporte técnico canadiense. Después de dirigir a los ingenieros de lidar por una secuencia de enchufar y desenchufar, tratando de despertar la máquina, determinaron que había fallado una parte crucial. Se llamaba placa del Sistema de Posición y Orientación (POS, por sus siglas en inglés), y contenía un receptor GPS y otros componentes que "hablaban" con el IMU para compartir datos. Sólo había dos placas POS en el mundo, las dos en Canadá. La compañía pondría a un técnico en un vuelo de Toronto a Roatán el lunes por la mañana, para transportar la placa de cien mil dólares en persona, en su equipaje de mano. La parte tendría que pasar por aduana dos veces, una vez en Estados Unidos y la otra en Honduras.

El ingeniero que llevaba la parte era paquistaní y, como no tenía un permiso de exportación para la placa POS emitido por el Departamento de Estado de Estados Unidos, le preocupaba que lo detuvieran con ella en el Aeropuerto Internacional de Washington-Dulles, donde tenía una escala de una noche. Antes de abordar el avión en Toronto entró en pánico y metió la parte en su equipaje registrado, pensando que así sería menos probable provocar un problema de seguridad en Estados Unidos.

Las aerolíneas (¡por supuesto!) perdieron sus maletas. Las dos maletas no sólo incluían la placa POS, sino todas las herramientas que el técnico necesitaba para instalarla. Que la parte estuviera asegurada no importaba para la expedición, que estaba gastando varios miles de dólares al día y sólo podía usar el avión durante un periodo de tiempo estrictamente limitado. El aturdido ingeniero llegó a Roatán el martes por la mañana, con poco más que la ropa que traía puesta.

Llamadas desesperadas y fútiles a United y TACA ocuparon todo el martes. Averiguaron que las maletas habían llegado al Aeropuerto Washington-Dulles, pero no las habían transferido al vuelo a San Salvador y luego a Roatán. Parecían haber desaparecido en Washington. Luego, mientras el frenesí de las llamadas continuaba hasta la tarde del miércoles, las maletas llegaron por sorpresa al aeropuerto de Roatán. Virgilio Paredes fue con Steve al aeropuerto para acelerar su paso por la aduana. Hizo un trabajo de intimidación maestro, blandiendo la tarjeta oficial del presidente, y las maletas pasaron sin problemas y las enviaron volando al Cessna en el fondo de la pista. Al técnico y a Juan Carlos les tomó dos horas instalar la pieza y hacer que la máquina de lidar funcionara otra vez. Cuando regresaron a Parrot Tree, exultantes porque el caro retraso de cinco días había acabado, United Airlines llamó para decir de nuevo que, a pesar de sus esfuerzos más diligentes, lamentaban mucho informarnos que no habían logrado rastrear las maletas perdidas.

La misión continuó a la mañana siguiente, el jueves, con sobrevuelos a O2 y O3. Transcurrieron sin incidentes. Otra vez nos reunimos en el búngalo de Michael Sartori para mirar las imágenes en su laptop. Y otra vez nos quedamos helados: O3 contenía unas ruinas aún más grandes que las de O1. O2 también revelaba rasgos enigmáticos y artificiales más difíciles de interpretar. Algunos supusieron que podrían ser canteras o fortificaciones.

En su búsqueda quijotesca de la mítica Ciudad Blanca, Elkins y su equipo no habían encontrado un sitio grande, sino dos, aparentemente construidos por la civilización casi desconocida que había habitado la Mosquitia. ¿Pero acaso eran ciudades? ¿Y podría una de ellas ser la Ciudad Blanca, la Ciudad Perdida del Dios Mono? Sin embargo, ésa era una pregunta incorrecta: todos tenían claro que la Ciudad Blanca era una combinación de historias y que probablemente no existiera tal como la describían. Pero como la mayoría de las leyendas, estaba anclada en la verdad: los descubrimientos de lidar habían confirmado que la Mosquitia había sido el territorio de una gran y misteriosa civilización que construyó muchos asentamientos grandes antes de desaparecer. Era exactamente como Cortés lo había escrito hacía cinco siglos: esa tierra había sido hogar de "muy grandes y ricas provincias". ¿Pero qué había hecho que desapareciera de forma tan total y repentina?

Capítulo 12

Hay una gran ciudad aquí

El viernes, Áfrico Madrid llegó a Roatán con un grupo de funcionarios hondureños. Se amontonaron en la habitación de Sartori para examinar las imágenes en su monitor. Aquella noche, Madrid llamó al presidente Lobo para reportar que creía que habíamos encontrado la Ciudad Blanca. Lobo me contó más tarde que cuando oyó la noticia, estaba "completamente sin palabras".

—Este hallazgo contribuirá a toda la humanidad, no sólo a Honduras —dijo.

Determinar qué tan importante era tendría que esperar a una expedición por tierra, pero estaba claro que era uno de los descubrimientos arqueológicos más importantes del nuevo siglo.

Los dos hombres le dieron el crédito a la mano de Dios: a fin de cuentas, Mabel Heinicke los había abordado en la iglesia en el mismo instante en que estaban bendiciendo al nuevo gobierno.

—No hay coincidencias —me dijo Madrid—. Creo que Dios tiene planes extraordinarios para nuestro país, y la Ciudad Blanca podría ser uno de ellos.

Creía que el descubrimiento era el principio de un cambio en Honduras:

—Pondrá a Honduras en el mapa en términos de turismo, investigación científica, historia y antropología.

Hubo una cena de celebración en una mesa larga instalada en la playa, con antorchas, discursos y brindis.

Tras el cartografiado de O3, terminó la expedición de lidar de dos semanas y Chuck Gross partió hacia Houston en el robusto Skymaster repleto de tecnología clasificada. Steve y Juan Carlos fueron convocados al palacio presidencial, en Tegucigalpa, para presentar el descubrimiento en una reunión del gabinete, televisada en vivo para la nación. La siguió una conferencia de prensa en la escalinata del palacio. Un comunicado de prensa, publicado en conjunto por el equipo de Elkins y el gobierno hondureño, anunció el descubrimiento de "lo que parece ser evidencia de ruinas arqueológicas en una zona que desde hace mucho se rumora que contiene la legendaria Ciudad Blanca". Los cuidadosos matices de la declaración se perdieron en la prensa popular, que anunció con gran fanfarria que la Ciudad Blanca había sido encontrada.

Mientras los hondureños celebraban, un pequeño número de arqueólogos estadounidenses recibió la noticia con críticas y enojo. En dos publicaciones en el blog de Berkeley, la profesora Rosemary Joyce, una autoridad muy respetada en prehistoria hondureña de la Universidad de Berkeley, denunció el proyecto como "sensacionalismo". Escribió: "La prensa hondureña comenzó a proclamar, otra vez, el descubrimiento de la Ciudad Blanca, la mítica ciudad supuestamente ubicada en algún lugar de Honduras oriental". También criticó a la lidar como herramienta arqueológica. "La LIDAR puede producir imágenes topográficas más rápido que la gente que camine por la misma zona, y con mayor detalle. Pero eso no es buena arqueología, porque todo lo que produce es un *descubrimiento*, no *conocimiento*. Si es una competencia, entonces apuesto por la gente que hace trabajo de campo… la LIDAR es cara. Y dudo del valor que se obtenga por el dinero que cuesta… quizá sea buena ciencia, pero es mala arqueología".

Llamé a la doctora Joyce unos días después de regresar a Estados Unidos para oír su opinión a detalle. Me dijo que cuando había oído la noticia, estaba furiosa.

—Es por lo menos la quinta vez que alguien anuncia que encontró la Ciudad Blanca —dijo, aparentemente mezclando los reportes sensacionalistas de la prensa hondureña, que declaraban que habíamos encontrado la Ciudad Blanca, con el comunicado de prensa cuidadosamente evasivo—. No hay Ciudad Blanca. La Ciudad Blanca es un mito, un mito moderno, creado en gran parte por aventureros. Tengo un sesgo contra esa gente porque son aventureros, no arqueólogos. Buscan el espectáculo. La cultura no es algo que se pueda ver desde el avión de lidar ni desde cientos de metros de altura. Hay algo a lo que llamamos "corroborar en el terreno".

Mencioné que el equipo sí pretendía corroborar todo en el terreno, y que estaban buscando un arqueólogo que ayudara a interpretar los hallazgos, pero pareció impávida. Le pregunté si estaría dispuesta a ver una imagen de O1 y darme su interpretación. Al principio dijo que no. Pero cuando la presioné, accedió a regañadientes.

—Le daré un vistazo, pero puede que no le devuelva la llamada.

Le mandé por correo una imagen de lidar de una porción de O1. Llamó de inmediato. Sí, dijo, eso era un sitio arqueológico, y no uno pequeño. (Sólo le había enviado una sección minúscula de O1.) Podía ver "tres grupos importantes de estructuras grandes" y "una plaza, un espacio público por excelencia, y un posible juego de pelota, y muchos montículos de casas". Supuso que el sitio dataría del Clásico Tardío o del Posclásico, entre 500 y 1000 d.C. Sin embargo, concluyó la llamada con otra pedrada contra la expedición:

—Es irritante ver a la arqueología retratada como una suerte de caza de tesoros.

A pesar de las preocupaciones de la profesora Joyce, Elkins y Benenson estaban decididos a establecer la legitimidad arqueológica del descubrimiento. Buscaron a un arqueólogo que pudiera estudiar las imágenes de lidar y averiguar con más precisión lo que representaban. Necesitaban a alguien que no sólo fuera especialista en Mesoamérica, sino también experto intérprete de lidar. Encontraron la combinación apropiada en Chris Fisher, profesor de antropología en la Universidad Estatal de Colorado. Fisher había trabajado con los Chase en el proyecto lidar de Caracol, compartía con ellos la autoría de ese artículo científico y había sido el primer arqueólogo en usar lidar en México.

Fisher había entrado a la arqueología de refilón. Se crio en Duluth y luego en Spokane, se convirtió en tamborilero consumado y marchó en el Cuerpo Internacional de Tamborileros de Salem, los Argonauts. Hizo una gira nacional de costa a costa con el cuerpo de tamborileros en un autobús de pasajeros deteriorado cuyo conductor era un exmiembro de los Hells Angels que había perdido una pierna en un accidente de motocicleta; dormían en el autobús, porque viajaban de noche y se presentaban de día.

Con aspiraciones de convertirse en baterista de jazz, en vez de ir a la universidad al terminar el bachillerato, siguió tocando mientras trabajaba en "un montón de empleos de mierda". Cuando le ofrecieron el codiciado puesto de gerente de un 7-Eleven, tuvo una epifanía:

—Me dije: "Mierda, tengo que ir a la universidad, no puedo hacer esto el resto de mi vida".

Comenzó a estudiar música, se dio cuenta de que no tenía la concentración para ser un baterista de jazz exitoso y se cambió a antropología. En una escuela de campo arqueológica, donde ayudó a excavar un sitio arcaico en medio de un plantío de maíz, se enamoró por completo de la arqueología. Continuó con un doctorado cuya tesis se concentró en un sitio en Michoacán, México. Al hacer un estudio de la zona, se encontró con lo que parecían los restos de una pequeña aldea precolombina desperdigados por un antiguo lecho volcánico llamado Angamuco, alguna vez el asentamiento de los feroces purépechas (tarascos), que rivalizaron con los aztecas en México central desde alrededor de 1000 d.C. hasta la llegada de los españoles a principios del siglo XVI.

—Creímos que podríamos acabar con Angamuco en una semana —recordó—. Y seguíamos y seguíamos. Resultó ser un sitio enorme.

En 2010 Fisher usó lidar para cartografiar Angamuco. Los resultados quizá fueran más sorprendentes que los de Caracol. Las imágenes recabadas después de sobrevolar el sitio durante tan sólo cuarenta y cinco minutos revelaron veinte mil rasgos arqueológicos previamente desconocidos, incluyendo una extraña pirámide que, vista desde arriba, tiene forma de cerradura.

—Casi me suelto a llorar cuando vi las imágenes de lidar —me dijo Fisher.

No sólo eran espectaculares para él como arqueólogo; se dio cuenta de que también le habían cambiado la vida profesionalmente:

—Pensé: "Dios mío, acabo de retroceder diez o doce años en mi vida". Me habría tomado todo ese tiempo en estudiar esos nueve kilómetros cuadrados.

A partir de entonces, había expandido su estudio de Angamuco con lidar:

—Me asusta decir que ahora sabemos que Angamuco cubre veintiséis kilómetros cuadrados. Estamos hablando de unas cien o ciento veinte pirámides.

Además hay asentamientos densos, calles, templos y tumbas. El "pequeño sitio" resultó ser una ciudad precolombina importante e inmensa.

Contento de tener a Fisher a bordo, Elkins le envió los mapas de lidar. Fisher pasó seis meses estudiándolos. En diciembre, en una reunión en San Francisco, presentó sus hallazgos al equipo de la expedición. Aunque O1 fuera imponente, Fisher creía que O3 era aun más impresionante.

Las dos ruinas definitivamente no eran mayas. Pertenecían a una cultura antigua propia que dominó la Mosquitia hace muchos siglos. Concluyó que la arquitectura ceremonial, las estructuras de tierra gigantes y las múltiples plazas reveladas en las imágenes sugerían que O1 y O3 eran antiguas "ciudades", tal como las define la arqueología. Nos advirtió que no necesariamente era la definición de ciudad que haría una persona normal.

—Una ciudad —explicó— es una organización social compleja y multifuncional; tiene una población socialmente estratificada con divisiones claras de espacio, íntimamente conectadas con el interior del país. Las ciudades tienen funciones especiales, incluyendo las ceremoniales, y están asociadas con agricultura intensiva. Y suelen involucrar una reconstrucción importante y monumental de su entorno.

—Hay una gran ciudad aquí [en O3] —dijo Fisher en la junta—. Es comparable en área geográfica con el núcleo de Copán [la ciudad Maya en el occidente de Honduras].

Desplegó un mapa de la zona central de Copán, superpuesta sobre el mapa de lidar de la ciudad desconocida de O3: ambas cubrían unos cinco kilómetros cuadrados.

—La escala del sitio es asombrosa —le dijo a la audiencia—. Son datos que habría tomado décadas recabar con arqueología tradicional.

Después de examinar más las imágenes de lidar de O1, Fisher identificó diecinueve asentamientos conectados a lo largo de varios kilómetros del río, que creía que eran parte de un señorío que gobernaba el valle.

Más tarde, me dijo que las dos ciudades parecían ser más grandes que cualquier otra cosa encontrada en la Mosquitia. En las imágenes también identificó varios cientos de sitios menores, desde caseríos de campesinos hasta arquitectura monumental, canales y caminos y señales de terrazas en las colinas.

—Cada una de estas zonas alguna vez fue un entorno humano completamente modificado —dijo.

O2 también presentaba muchos rasgos intrigantes, más difíciles de interpretar.

Pero esas dos ciudades no eran únicas. Eran similares a otros sitios importantes encontrados en la Mosquitia, como Las Crucitas de Aner, las ruinas más grandes de la región; sin embargo, O1 es por lo menos cuatro veces más grande que Las Crucitas (basados en mapas publicados) y O3 es varias veces más grande aún. (O1 es por lo menos cinco veces más grande que el sitio de Lancetillal, explorado por Stewart.) Pero eso, explicó Fisher, no era decir mucho, porque ningún sitio de la Mosquitia había sido cartografiado en su totalidad. La lidar detecta detalles, como terrazas y canales antiguos, que serían extremadamente difíciles de ver de otra manera, lo que naturalmente hace que O1 y O3 parezcan más grandes que Las Crucitas: una imagen de lidar de ese sitio podría mostrar que la ciudad se extendía a lo largo de un área mucho mayor a la que se creía. Los mapas de lidar de O1 y O3 sugerían que muchos sitios de la Mosquitia, casi todos poco cartografiados —si es que los habían cartografiado siquiera—, podrían ser mucho más grandes de lo que se creía. Los mapas de lidar demostraban que la civilización anónima que construyó O1 y O3 había estado bien extendida, y había sido poderosa y próspera. También era muy significativo, dijo, y extremadamente raro, que O1 y O3 tuvieran toda la apariencia de estar completamente intactos y sin haber sufrido saqueos.

Fisher señaló que, a diferencia de ciudades antiguas como Copán y Caracol, que estaban construidas en torno a un núcleo central, las de la Mosquitia estaban esparcidas, "más como Los Ángeles que como Nueva York".

—Me escucho decir esto —añadió— y sé, sólo lo sé, que va a haber una tormenta de críticas. Pero me he enseñado a analizar estos datos. Todavía no hay muchos arqueólogos con experiencia en lidar.

Pero en diez años, predijo, "todo mundo lo va a usar".

Le pregunté si por fin habían encontrado la Ciudad Blanca. Se rio.

—No creo que haya una sola Ciudad Blanca —dijo—. Creo que hay muchas.

Dijo que el mito es real en el sentido de que tiene un significado intenso para los hondureños, pero para los arqueólogos no es más que una "distracción".

La profesora Joyce tenía razón en algo: un sitio no ha sido "encontrado" hasta que se corrobore en el terreno. Elkins y Benenson de inmediato comenzaron a planear una expedición para explorar O1 u O3. Fisher cabildeó fuerte por O3, pero Elkins sentía que O1 ofrecía un sitio más compacto, complejo e interesante. La verdad era que llevaba veinte años tratando de meterse en O1; no se iba a detener ahora.

Elkins y Benenson pasaron los siguientes dos años organizando la expedición a O1 y consiguiendo los permisos de exploración y filmación. En 2014, al terminar el periodo del presidente Pepe Lobo, el expresidente del Congreso, Juan Orlando Hernández, fue elegido en elecciones justas y monitoreadas. Por suerte, coincidía con su predecesor en la importancia del proyecto de Elkins; si acaso fue aún más entusiasta y convirtió la exploración de las ruinas en una de las prioridades de su gobierno. El proceso de permisos, aunque fuera la misma locura de siempre, llegó a una conclusión exitosa. De nuevo Benenson aportó su propio dinero: otro medio millón de dólares. La mayoría de esos fondos era para pagar los helicópteros, la única forma factible (y segura) de viajar al valle de O1. Entonces, el equipo comenzó a planear una expedición científica a uno de los lugares más peligrosos y remotos de la Tierra. Tuve la fortuna de que me invitaran a unirme al equipo, esta vez como corresponsal de la revista *National Geographic*.

Capítulo 13

Se le ha visto escupir veneno de los colmillos a más de dos metros

Nuestra expedición para explorar el valle de O1 se reunió en Tegucigalpa, la capital de Honduras, en San Valentín de 2015. Tegucigalpa está en el altiplano del sur de Honduras. Es una ciudad densa de tortuosos barrios y arrabales colgados de colinas empinadas, techos de lámina brillando al sol, rodeada de dramáticos volcanes. El aire está lleno del aroma de fogones, combinado con humaredas de diésel y polvo. El Aeropuerto Internacional Toncontín es infame por su entrada empinada y truculenta y su pista demasiado corta, por lo que los pilotos dicen que es uno de los aterrizajes comerciales más difíciles del mundo.

Al cubrir la expedición para *National Geographic* traía de compañero al reconocido fotógrafo Dave Yoder. Yoder era un perfeccionista brusco de hombros amplios y cara roja que había llegado directo a Honduras del Vaticano, donde le habían encargado fotografiar al papa Francisco.

—Nunca me he sentido tan desubicado en mi vida —dijo al llegar a la selva.

En ese encargo, había tomado una foto cándida del papa Francisco parado solo en la Capilla Sixtina; nos la compartió en su iPad, expresando la esperanza de que se convirtiera en la portada de la revista. Era una fotografía evocadora y visualmente impresionante, y sí llegó a la portada del número de agosto de 2015 de *National Geographic*. Llevó a la selva tres cámaras Canon, dos computadoras y una maleta llena de discos duros. A diferencia de muchos fotógrafos con los que he trabajado, se negaba a montar una toma, pedir a alguien que posara o solicitar una repetición: era un purista. Mientras trabajaba, nunca decía palabra: se quedaba como figura silenciosa y ceñuda flotando en segundo plano (o en primero, o en tu cara), con la cámara chasqueando casi sin parar. En las raras ocasiones en que no tenía una cámara, se volvió infame por sus ocurrencias secas e irónicas. Durante el curso de la expedición, tomaría decenas de miles de fotografías.

El equipo se reunió en el Marriott de Tegucigalpa. Por la tarde nos reunimos con funcionarios hondureños y oficiales del ejército para discutir la logística de la expedición. Durante los años intermedios había muerto Bruce Heinicke; habían quedado atrás los tiempos de los sobornos, tratos por debajo de la mesa y amenazas veladas. La expedición había contratado a un equipo de coordinadores menos coloridos pero igual de efectivos para asegurarse de que todo saliera de acuerdo a los planes.

Chris Fisher había preparado mapas de lidar enormes de O1 y O3. Estaban a años luz de las primeras imágenes en escala de grises que habíamos visto en la computadora de Sartori. Los datos habían sido cuidadosamente masajeados y afinados, habían añadido colores realistas y las imágenes estaban impresas en mapas de papel con un detalle sin precedentes. Habían montado versiones electrónicas para coincidir con un "diccionario de datos" en línea que le permitiría a Chris marcar y registrar de inmediato cualquier rasgo que encontrara en la selva.

Steve Elkins desplegó los mapas sobre la mesa de conferencias; uno mostraba O1 y el otro, O3. O1 era el objetivo principal, pero Elkins tenía la esperanza de que también fuera posible un sondeo rápido de O3.

El primer paso era llegar a O1 en helicóptero. No era algo sencillo. La expedición había llevado un pequeño helicóptero Airbus AStar, y la Fuerza Aérea Hondureña también acordó proveer un helicóptero Bell 412SP y los soldados que lo acompañarían. Necesitábamos identificar posibles zonas de aterrizaje para los helicópteros en O1 y resolver cómo despejarlas de árboles y demás vegetación.

El contingente del ejército hondureño estaba comandado por el teniente coronel Willy Joe Oseguera Rodas, un hombre silencioso y discreto con atuendo militar casual. Era una figura conocida de la historia reciente de Honduras: fue el oficial del ejército que esposó al presidente depuesto Zelaya durante el golpe de 2009.

Oseguera abrió la discusión explicando que la fuerza aérea había examinado a detalle el terreno y sentía que la única zona de aterrizaje segura para su Bell 412 estaba a veinte kilómetros de distancia, afuera del valle. Elkins no estaba de acuerdo. Veinte kilómetros en las montañas de la Mosquitia bien podrían ser mil: un viaje a campo traviesa de esa longitud les tomaría una semana o más, incluso a tropas con experiencia en la jungla.

—Éste —dijo Elkins, señalando el enorme mapa— es el valle O1. Sólo hay una entrada: por esta apertura. Donde se dividen los dos ríos, hay un área sin árboles. Ésa sería una zona de aterrizaje fácil, pero requeriría el despeje de dos a tres metros de maleza.

Señaló una zona a unos kilómetros al norte, justo al sur de la ciudad.

—Y hay otro lugar de aterrizaje posible junto a las ruinas. Pero puede que los árboles estén demasiado juntos.

Los militares quisieron saber exactamente qué tan juntas estaban esas dos zonas de aterrizaje.

Elkins sacó su laptop y abrió la nube de puntos tridimensional de la zona de aterrizaje, que, notablemente, puede rotarse y seccionarse de cualquier manera. Chris y Juan Carlos ya le habían preparado cortes transversales digitales de varias zonas de aterrizaje posibles, que mostraban los árboles, la altura de la maleza y el nivel del suelo, exactamente como si el paisaje hubiera sido cortado verticalmente con un cuchillo. Steve también había contratado un avión para que Juan Carlos sobrevolara las posibles zonas de aterrizaje a finales de otoño de 2014, para ver si había cambios perceptibles en el terreno y para tomar buenas fotografías y video de luz visible. Toda esa preparación valió la pena. Parecía que la ZdA en la intersección de los ríos podría ser lo suficientemente grande para el Bell, y que se podría despejar una ZdA más pequeña en la margen del arroyo debajo de las ruinas, lo bastante amplio para insertar el AStar.

Todo eso seguía siendo teórico hasta que pudiera confirmarse con un sobrevuelo de reconocimiento visual del valle, planeado para el 16 de febrero, dos días después.

El teniente coronel Oseguera explicó que ya que hubiéramos explorado nuestra posición, el ejército hondureño desplegaría dieciséis soldados en el valle, que acamparían junto a nuestro campamento base y brindarían seguridad. Eran soldados de las fuerzas especiales TESON, y muchos de ellos eran indígenas pech, tawakhas, garífunas y miskitos de Honduras oriental.

—Los soldados son autosuficientes —dijo Oseguera—. Acampan por su parte. Son muy de la vieja escuela y viven como indios.

Los soldados, dijo, brindarían seguridad contra posibles narcotraficantes, criminales u otros elementos que podrían estar escondidos en la selva, aunque eso pareciera improbable dado lo remoto del valle. Lo más importante era que participarían en un ejercicio militar llamado Operación Bosque, que los entrenaría para proteger el bosque tropical y sus tesoros arqueológicos.

Ésa era una manera más en la que la exploración del valle de O1 se mezclaba con las metas del presidente recién electo. Hernández había expresado preocupación por la deforestación, el saqueo de los tesoros arqueológicos de Honduras y la aguda necesidad de reducir el índice de criminalidad y narcotráfico y, sobre todo, aumentar el turismo como medio para levantar la economía. Para combatir el crimen, sacó al ejército a las calles. Algunos hondureños estaban indignados por que desplegaran al ejército en funciones de civiles, pero el programa era popular en barrios plagados de pandillas y crimen. La Operación Bosque haría por el bosque tropical lo que esa política de Hernández estaba haciendo por las calles: soldados entrenados para vivir de manera autosuficiente en el bosque tropical por turnos se volverían un disuasivo casi permanente para taladores ilegales, saqueadores arqueológicos y narcotraficantes, que cuentan con el aislamiento de la jungla para llevar a cabo su negocio.

Sin embargo, al revisar nuestros planes para la expedición, Oseguera se sintió obligado a registrar una objeción seria a nuestra logística. Señaló que sólo llevábamos siete dosis de suero antiofídico: dos para coralillos y cinco para crótalos. No creía que fueran suficientes: el mínimo serían por lo menos veinte dosis. (Una sola mordedura, dependiendo del tamaño de la víbora y de la cantidad de veneno que inyecte, normalmente requiere varias dosis del tratamiento.) En la experiencia del militar, las serpientes venenosas estaban en todos lados y eran difíciles de evitar en el follaje denso. Sobre todo eran problemáticas las más pequeñas, que descansaban en ramas bajas y, cuando se las molestaba, caían sobre el viajero incauto.

Elkins se defendió: había sido casi imposible conseguir esas siete dosis, en primer lugar, en parte debido a la escasez de suero. Habían costado miles de dólares y no había manera de obtener más en corto plazo. La discusión terminó ahí, pero al mirar a mi alrededor vi a varias personas inquietas, yo entre ellas.

Aquella noche, el núcleo del equipo —Steve Elkins, Dave Yoder, Chris Fisher y yo— conocimos a James Nealon, embajador de Estados Unidos en Honduras, y a su esposa, Kristin, en su residencia: la embajada fortificada posada sobre una colina con vista a las luces tintineantes de la ciudad. Nealon estaba arrebatado por la historia de la ciudad perdida y le fascinó escuchar lo que podríamos encontrar, y nos dio un recuento detallado y profundo de Honduras que, señaló con énfasis, era de manera extraoficial. La frase "disonancia cognitiva" surgió varias veces. Prometimos reportar nuestros descubrimientos cuando emergiéramos de la selva en dos semanas.

La mañana siguiente, nuestro convoy salió de Tegucigalpa en camionetas, en dirección a Catacamas, un trayecto de cuatro horas y media. El helicóptero AStar de la expedición siguió al convoy desde las alturas. Soldados hondureños en vehículos militares delante y detrás de la caravana brindaban seguridad, una precaución de rutina contra los bandidos y secuestradores, necesaria sobre todo porque estábamos remolcando un tanque de combustible de aviación, muy codiciado por narcotraficantes. El convoy estaba en comunicación constante con nosotros y con los demás soldados por medio de radios bidireccionales.

Fue un trayecto largo y polvoriento por caminos de montaña, cruzando una serie de pueblos empobrecidos con casas derruidas, montones de basura, drenaje al aire libre y perros de cara triste y orejas gachas escabulliéndose por ahí. Aunque sí pasamos por un pueblo impresionantemente distinto y bonito, con sus casas limpias y pintadas de alegre turquesa, rosa, amarillo y azul, muros de adobe cubiertos de buganvilias púrpuras y maceteros de flores en las ventanas. Las calles estaban limpias y bien barridas. Pero al entrar, los soldados advirtieron por radio que bajo ninguna circunstancia debíamos detenernos, porque era un pueblo controlado por un poderoso cártel de las drogas. Nos aseguraron que los narcos estaban ocupados en sus propios asuntos y que no nos molestarían siempre y cuando nosotros no los molestáramos. Seguimos adelante.

Por fin llegamos a la ciudad de Catacamas, la base de operaciones de la expedición. También era una ciudad atractiva de casas caladas con techos de tejas rojas, cuarenta y cinco mil habitantes, enclavada en las montañas, con vista a una planicie rica y amplia salpicada de ganado vacuno y caballos de buen ver, regada por el río Guayape.

La ranchería es una tradición orgullosa y venerable en Catacamas, pero en años recientes se había visto eclipsada por el negocio del narcotráfico. La ciudad había sido tomada por capos que adquirieron el nombre de Cártel de Catacamas. El Cártel de Catacamas estaba en competencia con otro cártel en la ciudad cercana de Juticalpa, y la carretera entre las dos —que nosotros habíamos recorrido— se había convertido en campo de batalla, plagada de robos, homicidios y asalto a vehículos, casi siempre cometidos por criminales haciéndose pasar por fuerzas de seguridad hondureñas. El año 2011 fue el escenario de una de las peores narcomasacres de Honduras, en la que un pistolero abrió fuego contra un minibús de civiles, matando a ocho mujeres y niños. En 2015, para cuando llegamos, el narcotráfico había cedido un poco, pero la ciudad seguía siendo peligrosa. Mientras estuvimos ahí un empresario local me dijo que el precio de un asesinato a sueldo era de veinticinco dólares. Sin embargo, nos aseguraron que no corríamos peligro, gracias a nuestra guardia de soldados hondureños de élite.

El hotel Papa Beto era el mejor de la ciudad, una fortaleza encalada ubicada en el casco antiguo de la ciudad, con una alberca lujosa y un patio cerrado con portales de arcos sombreados. El edificio estaba rodeado de muros de concreto de seis metros coronados con vidrios rotos y alambre de púas. Mientras nos registrábamos y nos daban nuestras llaves, nuestros escoltas con M16 y fusiles automáticos israelíes Galil montaron guardia en la recepción. La expedición se había apropiado de todo el hotel, y extendimos nuestro equipo a un lado de la alberca en pilas organizadas, listo para ser empacado y llevado a la selva.

Pasaríamos dos noches en el hotel antes de saltar a lo desconocido, volar al valle y establecer un campamento base. Aparte de la escasez de suero antiofídico, Elkins y su equipo habían planeado todo hasta el último detalle, un trabajo notablemente minucioso, aunque sólo tuviéramos una vaga noción de las condiciones reales que enfrentaríamos en el valle de O1 en términos de víboras, insectos, enfermedades, clima y la dificultad del trayecto. Sólo dos personas en la expedición habían visto el valle de O1 de cerca: Juan Carlos y yo. (Tom Weinberg sobrevoló brevemente O1 en 1998 en una misión humanitaria con el ejército de Estados Unidos, de camino a entregar suministros a aldeanos varados a causa del huracán Mitch. Aunque la tormenta hubiera descarrilado sus planes, Steve albergaba la esperanza de que Tom detectara algo en el misterioso valle que estaba convencido que contenía una ciudad perdida. Así que Tom persuadió al piloto de que alterara su plan de vuelo para dar un vistazo rápido de camino, pero no vio sino una densa fronda.) Nadie había pisado ese suelo quizá en cientos de años. No había a quién preguntar ni libros que consultar ni mapas aparte de las imágenes de lidar, ni había manera de visualizar lo que encontraríamos en la ciudad en ruinas. Era inquietante y emocionante saber que seríamos los primeros.

Elkins y Benenson habían contratado a tres exoficiales del Servicio Aéreo Especial Británico (SAS, por sus siglas en inglés) para que se encargaran de la logística de montar el campamento y navegar por la jungla. Su líder era Andrew Wood. Woody había tenido muchas funciones en el SAS, incluyendo instructor veterano en guerra selvática, experto en explosivos y demoliciones, y médico traumatólogo de combate avanzado; hablaba árabe, serbocroata y alemán. Era un hábil rastreador, francotirador y paracaidista en caída libre. Después de dejar el ejército, había fundado una compañía llamada TAFFS, Television and Film Facilitations Services (Servicios de Facilitación para Cine y Televisión). La compañía se especializaba en llevar grupos de cine y televisión a los entornos más peligrosos del mundo, mantenerlos con vida para que pudieran filmar sus proyectos y sacarlos sanos y salvos. TAFFS manejaba la logística de los programas de supervivencia extrema de Bear Grylls, y los numerosos créditos televisivos de la compañía incluían *Escape from Hell*, *Man vs. Wild*, *Extreme Worlds* y *Naked and Marooned*. Woody, un supervivencialista entrenado del más alto rango, había recibido varias propuestas para ser la estrella de su propio programa, pero siempre se había negado.

Llevó consigo a dos socios de TAFFS, Iain MacDonald Matheson ("Spud" ["Papa"]) y Steven James Sullivan ("Sully"). A pesar de sus modales británicos autocríticos, ambos también eran EXSAS y duros de roer. Los tres tenían personalidades muy distintas y cada uno cumplía con su función: Woody, el gerente; Spud, el hacedor amigable y despreocupado; Sully, el sargento instructor cuyo papel era intimidar, presionar y hacer cagarse de miedo a todo mundo.

Al reunirnos para esa primera sesión informativa, tuvimos oportunidad de recorrer la sala con la mirada y conocer a nuestros coexpedicionarios por primera vez todos en el mismo lugar. Algunos de nosotros habíamos estado involucrados en el primer sondeo mediante lidar: Tom Weinberg, Steve Elkins, Juan Carlos y Mark Adams, el sonidista del equipo. La mayoría eran nuevos: incluían a Anna Cohen y Oscar Neil Cruz, arqueólogos; Alicia González, antropóloga; Dave Yoder; Julie Trampush, gerente de producción; Maritza Carbajal, coordinadora de producción local; Sparky Greene, productor; Lucian Read, director de fotografía, y Josh Feezer, camarógrafo. Bill Benenson y varios miembros más llegarían después, ya que el campamento estuviera montado.

Woody procedió a darnos la lección impávida y escalofriante de serpientes y enfermedades al inicio de este libro. Luego fue el turno de Sully, que había pasado treinta y tres años en el SAS. Concentró sus ojitos angostos en nosotros con escepticismo y desaprobación. Al fin se enfocó en un miembro importante de la expedición a quien acusó de haber cabeceado durante la junta y cuya actitud había juzgado lánguida.

—Tienes que sintonizarte mentalmente en este instante —dijo en un sombrío acento escocés. El pobre hombre quedó con la cola entre las patas—. Tal vez creas que sólo estemos hablando por gusto. Tal vez creas que ya lo sabes todo.

Así que cuando estés allá afuera, te vas a meter en problemas... ¿y entonces qué? Vas a acabar herido o muerto, eso es lo que va a pasar. ¿Y quién carajo es responsable? Nosotros. Así que no va a pasar mientras estemos a cargo.

Su mirada fruncida barrió la sala entera.

—*No mientras estemos a cargo.*

La sala quedó en profundo silencio; todos nos esforzamos por dar la apariencia de máxima atención. Después de un momento largo e incómodo, Sully repasó los planes del día siguiente. Dos helicópteros, el AStar de la expedición y el Bell 412 del ejército hondureño volarían al valle para explorar las zonas de aterrizaje posibles. Cuando se eligieran las zonas de aterrizaje, el AStar tiraría a Woody, Sully y Spud con machetes y sierras eléctricas para despejar las ZdA. Si la maleza era densa y alta, dijo Sully, los primeros equipos quizá tendrían que hacer rapel (bajar en soga) desde el helicóptero. Steve había elegido un grupo de cinco personas, incluyéndome, que estarían en el primer grupo para aterrizar en la jungla, y Sully ahora tenía que entrenarnos para hacerlo de manera segura.

Seguimos a Sully al patio exterior del hotel, donde tenía preparada una maleta con equipo. Nos enseñó a ponernos un arnés de escalada, a inclinarnos en el pontón de un helicóptero, bajar a rapel por una soga usando un dispositivo mecánico llamado descensor, desabrochar, dar la seña y alejarnos. Yo tenía cierta experiencia haciendo rapel por acantilados y cataratas congeladas, pero siempre con la seguridad de una cara vertical en la cual poner los pies mientras descendía. Bajar de un helicóptero en espacio abierto parecía menos seguro, y si no te soltabas bien al llegar al suelo, el helicóptero podía despegar contigo aún amarrado. Todos practicamos la maniobra varias veces hasta cumplir con los estrictos estándares de Sully.

El pequeño AStar que entraría primero sólo podía cargar tres pasajeros, o dos con equipo. La última pregunta era quién exactamente de nuestros afortunados cinco obtendría el preciado puesto en el primer vuelo. Elkins ya había mediado en algunas disputas furiosas entre miembros del equipo acerca de quién estaría incluido. Chris argumentó con éxito que tenía que estar en el primer vuelo, porque tenía que asegurarse de que la ZdA no fuera ella misma un sitio arqueológico que pudiera resultar dañado con el aterrizaje de un helicóptero. Dave Yoder exigió estar en el primer vuelo para poder capturar el instante en que las botas tocaran el suelo por primera vez: uno de sus principios fundamentales de fotógrafo era nunca representar una dramatización. Steve le asignó el tercer asiento a Lucian Read, el director de fotografía del equipo de filmación, para que pudiera registrar el momento en video.

Yo volaría en el segundo viaje con Juan Carlos y una carga de equipo esencial. Los cinco y el equipo de Woody montaríamos un campamento primitivo esa noche. El resto de la expedición, incluyendo a Steve, volaría al valle durante los días subsecuentes. Emocionado como estaba por estar cumpliendo el sueño de toda su vida, Steve había sacrificado su propio sitio en el helicóptero por nosotros, porque sentía que era importante que los cineastas, el escritor y los científicos llegaran primero al valle. Entraría volando el día siguiente.

El ejército hondureño, con su helicóptero más grande, tendría que encontrar una zona de aterrizaje río abajo; los soldados luego remontarían el río para instalar su campamento detrás del nuestro.

Así que durante ese primer día y su noche, estaríamos por nuestra cuenta.

Capítulo 14

¡No recojan flores!

Al amanecer del 16 de febrero el equipo de avanzada se amontonó en una camioneta hacia el aeródromo de El Aguacate, una pista desgastada en la jungla construida por la CIA durante la Contra. Estaba ubicado cerca de la falda de las montañas, a unos dieciséis kilómetros de Catacamas. Los dos helicópteros estaban esperando: el AStar, pintado de rojo manzana caramelizada y blanco brillantes, que habían llevado desde Albuquerque, y un Bell 412 hondureño pintado de gris de combate. Aquel primer vuelo sólo era de reconocimiento visual, para explorar las dos zonas de aterrizaje posibles: una al sur del sitio arqueológico y la otra en la intersección de los dos ríos. No habría aterrizaje en O1 en esa misión aérea.

Yo fui en el helicóptero hondureño con Dave Yoder, mientras Elkins iba en el AStar. Despegamos a las 9:45 a.m. en dirección noreste, bajo el acuerdo de que las dos aeronaves se mantendrían en contacto visual en todo momento.

Al helicóptero hondureño en el que iba le costó trabajo separarse del suelo y de inmediato comenzó a volar de manera errática, ladeado. Mientras volábamos se dispararon luces rojas y una alarma en la consola, así que giramos de vuelta a El Aguacate, donde tuvimos un aterrizaje tortuoso y con derrape. Resultó que se había arruinado uno de los controles por computadora. Yo había estado en aviones sospechosos antes, pero un helicóptero está a otro nivel de preocupación, porque si el motor falla, no hay forma de planear: el piloto tiene que tratar de ejecutar un "descenso sin motor", que es un eufemismo para caer del cielo como piedra. Como volar helicópteros es caro y requieren mucho mantenimiento, el ejército hondureño no puede darles a sus pilotos la misma cantidad de horas de vuelo que tienen, por ejemplo, los de la Fuerza Aérea de Estados Unidos. Aun menos reconfortante era el hecho de que esos helicópteros estaban viejos y habían pasado por las flotas de varios países antes de ser adquiridos por Honduras.

Mientras esperábamos en la pista, por fin regresó el AStar. A pesar del acuerdo de mantenernos juntos, el AStar había seguido adelante. Elkins bajó de un salto.

—Bingo —dijo, levantando el pulgar con una sonrisa—. ¡Podemos aterrizar justo en el sitio! Pero no se ve nada de las ruinas, el follaje es muy denso.

La Fuerza Aérea Hondureña llevó un Bell de repuesto y los dos helicópteros hicieron un segundo reconocimiento del valle de O1 poco después. Esa vez, el piloto del AStar quiso flotar sobre la posible zona de aterrizaje y explorarla más a detalle. Por su parte, el helicóptero militar examinaría la zona de aterrizaje más grande que estaba río abajo, para ver si había espacio para su mayor tamaño. Como las dos ZdA estaban a unos pocos kilómetros de distancia, las dos aeronaves entrarían juntas y mantendrían contacto visual en todo momento.

De nuevo volé en el helicóptero militar. Estuvimos sobrevolando terreno escarpado durante media hora, pero vastas áreas de las laderas habían sido despejadas, incluso en pendientes de 40 a 50°. Era territorio nuevo para mí: en 2012 habíamos entrado desde el noroeste; ahora lo hacíamos desde el suroeste. Podía ver que el despeje no era por la leña: parecía que habían sacado pocos árboles, si acaso, y habían dejado los troncos tirados en el suelo para que se secaran y poderlos quemar, como lo mostraban las columnas de humo alzándose por doquier. La meta final, pude ver, era convertir la tierra en pastizales para ganado, que salpicaba hasta las laderas más empinadas.★

Por fin dejamos atrás las zonas taladas y estábamos volando sobre una alfombra virgen de cumbres cubiertas de selva.

De nuevo tuve la fuerte sensación, al entrar al valle, de que estaba saliendo por completo del siglo XXI. Un acanti-

---

★ Más tarde investigué la tala ilegal y quién era responsable. La tierra al suroeste de la Mosquitia —el valle de Olancho y sus alrededores— es una de las mayores productoras de carne de res en Centroamérica, con tres cuartos de millón de cabezas de ganado. Los ranchos circundantes —legales e ilegales— producen miles de toneladas de carne para los mercados extranjeros, sobre todo Estados Unidos. Logré determinar (por medio de una fuente irreprochable en Honduras) que, después de pasar por varios intermediarios, parte de esa carne de res ilegal de bosque tropical termina en hamburguesas de McDonald's y otras cadenas estadounidenses de comida rápida.

Cuando le pregunté al respecto al Departamento de Asuntos Públicos de McDonald's, en tres días mi fuente en Honduras me informó que McDonald's Estados Unidos estaba haciendo indagaciones intensivas en el país acerca de la fuente de la carne de res hondureña que entraba a Estados Unidos; la compañía exigía saber qué se estaba haciendo para asegurar que el ganado vacuno de la región de la Mosquitia no viniera de "granjas responsables de tal deforestación, ni de ninguna práctica ambiental irresponsable", en palabras de mi fuente. Una semana después, el vocero de McDonald's, Hary Becca, me escribió diciendo: "McDonald's Estados Unidos no importa carne de res de Honduras ni de ningún país de Latinoamérica. McDonald's tiene un historial demostrado de proteger bosques tropicales en Latinoamérica, al asegurarse de que ningún ganado de tierra deforestada entre a su cadena de suministro".

lado escarpado apareció a la distancia, la frontera sur de O1. El piloto se dirigió hacia una muesca en él. Al pasar por la apertura, el valle se abrió en un paisaje de esmeralda y oro, veteado con las sombras de las nubes. Dos sinuosos ríos lo recorrían, claros y brillantes, con la luz del sol destellando contra sus aguas agitadas mientras el helicóptero se inclinaba. Lo recordaba del vuelo de lidar tres años atrás, pero ahora se veía aun más espléndido. Inmensos árboles de bosque tropical, cubiertos de hiedras y flores, se extendían por las colinas, desvaneciéndose en prados soleados en los márgenes de los ríos. Parvadas de garcetas volaban debajo de nosotros, puntos blancos a la deriva contra el verde, y las copas de los árboles se agitaban con el movimiento de monos invisibles. Como había sucedido en 2012, no había señal de vida humana: ni caminos, ni senderos, ni volutas de humo.

A bordo del Bell, más grande, seguimos el cauce serpenteante del río. El AStar estaba delante y debajo de nosotros, y al acercarnos a la ZdA superior, que estaba cerca de las ruinas, comenzamos a cernirnos sobre un área de la ribera cubierta de vegetación densa. Pasamos veinte minutos rondando esa ZdA y luego lo hicimos en la segunda, río abajo, que estaba más grande y abierta. Con ambas zonas de aterrizaje ahora firmemente identificadas —una para el Bell y la otra para el AStar—, regresamos a El Aguacate.

A la mañana siguiente, el 17 de febrero, llegamos a El Aguacate al amanecer para nuestro vuelo al valle, donde esperábamos aterrizar y establecer un campamento base. La terminal de la pista, un edificio de concreto desgastado de un solo cuarto, con las losas del techo cayéndose, ahora estaba llena de equipo: generadores portátiles, pilas de botellas de agua, papel de baño, contenedores de plástico con comida deshidratada, lonas, linternas Coleman, mesas plegables, tiendas de campaña, sillas, catres, soga de paracaídas y otros artículos de primera necesidad.

El AStar despegó con Woody, Sully y Spud, equipados con machetes y una sierra eléctrica para despejar la zona de aterrizaje cerca de las ruinas. El helicóptero regresó dos horas después, luego de haberlos dejado con éxito en un área junto al río en la que sólo había unos cuantos árboles, con una cubierta vegetal de dos a tres metros de profundidad, que podrían despejar fácilmente con machetes. Sólo tendrían que cortar algunos árboles pequeños.

Todo iba según el plan. Probablemente les tomaría cuatro horas despejarla. No tendríamos que bajar a rapel después de todo: el helicóptero podría aterrizar firmemente en el suelo.

Chris Fisher, Dave Yoder y Lucian Read fueron en el siguiente vuelo. Dos horas después, el helicóptero regresó y recargó combustible, y luego Juan Carlos y yo salimos al asfalto caliente para subirnos. Los dos traíamos mochilas con nuestro equipo esencial, incluyendo comida y agua para dos días, porque el campamento no estaría totalmente aprovisionado durante por lo menos cuarenta y ocho horas. Tendríamos que ser autosuficientes esos primeros días. Como la ZdA en el sitio era tan pequeña y el AStar era incapaz de cargar más que una mínima cantidad de equipo, la mayoría entraría al valle a bordo del Bell, se descargaría en la ZdA río abajo y desde ahí sería llevada por el AStar en muchos viajes de ida y vuelta.

Juan Carlos y yo guardamos las mochilas en una canasta enganchada a babor del helicóptero, pues no había espacio adentro. Steve Elkins sacó su iPhone y me grabó en un video de diez segundos despidiéndome de mi esposa, Christine, porque estaría desconectado durante nueve o diez días. Era extraño pensar en lo que podría pasar antes de estar en contacto con ella otra vez. Steve prometió mandarle el video por correo al volver a Catacamas.

Justo antes de despegar tuve oportunidad de conversar con nuestro copiloto, Rolando Zuniga Bode, teniente de la Fuerza Aérea Hondureña.

—Mi abuela hablaba todo el tiempo de la Ciudad Blanca —me dijo—. Se sabía muchas historias.

—¿Qué historias?

Rolando las descartó con un ademán de la mano.

—Ya sabe, las viejas supersticiones de costumbre. Decía que los conquistadores habían encontrado la Ciudad Blanca y entrado en ella. Pero cometieron un error: recogieron flores… y murieron todos.

Se rio y meneó el dedo.

—¡No recojan flores!

Juan Carlos y yo nos pusimos el casco y nos abrochamos el cinturón de seguridad. Él estaba emocionado.

—Cuando vi por primera vez las imágenes de los edificios, las dimensiones de esas cosas… son *grandes*… tuve diez mil preguntas. Ahora estamos a punto de encontrar las respuestas.

Cuando despegó el helicóptero nos quedamos callados y tomamos fotos del paisaje maravillosamente verde y escarpado que se desplegaba ante nosotros.

—Ahí está Las Crucitas —dijo Juan Carlos—. Le pedí al piloto que nos trajera por aquí.

Me asomé a ver el remoto sitio arqueológico, el más grande encontrado en la Mosquitia antes de la identificación de O1 y O3. En un área abierta y cubierta de hierba pude ver una serie de montículos escarpados, estructuras de tierra y plazas situados a ambos lados del río Aner. Muchos habían especulado que ésa era la Ciudad Perdida del Dios Mono, de Morde, pero, por supuesto, ahora sabemos que él no había encontrado tal cosa: ni siquiera había entrado a esa región de la Mosquitia.

—Se parece mucho a O1, ¿no crees? —dijo Juan Carlos.

Asentí. Desde el aire se veía asombrosamente similar a las imágenes de lidar: los mismos montículos con forma de autobuses, las mismas plazas, los mismos terraplenes paralelos.

Más allá de Las Crucitas, las montañas de verdad emergían, algunas casi de kilómetro y medio de altura. Al maniobrar entre ellas los claros talados fueron desapareciendo. En cierto punto, con Rolando al timón, el helicóptero viró violentamente.

—Lo siento. Esquivé un buitre —dijo.

Al fin, la muesca reveladora de O1 emergió adelante, y en un instante la habíamos pasado y estábamos dentro del valle. Dos guacamayas planeaban debajo de nosotros mientras seguíamos el cauce del río. Pegado a la ventana, tomé fotos con mi Nikon. En pocos minutos pudimos ver la zona de aterrizaje, una franja verde regada de vegetación cortada; el helicóptero giró, bajó la velocidad y descendió. Woody estaba hincado al borde de la ZdA, haciendo señas al piloto mientras bajaba. Los árboles y matas a nuestro alrededor se agitaron con el viento de las hélices mientras descendíamos, la superficie del río se batió en espuma blanca.

Y de pronto estábamos en el suelo. Nos habían ordenado tomar nuestro equipo y salir de la ZdA lo más rápido posible, manteniendo la cabeza abajo. Bajamos de un salto y agarramos nuestras cosas, mientras Woody y Sully corrían al helicóptero y descargaban equipo y provisiones de la canasta, y las lanzaban a una pila al borde de la ZdA; en tres minutos, el helicóptero estaba de vuelta en el aire.

Lo observé alzarse sobre los árboles, virar y desaparecer. Cundió el silencio y de pronto lo llenó un rugido potente y extraño que surgía de la selva. Sonaba como si hubieran encendido una máquina o dinamo gigante y estuviera alcanzando su velocidad máxima.

—Monos aulladores —dijo Woody—. Comienzan a gritar cada vez que el helicóptero entra y sale. Parecen reaccionar al ruido.

La zona de aterrizaje había sido despejada a machetazos de una densa plataforma de heliconias "pinza de langosta", también conocidas como falsas aves del paraíso, cuyos tallos carnosos rezumaban savia. Las flores rojas y amarillas y las hojas verde oscuro estaban esparcidas por doquier, cubriendo gran parte de la ZdA. No sólo habíamos recogido flores: las habíamos masacrado. Una parte de mí tenía la esperanza de que Rolando no lo hubiera visto al aterrizar.

Woody nos volteó a ver.

—Agarren sus cosas, tomen un machete, elijan un lugar para acampar e instálense. Señaló con la cabeza el muro impenetrable de la jungla.

Habían abierto un hoyo pequeño y oscuro, como una cueva, que ofrecía una vía de entrada. Me puse la mochila; Juan Carlos hizo lo mismo, y lo seguí hacia la caverna verde. Habían puesto tres troncos sobre un estanque de lodo, y más allá, el sendero recién abierto subía un terraplén de metro y medio. Salimos a un bosque profundo y sombrío, con árboles que se erguían como las columnas gigantes de una catedral hacia las copas invisibles. Sus troncos, de tres a cinco metros de diámetro, estaban apuntalados con enormes contrafuertes y arbotantes. Muchos estaban envueltos de ficus estranguladores, llamados matapalos. Los monos aulladores siguieron rugiendo mientras mis ojos se ajustaban a la penumbra. El aire cargaba un aroma denso y embriagante a tierra, flores, especias y materia en descomposición. Ahí, entre los grandes árboles, el sotobosque estaba relativamente abierto y el suelo era plano.

Apareció Chris Fisher, el arqueólogo, con un sombrero vaquero de paja blanca que brillaba como faro en la penumbra.

—¡Hola, chicos! ¡Bienvenidos!

Miré a mi alrededor.

—Entonces… ¿Ahora qué hacemos?

Woody y los otros dos sas estaban ocupados acomodando provisiones.

—Tienen que encontrar dónde amarrar su hamaca. Dos árboles, como a esta distancia. Dejen que les muestre.

Lo seguí entre los árboles hasta su campamento, donde tenía instalada una hamaca verde, con toldo y mosquitero. Estaba armando una mesita a partir de piezas de bambú y había puesto una lona para sentarse debajo si llovía. Era un muy buen campamento, eficiente y bien organizado.

Me adentré cuarenta y cinco metros en la selva, con la esperanza de que la distancia preservara mi privacidad cuando llegaran todos los demás. (En la jungla, cuarenta y cinco metros es mucho.) Encontré una zona agradable con dos arbolitos a la distancia justa. Fisher me prestó su machete, me ayudó a abrir un pequeño claro y me enseñó a colgar la hamaca. Mientras trabajábamos, oímos una conmoción en las copas de los árboles. Una tropa de monos araña se había reunido en las ramas superiores; estaban descontentos. Chillaban y ululaban, bajaban, se colgaban de la cola y agitaban ramas contra nosotros, iracundos. Después de una media hora de protesta se sentaron en una rama, charlando y mirándome como si fuera un anormal.

Una hora después Woody llegó a revisar mi campamento. Mi hamaca le pareció insatisfactoria e hizo algunos ajustes. Se detuvo a mirar a los monos.

—Éste es su árbol —dijo, olisqueando un poco—. ¿Hueles eso? Orines de mono.

Pero se estaba haciendo tarde y no quería tomarme la molestia de mover mi campamento. Estaba fuera de los márgenes del grupo y me preocupaba tener un buen sendero para no perderme al caer la noche. Caminé de vuelta a la ZdA, despejando un mejor camino con el machete; me perdí varias veces y tuve que regresar siguiendo las plantas cortadas. Encontré a Juan Carlos en su campamento recién instalado. Bajamos junto con Chris a la margen del río y observamos el muro de árboles al otro lado de la corriente. Subía capa tras capa, una barricada de verde y café, moteada de flores y chillidos de pájaros. Más allá, a no más de doscientos metros, iniciaba el perímetro de la ciudad perdida y la posible pirámide de tierra que habíamos visto en las imágenes de lidar. Estaban cubiertas de bosque tropical, completamente invisibles. Serían las cinco de la tarde. Un sol suave y amarillo se derramó sobre el bosque tropical, rompiéndose en rayos y haces dorados, desperdigando monedas por el suelo de la jungla. Algunas nubes esponjosas pasaron flotando. El río, de un metro de profundidad y cinco de ancho, era cristalino, su agua límpida borboteaba sobre un lecho de piedras. A todo nuestro alrededor, el bosque tropical resonaba con los llamados de las aves, ranas y otros animales; los sonidos se mezclaban en un agradable susurro, puntuado por la llamada y respuesta de dos guacamayas, una en un árbol cercano y la otra invisible y distante. La temperatura era de veintiún grados centígrados, el aire estaba limpio, fresco y no húmedo, perfumado con el dulce aroma de las flores y el follaje.

—¿Ya se dieron cuenta? —preguntó Chris, con las manos arriba y sonriendo—. No hay insectos.

Era cierto. Las temibles nubes de insectos chupasangre de las que nos habían advertido brillaban por su ausencia.

Al mirar a mi alrededor pensé que había tenido razón y no era para nada el lugar de miedo que nos habían presentado: más bien se sentía como el Edén. La sensación de peligro e inquietud que llevaba cargando como peso inconsciente desde el sermón de Woody cedió. Naturalmente, el equipo SAS había tratado de prepararnos para lo peor, pero se les había pasado la mano.

Al caer la tarde Woody nos invitó a su pequeña zona vivac, donde tenía una diminuta estufa encendida con una olla de agua hirviendo para el té y para hidratar nuestra cena. Abrí un paquete de tetrazzini de pollo, le añadí agua hirviendo y, cuando la había absorbido, me lo metí en la boca desde la bolsa. Me lo pasé con una taza de té, y nos quedamos escuchando a Woody, Spud y Sully contar historias de sus aventuras en la jungla.

En unos minutos la noche cayó como si se hubiera cerrado una puerta: la oscuridad absoluta nos envolvió. Los ruidos del día se convirtieron en algo más profundo y misterioso, con trinos y arañazos y tronidos y llamados como gritos de almas en pena. Los insectos comenzaron a aparecer, comenzando por los mosquitos.

No había fuego. Woody encendió una linterna Coleman que hizo retroceder un poco la oscuridad, y nos acurrucamos dentro de su haz de luz en el gran bosque, mientras grandes animales caminaban, haciendo ruido pero invisibles, en la jungla a nuestro alrededor.

Woody dijo que había pasado buena parte de su vida en selvas de todo el mundo, en Asia, África, Centro y Sudamérica. Dijo que nunca había estado en una así, al parecer tan virgen.

Mientras instalaba su campamento, antes de que llegáramos, una codorniz se había acercado a él, picoteando el suelo. Y un cerdo salvaje también había pasado cerca, despreocupado por la presencia humana. Los monos araña, dijo, también eran señal de un área deshabitada, porque normalmente huyen a la primera señal de humanos, a menos de que estén en una zona protegida.

—No creo que los animales hayan visto gente nunca —concluyó.

Los tres exSAS estaban absurdamente cubiertos contra los bichos, tapados de la cabeza a los pies con ropa antiinsectos, que incluía una caperuza y un velo.

—¿Eso es necesario? —pregunté.

—Me ha dado dengue dos veces —dijo Woody, y se lanzó en una descripción impresionantemente gráfica de la enfermedad, que casi lo había matado la segunda vez. Le dicen "fiebre quebrantahuesos", dijo, porque es tan dolorosa que sientes que se te quiebran los huesos.

Al terminar su relato vi a todos poniéndose más DEET. Los imité. Luego, al entrar la noche, salieron los jejenes. Mucho más pequeños que los mosquitos, parecían motitas blancas flotando a la luz de la linterna, tan pequeños que no hacían ruido. A diferencia de los mosquitos, normalmente no los sientes picarte. Entre más entraba la noche, más jejenes se reunían a nuestro alrededor.

Ansioso por registrar algunas de las historias que estaban contando, me apresuré de vuelta a mi hamaca al otro lado del campamento, para buscar mi libreta. Mi nueva lámpara de cabeza estaba defectuosa, así que Juan Carlos me prestó una linterna recargable. Llegué a mi hamaca sin problemas. Pero al regresar, en la oscuridad todo se veía diferente; me detuve, acorralado por vegetación densa, al darme cuenta de que de alguna manera me había desviado de mi sendero rudimentario. El bosque tropical nocturno era negro y estaba lleno de ruido, con el aire denso y dulce, las hojas como muro rodeándome. El débil haz de mi linterna se estaba disipando. Me tomó un minuto cargarlo a mano hasta un brillo mayor, y entonces lo apunté con cuidado hacia el suelo, buscando mis huellas en la hojarasca o alguna señal del sendero que había abierto a machetazos más temprano.

Creí ver huellas y me moví hacia allá, caminando rápido, abriendo el sotobosque con una creciente sensación de alivio… sólo para tropezarme con un tronco mastodóntico. Nunca había visto ese árbol. Desorientado, me había internado más en la selva. Me tomó un tiempo recobrar el aliento y disminuir mi pulso. No podía oír a mis compañeros ni ver la luz de donde estaban reunidos. Pensé en gritarles y pedirle a Woody que me fuera a buscar, pero decidí no exponerme como idiota tan pronto. Después de examinar atentamente el suelo y recargar la luz varias veces más, por fin encontré mis huellas reales y las seguí, agachado y mirando el suelo selvático, esperando a encontrar la siguiente marca o depresión antes de avanzar. Unos minutos después percibí una hoja recién cortada en el piso, su tallo rezumando savia, y luego otra. Estaba de vuelta en el sendero.

Caminé por el sendero siguiendo las hojas y hiedras como migajas de pan hasta llegar al centro del campamento, donde reconocí agradecido la hamaca de Juan Carlos. Emocionado por estar de vuelta en el campamento, rodeé la hamaca, sondeando el muro selvático con mi luz en busca del camino que me llevaría hacia donde estaba charlando el resto del grupo. Sería fácil: ahora podía oír el murmullo de voces y ver la luz de la linterna Coleman asomada entre la vegetación.

En mi segunda vuelta a la hamaca me congelé cuando mi haz pasó sobre una serpiente enorme. Estaba enrollada en el suelo, justo al lado de la hamaca de Juan Carlos, a un metro de donde yo estaba. Imposible de perder, estaba lo opuesto a camuflada: incluso bajo el débil haz de la linterna prácticamente brillaba, los patrones de su espalda recortados contra la noche sombría, sus ojos dos puntos centelleantes. Me estaba mirando en posición de ataque, con la cabeza meciéndose y la lengua siseando. Había pasado justo a su lado… dos veces. Parecía hechizada por el rayo de la linterna, que ya estaba comenzando a difuminarse. La recargué deprisa.

Retrocedí lentamente hasta quedar fuera de su alcance, que supuse que serían más de dos metros —algunas serpientes pueden atacar con toda la longitud de su cuerpo—. Había tenido muchos encuentros con serpientes venenosas —me han atacado varias veces y golpeado una (una cascabel que rebotó contra la punta de mi bota)—, pero nunca en mi vida me había enfrentado a una víbora como ésa: tan despierta, tan concentrada, tan inquietantemente inteligente. Si decidía ir por mí, no podría escapar.

—¿Muchachos? —grité, tratando de mantener la voz estable—. Hay una serpiente gigante aquí.

—Retrocede —contestó Woody—. Pero mantén la luz sobre ella.

La víbora se mantuvo inmóvil, con los ojos brillantes fijos en mí. La selva se había callado. Woody llegó unos segundos después, seguido por el resto del grupo, con los haces de sus lámparas de cabeza barriendo sin control la lobreguez.

—Jesucristo —exclamó alguien.

—Manténganse a distancia todos —dijo en voz baja Woody—, pero mantengan sus luces sobre ella. Es una barba amarilla.

Desenvainó el machete y, con un par de tajos, transformó un arbolito adyacente en un palo para víboras de dos metros y medio, un asta larga con punta angosta y horquilla.

—La voy a mover.

Avanzó hacia la serpiente y, con una estocada repentina, fijó su cuerpo al suelo con la horquilla del palo. La víbora estalló en furia, se desenrolló, retorció, revolcó y escupió veneno en todas direcciones. Entonces vimos su tamaño real. Woody subió la horquilla por su cuerpo hasta el cuello mientras la serpiente seguía latigueando. Su cola vibraba con furia, haciendo un zumbido grave. Woody mantuvo el cuello fijo con el palo y su mano izquierda, se agachó y la tomó por la nuca con la derecha. El cuerpo de la víbora, tan grueso como su brazo, se estrelló contra sus piernas, y su boca blanca y deslumbrante se abrió, revelando colmillos de tres centímetros que bombeaban ríos de líquido amarillo pálido. Mientras se azotaba de un lado a otro, esforzándose por hundir los colmillos en el puño de Woody, expelió veneno por todo el dorso de su mano. Su piel comenzó a burbujear. Woody luchó con la serpiente hasta llevarla al suelo y fijó su cuerpo resbaladizo con las rodillas. Sacó un cuchillo del cinturón y, con la mano izquierda, sin soltar nunca a la víbora con la derecha, la decapitó de un tajo. Empaló la cabeza firmemente al suelo con la hoja, y sólo entonces la soltó. La cabeza, junto con sus siete centímetros de cuello restantes, se retorció y luchó, mientras la serpiente decapitada también comenzaba a huir a rastras, y Woody tuvo que jalarla de vuelta a la luz para evitar que se escapara entre la hojarasca. Durante toda la lucha no pronunció palabra. El resto de nosotros también habíamos estado en un silencio estupefacto.

Se levantó, se enjuagó las manos y por fin habló.

—Lamento no haber podido moverla. Tuve que enjuagarme el veneno de inmediato.

(Más tarde dijo que se había preocupado "un poco" al sentir que el veneno entraba a una herida en el dorso de su mano.)

Levantó la serpiente decapitada por la cola, con sangre aún goteando del cuello. Nadie pronunció palabra. Los músculos de la víbora todavía se flexionaban lentamente. Curioso por tocarla, me acerqué y la rodeé con la mano, sintiendo el retorcer rítmico de los músculos bajo la piel fresca, una sensación realmente extraña. La serpiente medía un metro y medio, su cuerpo presumía impresionantes patrones de rombos color chocolate, caoba y café con leche. Todos la observamos mientras volvían los ruidos de la noche.

—Nada como esto para concentrar la mente, ¿verdad? —dijo Woody—. Hembra. Son más grandes que los machos. Ésta es una de las barba amarilla más grandes que he visto en mi vida.

Se colgó el cuerpo al hombro casualmente.

—Nos la podríamos comer, son deliciosas. Pero tengo otro uso para ella. Cuando lleguen los demás mañana, necesitan ver esto. Todos tienen que estar bien conscientes de en qué se están metiendo.

Y añadió en voz baja:

—Rara vez es sólo una.

Cuando me retiré a mi hamaca aquella noche, no pude dormir. La jungla, reverberando de sonidos, era mucho más ruidosa que de día. Varias veces oí animales grandes pasar junto a mí en la oscuridad, tropezándose torpemente en el sotobosque, rompiendo ramitas. Me quedé en la oscuridad, escuchando la cacofonía de la vida, pensando en la perfección letal de la serpiente y en su dignidad natural, lamentando lo que habíamos hecho, pero agitado por la llamada de atención.

La mordedura de una víbora como ésa, si llegas a sobrevivir, te cambia la vida. De una manera extraña, el encuentro agudizó la experiencia de estar ahí. Me maravilló que un valle tan primigenio y virgen pudiera existir en el siglo xxi. En verdad era un mundo perdido, un lugar que no nos quería ahí y al que no pertenecíamos. Al día siguiente planeábamos entrar en las ruinas. ¿Qué encontraríamos? Ni siquiera podía empezar a imaginarlo.

Capítulo 15

Todo este terreno, todo lo que ven aquí, ha sido modificado por completo por manos humanas

Me quedé despierto la mayor parte de la noche en la hamaca. Era un artilugio de alta tecnología: la parte inferior estaba hecha de nailon, encima tenía un mosquitero y arriba un toldo. Se entraba por un cierre a un costado, pero me hacía sentirme expuesto, y se mecía con cada movimiento que hiciera. Había dejado de tomar mi dosis semanal de cloroquina, un medicamento antimalaria, en un infructuoso intento por aliviar el insomnio que me había causado, un efecto secundario común. Pensé que no podía haber malaria en un lugar deshabitado como ése, aislado del mundo.

El clamor nocturno de la jungla era tan alto que tuve que usar tapones en los oídos. Chris, por otro lado, me confesó más tarde que grabó la selva nocturna en su iPhone y la reproducía en Colorado, para ayudar a calmarse cuando estaba estresado o molesto.

En algún punto de la noche me paré a orinar. Abrí la hamaca y me asomé afuera, sondeando el piso a mi alrededor con la linterna, en busca de serpientes. Había descendido una niebla fría y pegajosa, y la jungla goteaba de condensación. No había víboras, pero todo el suelo boscoso estaba cubierto de cucarachas brillantes —miles de ellas crujiendo en actividad frenética, como un flujo grasiento y nervioso—, junto a docenas de arañas negras inmóviles cuyos ojos múltiples refulgían como destellos verdes. Oriné a menos de un metro de la hamaca y me metí apurado otra vez. Pero incluso en ese breve instante fue imposible impedir que los jejenes inundaran el interior de mi hábitat. Pasé unos buenos quince minutos acostado de espaldas apuntando con la linterna, aplastando jejenes mientras flotaban por ahí o se paraban en el mosquitero encima de mí. Después de tener que salir a orinar por segunda vez, maldije el hábito británico de beber té antes de la cama y juré no volverlo a hacer.

El poco sueño que logré tener terminó para siempre a eso de las cinco de la mañana, a primera luz del día, cuando me despertaron los rugidos de los monos aulladores, que reverberaban por la jungla como Godzilla avanzando. Al emerger de la hamaca, la selva estaba cubierta de bruma, las copas desaparecían entre la neblina, goteaba agua por todos lados. Para ser un bosque subtropical, estaba sorprendentemente frío. Desayunamos huevos revueltos deshidratados y té ligero (aún no había llegado el café). Chris, quien parecía estar preparado para todo, había llevado píldoras de cafeína para una contingencia semejante y sacó algunas. (Decliné su oferta de compartirlas.) El AStar no podía entrar hasta que se fuera la niebla, lo que sucedió por fin a media mañana. El primer vuelo llevó a Steve Elkins y a dos miembros del equipo de filmación, Mark Adams y Josh Feezer.

Saludé a Steve luego de que despegara el helicóptero. Traía un bastón de caminata y cojeaba, a causa de un daño crónico en los nervios del pie.

—Lindo —dijo al mirar a su alrededor—. Bienvenidos al Four Seasons Mosquitia.

Alicia González, la antropóloga de la expedición, llegó en el segundo vuelo, junto con Anna Cohen, una doctorante en arqueología de la Universidad de Washington que era la socia de campo de Chris Fisher. Pronto me hice amigo de Alicia, que era una fuente asombrosa de conocimiento. Doctora por la Universidad de Texas en Austin, era una pequeña, alegre e imperturbable sexagenaria, antigua curadora mayor en el Museo Smithsoniano de los Indios Americanos. Tenía ancestros mexicanos, judíos y nativoamericanos, y era autoridad en rutas comerciales mesoamericanas y los pueblos indígenas de Honduras.

El helicóptero también llevó a Oscar Neil, jefe de arqueología del Instituto Hondureño de Antropología e Historia (IHAH). Neil era autoridad en las culturas antiguas de la Mosquitia. Descargamos el helicóptero con la prisa usual, lanzando todo a un montón para organizarlo y cargarlo al campamento después. Pasamos la mañana transportando suministros y equipo y organizando nuestros campamentos. Tomé una tienda y la instalé junto a mi hamaca, agradecido de estar en tierra firme. El suelo impermeable de la tienda mantendría afuera las serpientes, arañas y cucarachas. Agrandé mi zona de acampar con un machete, colgué un tendedero y me apropié una silla plegable de uno de los cargamentos, que instalé bajo mi hamaca. Ahí, protegido bajo el toldo, podía sentarme y escribir en mi libreta. Y podía almacenar mi ropa, libros, cámara y diarios en la misma hamaca, que resultó ser un compartimento impermeable práctico.

Al avanzar el día, Chris Fisher se volvió cada vez más impaciente, ansioso por comenzar la extraordinaria tarea de entrar a la ciudad perdida. Lo encontré en la margen del río, con su sombrero de vaquero, dando vueltas con un GPS Trimble en la mano. Woody nos había prohibido salir del campamento sin escolta, debido al peligro de las serpientes y de que nos perdiéramos.

—Es ridículo —dijo Fisher—. El sitio está justo ahí: ¡a doscientos metros de distancia!

Me mostró la pantalla LED del Trimble, que mostraba el mapa de lidar y nuestra posición en él. Pude ver que la ciudad sí estaba justo al otro lado del río, completamente escondida tras la cortina de árboles.

—Si Woody no libera a alguien que nos lleve, me voy solo. Al diablo las víboras.

Juan Carlos se nos unió a la orilla del río, con las manos en la cintura, observando el muro de árboles al otro lado. Él también estaba ansioso por aventurarse en las ruinas.

—No tenemos mucho tiempo —dijo.

Era cierto: sólo teníamos diez días posibles para explorar el valle, por el límite estricto del periodo de renta del AStar de Corporate Helicopters, en San Diego. Su piloto, Myles Elsing, tenía que volar de vuelta a Estados Unidos —un viaje de cuatro días— para otro encargo.

—Alguien tiene que hablar con Woody —dijo Fisher—. Por eso estamos aquí —hizo un ademán hacia el río y la ciudad escondida—, no por agua hervida ni puto té.

Por fin, a eso de las tres y media de la tarde, Woody accedió a dirigir un equipo de reconocimiento a la antigua ciudad. Nos dijo que estuviéramos en la ZdA en media hora, con el equipo de pernoctar de emergencia en las mochilas. Tendríamos una hora en las ruinas, no más.

A la hora acordada, nos reunimos en el cauce, apestando a DEET. Éramos ocho en el grupo: yo; Woody; Chris Fisher, con un machete en una mano y el GPS en la otra; Oscar Neil; Juan Carlos, también con un temible machete; Lucian Read, con una cámara de video, y Mark Adams, con un equipo de audio de campo de veinte kilos que consistía en un sistema de micrófonos inalámbricos, una grabadora portátil y un boom de metro ochenta con parabrisas. No podía creer que Mark fuera a cargar todo eso por la selva. Dave Yoder, también agobiado con su pesado equipo de fotógrafo, nos siguió en silencio avisor, sin dejar de disparar el obturador. Steve Elkins no pudo ir: el daño nervioso, causado por un disco deteriorado en la columna, le provocaba un malestar conocido como "pie pendular", en el que era incapaz de controlar la posición de su pie al caminar. Sintió que la selva era demasiado densa y las colinas demasiado empinadas para arriesgarse a lesionarse tan pronto en la expedición. No quería terminar en cama ni, peor aun, que lo tuvieran que evacuar. Fue un trago amargo.

—Si encuentran algo —dijo agitando un radio bidireccional—, llámenme.

Woody revisó las mochilas para asegurarse de que tuviéramos todos los suministros de emergencia y partimos, vadeando el río. Al otro lado encontramos una mata de heliconias que formaban un muro prácticamente sólido, pero los tallos carnosos cayeron fácilmente ante el machete. Woody abrió brecha a tajadas, un paso a la vez, con hojas y flores lloviendo a diestra y siniestra. La vegetación cortada formó una alfombra tan gruesa que no había manera de ver dónde poníamos los pies. Aún conmocionado por mi encuentro con la barba amarilla, no pude evitar pensar en todas las serpientes que estarían escondidas en la hojarasca. Cruzamos dos canales lodosos, hundidos hasta la cintura, luchando contra la ciénaga con ruidos de succión.

El terraplén más allá de la llanura aluvial estaba escarpado: cerca de cuarenta grados. Lo escalamos con pies y manos, agarrando raíces y hiedras y ramas, jalándonos hacia arriba, esperando en cualquier instante terminar cara a cara con una barba amarilla. Podíamos ver poco más de tres metros en cualquier dirección. El terraplén se aplanó abruptamente y llegamos a una larga zanja y montículo que Chris y Oscar examinaron y sintieron que estaban hechos por humanos. Parecían marcar el borde de la ciudad.

Y luego llegamos a la base de la presunta pirámide de tierra. La única indicación de que fuera artificial era que el suelo se elevaba abruptamente, en un cambio de pendiente antinatural. Sin embargo, hasta que Chris y Oscar me lo señalaron, nunca lo habría reconocido. No podíamos ver más que hojas. Ahí estábamos, al borde de una ciudad perdida, y no teníamos noción de la disposición ni distribución de los montículos y plazas tan nítidos en los mapas de lidar. La selva lo cubría todo.

Subimos con trabajos por el costado de la supuesta pirámide y llegamos a la cima. Ahí, frente a nosotros, había unas depresiones extrañas y rasgos rectilíneos que Chris creía que podrían ser los restos de una estructura, quizá de un pequeño templo. Oscar se hincó y, con una herramienta de mano, cavó un sondaje en el suelo. Dijo que veía evidencia de construcción deliberada. Atisbé las capas de tierra que había expuesto justo bajo la superficie, pero mi ojo inexperto no pudo distinguir nada.

Incluso en la cima de la pirámide, el punto más alto de la ciudad perdida, estábamos inmersos en un desorden de hojas, hiedras, flores y troncos. Chris alzó el GPS sobre su cabeza, pero le costó trabajo encontrar satélites por culpa de los árboles. Tomé muchas fotos con mi Nikon, pero todas terminaron mostrando lo mismo: hojas, hojas y más hojas. Hasta a Dave le costó tomar fotografías de algo más que un interminable océano verde de vegetación.

Descendimos por el costado de la pirámide hacia la primera plaza de la ciudad. Las imágenes de lidar indicaban que la plaza estaba rodeada en tres de sus lados por montículos geométricos y terrazas. Mientras Fisher intentaba obtener una lectura de GPS con su Trimble otra vez, para comenzar a cartografiar el terreno, Oscar dio un grito. Se arrodilló y sacudió de tierra y hierbas la esquina de una piedra grande, casi completamente invisible en el motín de plantas. La piedra tenía una superficie tallada. Después de arrancar y cortar un poco de vegetación, comenzamos a descubrir muchas más piedras, una larga fila, todas planas, descansando sobre trípodes de cuarzo blanco y redondo. Parecían altares.

—Tenemos que limpiar estas piedras —dijo Chris—, para ver si hay grabados, y necesitamos localizarlas en el GPS.

Sacó el *walkie-talkie* y llamó a Elkins, en el campamento, para darle la noticia.

Tuvieron una conversación emocionada que todos pudimos oír por el auricular del *walkie-talkie*. Elkins estaba extático.

—Esto prueba —le dijo a Chris— que sí usaban piedra cortada para construir. Significa que era un sitio importante.

El GPS por fin localizó suficientes satélites para que Fisher comenzara a establecer coordenadas y cartografiar la ciudad. Embistió la selva, abriéndose paso a tajos, marcando coordenadas, impaciente y decidido a sacarle el mayor provecho posible a nuestro tiempo limitado antes de tener que regresar al campamento. Apenas podíamos mantener el paso. Más allá de los altares alcanzamos la plaza central de la ciudad, que claramente alguna vez había sido un gran espacio público. Estaba tan plana como una cancha de futbol y más abierta que en otros lugares.

—Probablemente éstos fueran edificios públicos —dijo Fisher, indicando los largos montículos que rodeaban la plaza—. Quizá reservados a una élite o realeza. Todo esto habría estado abierto y muy impresionante. Imagino que esta zona era donde se hacían las ceremonias importantes.

Parado en la plaza, por fin comencé a tener una noción del tamaño y escala de la ciudad, aunque fuera limitada. Chris la cruzó a tajos, diciendo que había tres plazas más y un posible juego de pelota más adelante, junto con un montículo peculiar al que habíamos llamado el "autobús" porque eso parecía en la imagen de lidar. Esos montículos en forma de autobús eran prominentes en O1 y O3, estaban bien definidos y cada uno era de treinta metros de largo, diez de ancho y cinco de alto. También había visto varios en el sitio de Las Crucitas. Eran una estructura característica única de esta cultura.

Mientras el resto del equipo se quedó atrás despejando la vegetación de las piedras, Woody y yo seguimos a Fisher hacia el norte, tratando de no perderlo de vista. Llegamos a más montículos y un arroyo empinado que los cortaba. Al mirar el corte, pude ver que la erosión había expuesto lo que parecía pavimento de piedra que cubría una superficie antigua. Fisher se apuró a cruzar el arroyo, donde la jungla se volvía increíblemente densa. Yo no quería seguirlo a ese temible embrollo, y Woody tampoco. Le gritó a Chris que no siguiera adelante, que era hora de regresar, pero no pareció oírnos. Instantes después, vimos su sombrero de vaquero blanco desaparecer en la selva. El golpeteo rítmico de su machete dio paso al silencio.

—Maldita sea —murmuró Woody, y otra vez le gritó que regresara.

Silencio. Gritó de nuevo. Pasaron minutos. Aunque Woody no soliera expresar emociones, pude ver que la irritación y la preocupación crecían en su rostro. Justo cuando creímos que Chris había desaparecido, oímos su voz débil flotar entre los árboles y emergió del hoyo que había cortado en la vegetación.

—Nos preocupaba que te hubieras perdido —dijo Woody con voz cortante.

—No con esto —contestó agitando el GPS.

Woody ordenó el regreso. Mientras habíamos estado esperando a Chris, los demás habían llegado al arroyo. Usando su propio GPS, Woody identificó una ruta más directa de vuelta al campamento, siguiendo el arroyo hasta la llanura aluvial, donde encontramos otra barrera de heliconia por la que se abrió paso blandiendo su machete con mano experta, esparciendo flores a diestra y siniestra. Tuvimos que cruzar tres canales paralelos de lodo succionador, otra vez hundidos hasta la cintura. Al llegar al río, cubiertos de lodo, lo vadeamos y nos enjuagamos en él. Mientras los demás regresaban al campamento, me quité la ropa, la exprimí y la amontoné en la playa de piedras, y luego me acosté de espaldas en el agua fresca y me dejé flotar río abajo, mirando las copas de los árboles pasar lentamente.

De vuelta en el campamento, encontré a Steve en un catre afuera de su tienda, que había instalado junto a mi campamento al otro lado del árbol de los monos araña. Estaba tirado de espaldas, comiendo cacahuates y mirando directo hacia arriba con binoculares, hacia la tropa de monos araña. Ellos, a su vez, estaban en fila en una rama a quince metros de altura, observándolo y comiendo hojas. Era una vista graciosa, dos especies de primates curiosas observándose fascinadas.

Steve estaba completamente encantado por el descubrimiento de los altares y lleno de autorreproches por no habernos acompañado. Preguntó qué tan dura había sido la caminata, y le aseguré que aunque estuviera empinada y resbalosa, y los hoyos de lodo fueran impresionantes, sólo eran un par de cientos de metros y estaba bastante seguro de que podía lograrlo si se lo tomaba a su ritmo.

—Al diablo con la pierna —dijo—. Voy a ir allá mañana, cueste lo que cueste.

Esa noche nos sentamos a comer arroz deshidratado con frijoles a la luz de la linterna Coleman. Evité el té, pero sí le acepté una "copita" de whisky a Woody, racionada en una tapa de botella.

Chris estaba eufórico.

—Es justo lo que pensaba —dijo—. Todo este terreno, todo lo que ven aquí, ha sido modificado por completo por manos humanas.

En una exploración corta habíamos confirmado la precisión del sondeo mediante lidar y verificado en el terreno todos los rasgos vistos en las imágenes, junto con muchas cosas más. La "corroboración en el terreno" había comenzado.

El viento se levantó entre las copas de los árboles.

—Eso significa lluvia —dijo Woody—. En diez minutos.

El aguacero cayó puntual contra la fronda. Le tomó dos o tres minutos al agua abrirse paso entre el follaje y alcanzarnos en el suelo, y entonces comenzaron a caer cascadas por todos lados.

Capítulo 16

No puedo mover las piernas en absoluto. Voy para abajo

Al caer la noche me metí en mi tienda, contento de estar en tierra firme y fuera de la temible hamaca. Leí mi edición Dover de John Lloyd Stephens a la luz de la linterna, mientras la lluvia martillaba. A pesar del aguacero, víboras, lodo e insectos, me sentía emocionado, no sólo por la ciudad perdida, sino por la perfección salvaje del valle. Había estado en muchas zonas silvestres, pero nunca en un lugar de una pureza tan ilimitada como ése. La hostilidad del entorno sólo acrecentaba la sensación de ser los primeros en explorar y descubrir un lugar desconocido.

A las cinco me despertaron los rugidos de los monos aulladores por sobre el golpeteo de la lluvia. Era una mañana tan oscura que ni siquiera parecía que hubiera llegado el día. La selva estaba envuelta en una penumbra crepuscular, cubierta de niebla. Chris estaba despierto y, como de costumbre, impaciente hasta el fanatismo por continuar con su trabajo. Ya habían construido parte de la zona de reunión y cocina del campamento. Nos reunimos bajo lonas azules colgadas sobre varias mesas plegables de plástico. Una estufa de campismo estaba hirviendo agua y la otra calentando una olla de café, ahora que por fin había llegado el suministro. Afuera, la lluvia estaba convirtiendo el suelo selvático en un lodo grasiento que parecía profundizarse con cada hora que pasaba. El agua se juntaba en los huecos de la lona, que teníamos que empujar periódicamente con astas para sacar los charcos por los bordes.

Durante el desayuno, varias personas reportaron haber oído un jaguar acechando los márgenes del campamento a media noche, haciendo un ruido sordo y ronroneante. Woody nos aseguró que los jaguares casi nunca atacan humanos, pero yo lo dudé, dada la anécdota de Bruce Heinicke. A otros les preocupaba que los animales grandes que escuchaban tropezando por ahí pudieran estrellarse con una tienda; sin embargo, Woody lo descartó como poco probable, pues los animales que salen de noche pueden ver bastante bien en la oscuridad.

—Hay cuatro plazas más que quiero ver —dijo Chris entre tragos de café—. Río arriba hay un extraño montículo con forma de L. Quiero ir allá. Y a un kilómetro río abajo hay otro conjunto de plazas que quiero visitar. Hay mucho que hacer, vamos.

Me había puesto el impermeable, pero la lluvia era tan pesada que el agua comenzó a colarse de todos modos, y usarlo hizo que me sintiera pegajoso y acalorado. Me percaté de que nadie en el grupo de Woody traía equipo para lluvia: hacían sus cosas completa y felizmente empapados.

—Quítatelo —me dijo Woody—. Mejor terminar con eso de una vez. Confía en mí: en cuanto estés totalmente mojado, te sentirás más cómodo.

En cuanto lo hice quedé calado, y descubrí que Woody tenía razón.

Después del desayuno, aún con lluvia, todo el equipo expedicionario se reunió en la ribera, y salimos para nuestra segunda exploración del sitio. A pesar de su pierna lesionada, Steve Elkins se unió al grupo con un bastón de caminata azul. También fueron Alicia González y Anna Cohen. Vadeamos el río y recorrimos el sendero abierto el día anterior. Al llegar al segundo hoyo de lodo, Alicia batalló el caminar por el cieno, se atoró y —mientras la mirábamos horrorizados— se empezó a hundir.

—No me puedo mover —dijo con una calma impresionante, incluso mientras se hundía—. No puedo mover las piernas en absoluto. Voy para abajo. En serio, chicos, voy para abajo.

El lodo ya le llegaba a la cintura y cuanto más luchaba, más borboteaba a su alrededor. Era como algo sacado de una película de terror de bajo presupuesto. Woody y Sully saltaron dentro, la tomaron de los brazos y la sacaron lentamente. Ya que estuvo segura en tierra firme y con el lodo escurriendo, estuvo claro lo que había pasado: el lodo había llenado sus polainas antiserpientes mientras intentaba vadear, lo que había creado unos chanclos de cemento instantáneos que inexorablemente la jalaban hacia abajo a cada movimiento.

—Por un momento —dijo más tarde— creí que iba a tomar el té con las serpientes.

Elkins, por su parte, cruzó el hoyo de lodo con su bastón de caminata para mantener el equilibrio y logró trepar el resbaladizo terraplén usando raíces y tronquitos de agarraderas.

—Mañana fijamos sogas aquí —dijo Sully.

Al bordear la base de la pirámide nos llegaron ecos de gritos alegres y alguien cantando al otro lado del río. Sully llamó a Spud por el walkie-talkie y se enteró de que los soldados de las Fuerzas Especiales de Honduras, enviados a resguardar al equipo expedicionario, acababan de llegar de buen humor después de una caminata río arriba desde la intersección de la corriente. No habían llevado más que sus armas y la ropa que traían puesta: pretendían instalar su campamento detrás del nuestro y vivir de la jungla, construyendo sus refugios con ramas y hojas, cazando su comida y bebiendo del río.

—Dales una lona —dijo Sully—. Y unas tabletas para purificar agua. No quiero un montón de soldados con diarrea acampando cerca de nosotros.

Al llegar a los altares, Elkins se arrodilló y comenzó a despejarlos de hojas y escombros, pasando la mano por sus superficies talladas. Una de las piernas tenía una veta peculiar de cuarzo, que parecía haber sido enmarcada con cincel para resaltarla. Corría hacia el norte. Elkins sintió que era muy significativo, y alguien sugirió que podría haberse usado para canalizar sangre de sacrificios humanos. Chris entornó los ojos.

—No hay que exagerar la especulación, chicos. No tenemos idea de qué sea esto. Podrían ser piedras de cimientos, altares u otra cosa totalmente distinta.

Le pidió a Anna que despejara la zona y estudiara las piedras mientras él iba al norte a explorar las cuatro plazas. Alicia González y Tom Weinberg se quedaron atrás para trabajar con ella. Dave Yoder, con su equipo envuelto en plástico, se quedó a fotografiar junto con el equipo de filmación, que también batallaba por mantener su material a salvo de la lluvia. Hicieron que Elkins posara junto a las piedras, le adhirieron un micrófono de solapa y rodaron una entrevista.

Chris siguió adelante, de nuevo embistiendo la jungla como maniaco, con el machete centelleante. Todos los machetes que traíamos tenían franjas de cinta rosa fosforescente en la hoja, para poderlos ver y evitar. La vegetación era tan densa que era fácil entender cómo alguien podría terminar destazado por su vecino machetero, e incluso con la cinta fosforescente estuvo a punto de suceder un par de veces. Woody, Juan Carlos y yo tratamos de mantenerle el paso a Chris. Más allá del arroyo exploramos una segunda plaza, el doble de grande que la primera, también delineada por montículos, bermas y plataformas elevadas de tierra. Del lado contrario había otros dos montículos bajos y paralelos con un área plana en medio, que Fisher cartografió con su GPS. Creía que podía haber sido un juego de pelota mesoamericano, por su geometría y tamaño similares. Eso era particularmente interesante, pues indicaba un posible vínculo entre esa cultura y sus poderosos vecinos mayas al oeste y al norte. Más que el entretenimiento casual en el que pensamos cuando se trata de juegos de habilidad, en las culturas mesoamericanas el juego de pelota era un ritual sagrado que representaba la lucha entre las fuerzas del bien y del mal. Quizá también fuera una manera de evitar guerras al resolver conflictos por medio de un partido, que de vez en cuando terminaba con un sacrificio humano, incluyendo la decapitación del equipo perdedor o de su capitán.

Seguí a Chris y a Juan Carlos mientras se abrían paso a tajos por la selva, sondeando y cartografiando la plaza. Me intrigaba sobre todo ver el famoso montículo del "autobús", tan impresionante en las imágenes de lidar. En la vida real, era una construcción de tierra desconcertante, con una base bien definida y muros empinados.

—¿Qué rayos es? —le pregunté a Chris mientras la rodeaba, marcando coordenadas en su GPS.

—Creo que son los cimientos de un edificio público o de un templo —dijo, explicando que estaba situada en la punta de lo que alguna vez había sido una gran plaza, donde habría sido prominente—. Había algo encima que ya no está, construido con materiales perecederos.

La lluvia cesó, pero los árboles siguieron rociando millones de gotas. La luz se filtró hacia abajo; era de un verde nublado, como si atravesara el agua de un estanque. Me quedé inhalando el rico aroma de la vida, maravillado ante los montículos silenciosos, los árboles inmensos estrangulados por matapalos, las alfombras de hiedras colgantes, los gritos de las aves y los animales, las flores asintiendo bajo el peso del agua. La conexión con el mundo presente se disolvió, y sentí que de alguna manera habíamos pasado a un ámbito fuera del tiempo y el espacio.

La paz no tardó en ser rota por otro aguacero. Seguimos explorando. Abrirse paso por la selva era un trabajo fatigante y calador; éramos incapaces de ver dónde poníamos los pies y el suelo estaba resbaladizo como hielo. Escalamos y descendimos arroyos y colinas empinadas, traicioneros por el lodo. Aprendí por las malas que no debía agarrarme de un palo de bambú, porque a veces se rompía en partes afiladas y cortantes y me soltaba encima una carga de agua fétida que había acumulado en su tallo hueco. Otras agarraderas posibles presumían espinas despiadadas o ríos de hormigas rojas venenosas. Hubo un aguacero tras otro, como si alguien abriera y cerrara un grifo. A eso de la una, a Woody le preocupó que el río estuviera creciendo y fuera a impedir que pudiéramos cruzar de vuelta al campamento, así que volvió a donde Anna, Alicia y Tom estaban trabajando en la fila de piedras. Al despejar la zona, habían descubierto, en la esquina de la plaza, una escalera de piedra que descendía hacia la tierra, parcialmente enterrada por montículos desplomados. Hicimos una pausa bajo la lluvia mientras Woody pasaba un termo de té caliente, dulce y lechoso. Todos hablaban emocionados. Incluso con la mínima cantidad de despeje, teníamos una mejor noción de cómo era ese rinconcito de la ciudad, con su fila de piedras montadas sobre rocas. Sin duda parecían altares, ¿pero serían lugares de sacrificio, o asientos para gente importante, o alguna cosa más? Y la escalera de piedra que iba hacia ninguna parte era otro misterio. ¿Hacia dónde bajaba, una tumba o cámara subterránea? ¿O llevaría hacia algo que había desaparecido?

Tuvimos que irnos demasiado pronto. Partimos en fila india de vuelta al campamento, de nuevo rodeando la base de la pirámide. Era una ruta que habíamos tomado varias veces antes sin notar nada especial. Pero de pronto, Lucian Read, hasta atrás de la fila, gritó:

—¡Ey! ¡Aquí hay unas piedras raras!

Regresamos para verlas y se soltó el caos.

En un área amplia y hueca, docenas de esculturas de piedra extraordinarias apenas sobresalían del suelo. Los objetos, atisbados entre hojas y hiedras y cubiertos de musgo, tomaron forma en la penumbra selvática. Lo primero que vi fue la cabeza de un jaguar gruñendo en el suelo boscoso; luego, el borde de una vasija decorada con una cabeza de buitre y otros jarrones de piedra tallados con serpientes; junto a ellos había un conjunto de objetos que parecían tronos o mesas, algunos con lo que a primera vista parecían ser inscripciones o glifos labrados en orillas y patas. Todos estaban casi completamente enterrados, con sólo las puntas visibles, como icebergs de piedra. Yo estaba estupefacto. Esas esculturas estaban en hermosas condiciones y probablemente habían yacido intactas desde hacía siglos…. hasta que nos tropezamos con ellas. Eso era prueba, si la necesitábamos, de que ese valle no había sido explorado en tiempos modernos.

El grupo se arremolinó en la zona, empujándose y lanzando exclamaciones de asombro. El equipo fílmico estaba rodando y Dave Yoder también estaba ahí, tomando fotos como demente, mientras yo también sacaba mi Nikon para fotografiar bajo la lluvia. Chris, el arqueólogo, comenzó a gritar que todos retrocedieran, maldita sea, que no tocaran nada, que dejaran de pisotear todo, que tuvieran cuidado, ¡por Dios! Maldiciendo y sacando a la gente, por fin acordonó la zona con una cinta de escena del crimen que decía CUIDA-DO, y que había estado cargando (con una previsión impresionante) en su mochila.

—Nadie pasa de la cinta —dijo—, más que Oscar, Anna y yo.

Steve, recargado en su bastón de caminar, exhausto y dolido por la demoledora caminata hacia las ruinas, estaba alucinado.

—¡Es sorprendente —dijo— que exista este lugar, esta joya de lugar, lo más puro posible, inalterado durante siglos!

La lluvia caía a cántaros a nuestro alrededor, pero nadie le prestaba atención.

—Cuando estás aquí y ves lo lleno de vegetación que está —continuó—, qué tan enterrado está, comprendes lo poco probable que sería tropezarse con esto. En un sentido metafísico, es como si nos hubieran dirigido hacia acá.

Chris Fisher también estaba un poco conmocionado.

—Esperaba encontrar una ciudad —me dijo más tarde—, pero no esperaba esto. El contexto inalterado es raro. Puede que sea una ofrenda o un depósito ritual. Es una demostración ritual poderosa sacar objetos valiosos de circulación.

Sobre todo le impresionó la cabeza tallada de lo que, para él, podría ser el retrato de un "hombre-jaguar", que mostrara a un chamán "en estado espiritual o transformado". Como la figura parecía traer puesto un casco, también se preguntó si estaría conectada con el juego de pelota.

—Pero todo esto es especulación: simplemente no lo sabemos.

Sospechaba que mucho, mucho más yacía bajo la superficie.

Y sí lo hacía, como revelaron las excavaciones posteriores. El depósito era vasto, de más de quinientas piezas, pero aún más intrigante que su tamaño era su mera existencia. Ese tipo de colección ritual de artefactos en particular parece ser un rasgo especial de las ciudades perdidas de la antigua Mosquitia —no se las ha visto en la cultura maya ni en ningún otro lugar—, lo que significa que podrían tener la clave de lo que distingue al pueblo de la Mosquitia de sus vecinos y define su lugar en la historia. ¿Qué propósito tendrían esos depósitos? ¿Por qué los habían dejado ahí? Aunque depósitos similares habían sido reportados antes en la Mosquitia, ninguno había sido encontrado tan intacto, lo que ofrecía una oportunidad única de estudiar y excavar sistemáticamente el lugar. La importancia de esa ofrenda sería el mayor descubrimiento de la expedición hasta la fecha, uno que tenía implicaciones importantes mucho más allá de la Mosquitia. Pero pasaría un año antes de que entendiéramos el alcance de esos descubrimientos.

Incluso con la intensa emoción y el buen ánimo, la caminata de vuelta al campamento fue agotadora, pues las pendientes empinadas eran imposibles de descender más que en una suerte de tobogán semicontrolado. A pesar de la preocupación de Woody, el río no había crecido mucho y seguía siendo vadeable. La lluvia amainó; el cielo comenzó a aclarar, y tuvimos la esperanza de que el helicóptero pudiera volver pronto con más suministros necesarios para el campamento, que aún estaba a medio instalar. Nos faltaban comida y agua; generadores para cargar las laptops y las baterías del equipo de filmación, y necesitábamos instalar una tienda médica y tiendas de invitados para los científicos que llegarían los días subsecuentes.

De vuelta en el campamento, Chris declaró que ahora iba a explorar lo que en las imágenes de lidar parecía ser una estructura de tierra detrás de nuestro campamento. Su energía era impresionante. Caminamos detrás del campamento, pasando por el de los soldados. Estaban construyendo una casa comunal con una de nuestras lonas, y pavimentando el suelo lodoso con una gruesa capa de hojas. Tenían prendido un fuego —no tengo idea de cómo lo hayan logrado en la lluvia— y uno de ellos estaba regresando de cazar con una grupa de venado echada al hombro. Después resultó que el venado era un temazate en peligro de extinción; una semana después, el ejército ordenó a los soldados que dejaran de cazar y comenzó a enviar raciones de comida militar. Los soldados nos dijeron que les había tomado casi cinco horas el trayecto a pie hasta nuestro campamento desde la zona de aterrizaje en la intersección de los ríos, a cinco kilómetros de distancia. Habían caminado por el agua, vadeando contracorriente, más fácil y seguro que tajar la selva.

Detrás del campamento de los soldados, una pendiente inclinada se disparaba hacia arriba. Era la anomalía que quería explorar Chris. Escalamos hasta la cumbre y bajamos del otro lado, en un área oval de fondo plano, entre lo que parecían ser diques o laderas de tierra hechas por humanos. El área estaba abierta, con poco sotobosque. Parecía una alberca grande, de fondo plano y paredes empinadas. Un pequeño desagüe en una orilla llevaba de vuelta al área plana en la que acampamos. Al otro extremo, una acequia que parecía un camino antiguo bajaba por el costado de la colina. Chris concluyó que esa estructura probablemente había sido un depósito para almacenar agua durante la temporada de lluvias y liberarla durante la temporada de sequías para irrigar plantíos en la zona en la que estábamos acampando. "Toda esa terraza en la que estamos probablemente fuera un área de cultivo", dijo, que habían aplanado artificialmente. Parte pudo haber sido una arboleda de cacao: Alicia González había identificado lo que creía que eran arbolitos de cacao cerca de su campamento.

Las nubes oscuras se alejaron, y por fin aparecieron franjas de cielo azul por primera vez en el día. Emergió un sol lechoso, que enviaba lanzas de luz a través del follaje nebuloso. Una hora después oímos el ruido sordo del helicóptero, que provocó de nuevo un coro furioso de monos aulladores. Tuvimos dos visitantes: el teniente coronel Oseguera, que había ido a revisar la situación de sus tropas, y Virgilio Paredes, el director del IHAH. El coronel fue a supervisar a sus tropas mientras Virgilio se retiraba al área de cocina y escuchaba con interés a Steve y Chris contarle el descubrimiento del depósito. Era demasiado tarde para regresar, así que Virgilio y el coronel decidieron pasar la noche y visitar el sitio al día siguiente.

Yo había conocido a Virgilio en 2012, durante el sondeo mediante lidar. Era un hombre alto y pensativo que, aunque no fuera arqueólogo, hacía preguntas profundas y se había matado por volverse un gran conocedor del proyecto. Hablaba un inglés fluido. Descendía de una antigua familia judía sefardí llamada Pardes, que salió de Jerusalén en el siglo XIX y emigró a Segovia, España, donde castellanizó su nombre a Paredes. Durante el régimen fascista de Franco su abuelo partió a Honduras. Su padre estudió medicina allá y se convirtió en bioquímico y empresario, pero ahora, cerca de su jubilación, estaba considerando "hacer Aliá" y mudarse a Israel.

Virgilio fue criado católico, asistió a la Escuela Americana de Tegucigalpa, obtuvo una maestría en economía de la Escuela de Economía de Londres y vivió y estudió en distintos lugares del mundo, como Alemania y Trinidad y Tobago. Estaba trabajando para la Secretaría de Cultura cuando fue el golpe de 2009 y el presidente interino le pidió que encabezara el IHAH. Fue un gran cambio: durante los últimos sesenta años, el IHAH había estado encabezado por un académico, pero el nuevo gobierno quería un administrador. Algunos arqueólogos mostraron su descontento.

—Los académicos estaban peleando contra el sector turístico —me dijo Virgilio—. Si tienes la gallina de los huevos de oro, los arqueólogos no quieren que produzca ninguno, pero los de turismo quieren abrirla de tajo para sacarle todos los huevos a la vez. Debería haber un equilibrio.

Conocía la historia de la Ciudad Blanca desde que era niño. Cuando oyó por primera vez que el grupo de Steve la estaba buscando, pensó que todo el proyecto era "un galimatías". Desde que había asumido el puesto, un flujo constante de locos había pasado por su oficina o le había enviado correos electrónicos sobre la Atlántida o naufragios legendarios con millones de dólares en oro. Creía que Steve estaba en la misma categoría.

—Dije: ¡A otro perro con ese hueso!

Pero cuando Steve describió la lidar y cómo tenía el potencial de revelar los secretos de la Mosquitia, Paredes se interesó: se trataba de tecnología seria y Steve y su equipo le parecieron gente capaz.

La lluvia comenzó de nuevo. Después de la cena y otra copita me retiré a mi campamento, me quité la ropa enlodada, la colgué en el tendedero para que la enjuagara la lluvia y me metí a rastras en mi tienda. Mi campamento —y el resto del lugar— ahora era un mar de lodo. Les robé la idea a los soldados de pavimentar el fango frente a mi tienda con hojas cerosas, una estrategia fallida. Adentro, el lodo se había escurrido bajo la tienda, y mi piso impermeable estaba blando como cama de agua.

Al instalarme en mi saco de dormir, pude sentir insectos arrastrarse sobre mí. Debieron estar sobre mí todo el tiempo sin que me percatara hasta que dejé de moverme. Con un grito abrí el saco y encendí la linterna. Estaba cubierto de feas ronchas y franjas rojas, cientos de ellas, ¿pero dónde estaban los bichos? Sentí que algo me picaba y me lo arranqué: era una nigua del tamaño de un grano de arena, casi demasiado pequeña para ver. Traté de aplastarla, pero el caparazón era demasiado duro, así que la puse con cuidado sobre la tapa de mi libro de John Lloyd Stephens y la apuñalé con la punta de mi cuchillo, con un crujido satisfactorio. Para mi horror, no tardé en descubrir más niguas, no sólo en mi piel, sino también en mi saco, donde habían caído algunas. Pasé media hora recolectándolas, poniéndolas en el bloque de ejecución y apuñalándolas. Pero las diminutas criaturas eran casi invisibles en mi cama, así que me cubrí de DEET y me resigné a dormir con ellas. Al final del viaje, la tapa del libro estaba tan llena de marcas de cuchillo que lo tiré.

En el desayuno, Alicia reportó haber oído otro jaguar y un sonido susurrante y débil arrastrándose junto a su tienda, que estaba segura de que era una víbora muy grande.

Capítulo 17

Éste es un lugar muy antiguo,
un lugar de embrujos, dicen

La mañana de nuestro tercer día en la jungla caminamos hasta el lugar del depósito con Virgilio, el coronel y cuatro soldados. Incluso con las sogas que Sully y Woody habían fijado, costó trabajo subir la colina. Chris le pidió a Anna Cohen que se encargara de despejar de vegetación el sitio, marcar cada objeto, inventariarlos, registrarlos y bocetearlos todos in situ. Los soldados ayudarían. Chris, Woody, Steve y yo partimos a explorar el norte de la ciudad. Con Chris en la punta, cruzamos la plaza 1 y atravesamos el arroyo hacia la plaza 2. Nos abrimos paso a tajos entre matas de bambú, hiedras y plantas. Fisher tenía una larga lista de rasgos vistos con la lidar que quería visitar en campo, y su GPS nos metió en una jungla ferozmente densa. En algunos lugares era como cavar un túnel a través del verdor. Visitamos más montículos, los restos de casas importantes y estructuras ceremoniales, dos estructuras más con forma de autobuses y varias terrazas. Llegamos a un claro en el follaje, donde el colapso de un árbol alto se había llevado consigo a una docena más y creado una apertura hacia el cielo. El sotobosque se había amotinado en esa repentina riqueza de luz solar, amasándose en un matorral impenetrable de bambú y uñas de gato que rodeamos. La visibilidad entre la broza era tan limitada que Woody, Chris y yo casi siempre nos manteníamos en contacto auditivo, no visual, aunque no estuviéramos a más de cuatro metros de distancia.

Al volver al depósito después de un largo circuito de la ciudad, encontramos al equipo en otro alboroto menor. Mientras los soldados estaban despejando el área y Anna comenzaba a bocetar, una barba amarilla irritada había saltado de debajo de un tronco en medio de todos y causado pánico. Se quedó el tiempo suficiente para que la fotografiaran minuciosamente —el equipo de filmación estaba encantado de tener una extra inesperada en el set—, pero cuando Sully trató de capturarla y moverla, escapó de vuelta debajo del tronco, donde se quedó, completamente enfadada. Como resultado, nadie podía entrar al área detrás del tronco, que podíamos ver que estaba repleta de artefactos.

Virgilio, Steve, Woody y yo continuamos hacia el campamento. Virgilio se fue en el helicóptero, ansioso por reportar al presidente el descubrimiento del depósito. Mientras tanto, el AStar, que había seguido llevando suministros, casi cae a manos de un buitre aquella tarde. El piloto se había ladeado para evitar al ave, pero de todos modos golpeó una de las aspas y sus entrañas fueron succionadas al espacio de transmisión en la base del cigüeñal. El contenido podrido de su última comida creó un desastre asqueroso en la transmisión y llenó la cabina de una peste aterradora. El casi accidente nos recordó lo dependientes que éramos de los dos helicópteros, nuestra única conexión con el mundo exterior. Si nos quedábamos varados, la evacuación habría implicado un viaje a campo traviesa de semanas, con suministros limitados.

Mientras estábamos en las ruinas, Alicia había pasado el día hablando con los soldados de Fuerzas Especiales en su campamento detrás del nuestro, y me daba curiosidad oír los datos antropológicos que hubiera recabado. Muchos de los soldados de Fuerzas Especiales que participaban en la Operación Bosque eran de grupos indígenas hondureños. Algunos venían de Wampusirpi, el pueblo indígena más cercano, en el río Patuca, a unos cuarenta kilómetros por aire, una aldea aislada que normalmente sólo es accesible por agua. ¿Qué opinaban de todo esto los soldados?

—Fue maravilloso —me dijo Alicia—. Me dijeron que nunca habían visto un lugar así, y lo dijeron con alegría. Sentían que estaban en el paraíso. Por supuesto, algunos de ellos sólo quieren volver con sus novias. Pero la mayoría está encantada de estar aquí.

Algunos sentían que la naturaleza fortificada del valle lo convertía en una suerte de lugar sagrado. Había persuadido a uno de los soldados, un pech, de que marcara los árboles de cacao para que pudiera cartografiarlos y ver si sí eran los restos de una antigua arboleda cultivada. El chocolate era sagrado para los mayas, que atesoraban el cacao y lo consideraban la comida de los dioses. Estaba reservado para los guerreros y la élite gobernante, y las vainas a veces se usaban como dinero. El chocolate también estaba involucrado en el ritual del sacrificio humano. Es muy probable que los árboles de cacao y el tráfico de chocolate tuvieran un papel importante en la antigua Mosquitia: habría sido un bien valioso comerciado con los mayas.

—Dice que es una variedad muy antigua con vainas pequeñas —dijo Alicia—. La Mosquitia está llena de cacao.

(En retrospectiva se despertaron dudas, nunca resueltas, sobre si sí eran árboles de cacao o de una especie emparentada.)

Unos días después, algunos soldados llevaron a Alicia a Wampusirpi en el helicóptero militar, para que conociera a sus familias. Ella les enseñó fotos que había tomado con su teléfono de la deforestación al noreste de Catacamas.

—Estaban conmocionados —dijo, y muy preocupados—. Dijeron: "¡Con razón se están secando los ríos, se están yendo los animales, se están muriendo los peces!".

Wampusirpi tiene una cooperativa de cacao orgánico, que produce bloques de chocolate puro y envía al mercado por río. Los aficionados al chocolate dicen que es de los mejores chocolates de fuente única en el mundo. Algunas vainas de cacao son cosechadas de árboles silvestres que crecen en los bosques de la Reserva de la Biósfera que rodea al pueblo. Los hombres cosechan las vainas y las mujeres las fermentan y tuestan. Alicia hizo un tour por la cooperativa y le dieron un ladrillo de chocolate amargo puro de dos kilos.

En respuesta a sus preguntas sobre la Ciudad Blanca, o la Casa Blanca, como la llaman los pech, le presentaron a un octogenario. Contó la historia mientras se reunían los niños a su alrededor.

—Dijo que los gringos vinieron hace mucho tiempo y se llevaron todo el oro y profanaron la Casa Blanca. Dijo que la Casa Blanca está en lo alto de las montañas; es a donde fueron los *sukia*, los chamanes, y está controlada por ellos. Éste es un lugar muy antiguo, un lugar de embrujos, dicen, habitado por gente anterior a los pech.

La mañana del 21 llegó como de costumbre: nebulosa, goteante, fría y húmeda. Llevaba cuatro días en la selva, y parecía que el tiempo pasara demasiado rápido. A las ocho de la mañana caminamos medio kilómetro río arriba para ver la estructura con forma de *L* tan prominente en las imágenes de lidar. Caminamos por el cauce mismo, más fácil y seguro que tratar de abrirnos paso por la jungla en cualesquiera de los márgenes.

La estructura en forma de *L* claramente había sido hecha por humanos, era una gran plataforma geométrica de tierra elevada unos tres metros sobre la llanura aluvial. Árboles enormes crecían a su alrededor y sobre ella. Uno de ellos era monstruoso, con un tronco de por lo menos seis metros de diámetro. Le tomé un montón de fotografías, algunas con Steve, y él me tomó varias. Según Chris, la plataforma probablemente haya soportado un barrio de casas bien aglomeradas, elevadas sobre la zona de aluvión de temporal, con campos de cultivo en el humedal de abajo. Al salir, mientras bajaba con trabajos por un terraplén empinado, tropecé y caí al río. No me pasó nada, pero mi cámara Nikon no sobrevivió. Por suerte, pude recuperar todas las fotografías de la tarjeta al regresar a la civilización. Al día siguiente pedí que me llevaran mi teléfono con cámara.

Caminamos río abajo unos ochocientos metros, hasta una serie de plazas que resaltaban en las imágenes de lidar. Durante el trayecto, el río anónimo se reveló como uno de los más hermosos que había visto, con agua cristalina corriendo sobre un lecho de piedras, con bancos de grava, prados soleados repletos de flores, ondulaciones y pozas, y de vez en cuando una pequeña cascada. En algunos lugares los árboles enormes y la demás vegetación se inclinaban sobre el río, convirtiéndolo en un furtivo túnel verde acechado por el sonido del agua. Cada curva revelaba algo nuevo: un rápido reluciente, un tronco cubierto de helechos, una poza profunda centelleante de peces plateados, guacamayas y garcetas nevadas elevándose entre las copas. Me dolió no tener cámara para registrar esas imágenes.

Según nuestros mapas de lidar, el río hacía una vuelta en *U* muy cerrada a medio camino de nuestra meta. Woody decidió que podríamos ahorrar tiempo con un atajo. La ruta nos sumergió en selva densa, sólo podíamos ganar cada centímetro con la hoja de un machete. Cruzamos una cresta y bajamos a un arroyo, que seguimos hasta el río. Después de una hora nos detuvimos a descansar en un banco de grava frente a las presuntas ruinas y almorzamos.

Hablamos de lo difícil, si no es que imposible, que habría sido explorar el valle y sus ruinas antes del advenimiento del GPS y la lidar. Sin los mapas de lidar, podríamos haber caminado por entre las ruinas de O1 sin siquiera percatarnos de que existían. Sólo con mapas de lidar y GPS sabíamos dónde buscar rasgos que de otro modo estaban velados por la vegetación. El muro de árboles al otro lado del río, después de un prado, no daba ninguna pista de los montículos y plazas que sabíamos que estaban ahí.

Después del almuerzo vadeamos el río y entramos en un campo de pasto denso, a la altura del pecho. No dejamos de pensar nunca en serpientes, porque no había manera de ver dónde poníamos los pies. Entramos en la selva aliviados y llegamos al primer montículo empinado, otro autobús. A cada lado se extendían montículos paralelos. Chris sugirió que ese sitio era una extensión de la ciudad superior, pero Oscar creía que era un asentamiento completamente separado. No se trataba de un desacuerdo trivial. Las imágenes de lidar mostraban que había diecinueve sitios importantes repartidos por el valle, todos cercanos. ¿Formarían parte de la misma entidad política —de la misma unidad económica y política—, de la misma ciudad? ¿O serían aldeas separadas cada una con su propio gobierno? Hasta ahora la evidencia sugiere que la mayoría, pero no todas, era parte de una ciudad extendida, pero el asunto permanece irresuelto.

Exploramos el sitio durante varias horas. Se parecía mucho al primer conjunto de plazas, pero era más pequeño. Escalamos una colina cercana con la esperanza de que fuera otra pirámide de tierra, pero en la cumbre, Chris y Oscar concluyeron que tan sólo era una colina naturalmente cónica. Encontramos más filas de piedras planas como altares, varias áreas de plaza aplanadas y montículos en forma de autobús. De salida, justo en el borde de uno de los montículos, pasamos sin percatarnos junto a una barba amarilla enorme. Lucian (otra vez en la retaguardia) la detectó. Todos habíamos pasado a medio metro, tan cerca que fácilmente pudimos haberla pisado o rozado. La víbora siguió apaciblemente dormida, con la cabeza metida entre sus bucles chocolate. Era prácticamente invisible entre los despojos selváticos, aunque pareciera tener entre 1.5 y 1.8 metros de longitud, casi tan grande como la que matamos la primera noche.

Al regresar al campamento, habían llegado más invitados. Tom Lutz, escritor, crítico literario y fundador de *Los Angeles Review of Books*, estaba cubriendo la expedición de manera independiente para el *New York Times*. Bill Benenson, el codirigente y apoyo financiero de la expedición, llegó con él.

La lluvia comenzó de nuevo —un aguacero tremendo—, y me guarecí bajo mi hamaca, escribiendo en mi diario, antes de reunirme con el grupo bajo el toldo de la cocina. La atmósfera era de trabajo concentrado: Dave Yoder estaba descargando cantidades enormes de fotografías a discos duros, mientras Lucian Read y el equipo de filmación se entretenían con su equipo, limpiándolo y trabajando para mantenerlo seco —una tarea interminable— y cargando baterías con los generadores recién llegados. Los exsas estaban ocupados cortando bambú para poner senderos sobre el lodo cada vez más profundo. Toda la zona de acampar se estaba inundando, y al crecer el fango, entró a raudales bajo los toldos.

La lluvia continuó toda la tarde. Aquella noche, después de la cena deshidratada usual, nos quedamos bajo los toldos, con el trabajo del día por fin terminado. Woody trató de encender un fuego cavando un hoyo en el suelo, bañando un rollo de toallas de papel en gasolina, apilando leña mojada encima y prendiéndolo. Pero el agua acumulada no tardó en alcanzar el agujero, inundarlo y apagar la miserable fogata.

Había estallado un desacuerdo esa mañana sobre qué hacer con el depósito de artefactos. Steve convocó una junta general por la noche. Nos reunimos en un semicírculo de sillas a la luz de las linternas, apestando a DEET y moho, bebiendo té o café y aplastando insectos, mientras el martilleo constante de la lluvia sonaba contra los toldos.

Steve abrió la discusión explicando que el sitio corría un grave peligro de saqueo. Incluso si no lo hubiéramos encontrado, señaló, la deforestación estaba a menos de quince kilómetros de la entrada del valle y se acercaba rápidamente. En ese sentido, lo habíamos salvado de la destrucción, pero sólo temporalmente. Virgilio había estimado que la tala ilegal llegaría al valle en ocho años o menos, lo que resultaría en el saqueo inmediato del depósito, que quizá valiera millones de dólares. Lo más ominoso era que los soldados hondureños habían reportado que los narcotraficantes estaban abriendo una pista de aterrizaje en la selva al otro lado de la entrada del valle. Suficiente gente conocía la localización de O1, dijo Steve, para que la olla ya estuviera destapada; los narcos tenían el dinero y los aviones: saquearían el lugar en cuanto partiéramos. Sentía que el equipo debería llevarse un artefacto: para comprobar lo que habíamos encontrado y para recabar fondos para excavar el sitio lo más pronto posible.

—Abrimos la caja de Pandora —dijo, y ahora teníamos la responsabilidad de proteger los artefactos.

Bill Benenson estaba de acuerdo, arguyendo que llevarse algunos objetos no dañaría el contexto, que era una suerte de arqueología de salvamento, y que sacar un artículo hermoso sería una efectiva estrategia de recaudación de fondos para interesar donadores en la preservación del valle y las ruinas. Y si saqueaban el sitio, lo que parecía posible, por lo menos se habría salvado un artefacto.

Después habló Chris Fisher. No hizo concesiones.

—El mundo entero estará observando lo que hagamos aquí —dijo con la voz levantada.

Estaba resueltamente opuesto a la excavación apresurada de un solo objeto. En primer lugar, señaló, no teníamos permiso de excavar. En segundo, y lo más importante, el valor de los objetos estaba en su contexto, no en las piezas individuales. Ya había piezas así en las colecciones de los museos, pero nunca se había excavado un depósito así in situ. Una excavación legal y cuidadosa por parte de arqueólogos calificados podría revelar muchísimo de esa cultura. Los análisis químicos podrían mostrar, por ejemplo, si las vasijas contenían ofrendas de comida, como chocolate o maíz. Podría haber tumbas regias debajo, y había que tratarlas con cuidado y dignidad. Dijo que si alguien excavaba algo en ese momento, renunciaría de inmediato al proyecto, porque iba contra su ética profesional. ¿Y si, en tres semanas, saqueaban el depósito?, preguntó Benenson.

—Así sea —dijo Chris.

Dijo que no cometeríamos actos poco éticos en prevención a los actos ilegales de otros. No debíamos hacer nada que la comunidad arqueológica pudiera considerar poco profesional. Y además, dijo, no era nuestra decisión; ése no era nuestro país; se trataba del patrimonio nacional de Honduras. Era su sitio y su decisión si excavaban o no. Pero le rogaba a Dios que los hondureños no tomaran la decisión equivocada, porque excavar a las prisas, en ese instante, no sólo pondría a la comunidad arqueológica contra el proyecto, sino que destruiría el principal valor del descubrimiento.

Chris se volvió hacia Oscar Neil y le preguntó en español:

—¿Tú qué opinas?

Hasta entonces, Oscar había estado escuchando en silencio. Como jefe de arqueología de Honduras, la decisión de excavar recaía en él, en conjunto con Virgilio Paredes. Contestó en español que estaba totalmente de acuerdo con Chris. Señaló que los mismos narcotraficantes que Steve había mencionado como amenaza de hecho mantendrían a raya a los saqueadores, porque no los querrían en su territorio.

—Los narcos son los dueños del territorio periférico —dijo.

La jungla impenetrable misma era protección: los artefactos llevaban ahí quizá ochocientos años, y mientras la selva permaneciera inalterada, estarían salvaguardados de manera natural. Los saqueadores estaban interesados en sitios más accesibles, y había varios a los que era mucho más fácil llegar que a ése. Los narcos no se molestarían en saquearlo: tenían su propio negocio, mucho más lucrativo. Finalmente, dijo, el ejército hondureño ya estaba discutiendo planes para entrar, patrullar el valle y establecer el poder del gobierno de Honduras en lo que básicamente era una zona fuera del control soberano.★

Los argumentos de Oscar y Chris triunfaron y se decidió dejar todo in situ, inalterado por el momento, para esperar una excavación correcta y cuidadosa.

Después de la junta, Sully me tocó el brazo y me habló en voz baja:

★ Tom Lutz después escribió un interesante recuento de esta discusión en el *New York Times*, en una tribuna titulada "Finding This Lost City in Honduras Was the Easy Part" (Encontrar esta ciudad perdida en Honduras fue la parte fácil), publicado el 20 de marzo de 2015.

—Conozco a los soldados. Yo fui soldado. Puedo decirte que el peligro no viene de unos narcotraficantes ni de saqueadores externos, viene de justo aquí.

Señaló con la cabeza el campamento militar detrás del nuestro.

—Ya están planeando cómo hacerlo. Allá arriba están marcando cada sitio con GPS. Río abajo están aumentando su ZdA. El ejército no va a dejar entrar saqueadores porque ellos son los saqueadores. Cuando se vayan, todo va a desaparecer en una semana. He visto este tipo de corrupción por todo el mundo: créeme, eso es lo que va a pasar.

Me lo dijo aparte, y aunque me preocupara que tuviera razón, se había tomado la decisión: dejarían intacto el depósito. Sully mantuvo su opinión en privado, y no la compartió con Chris ni con Oscar.

Para entonces, los senderos se habían convertido en una sopa de lodo tan profunda que nos llegaba a los tobillos. Me desnudé afuera de mi tienda, colgué mi ropa y me arrastré adentro. Ahí me quité las niguas y las apuñalé sobre mi libro y aplasté los jejenes que se habían metido. Me quedé acostado en la oscuridad, miserablemente mojado, escuchando las bestias nocturnas usuales andar a trancos alrededor de mi tienda y pensando que quizá a fin de cuentas los chicos del SAS no habían exagerado los desafíos de ese lugar.

Capítulo 18

Éste era un lugar olvidado, ¡pero ya no lo es más!

Como de costumbre, se cayó el cielo toda la noche, a veces con una ferocidad ensordecedora, y seguía lloviendo cuando sonó el despertador de los monos aulladores.

Cuando salí de mi tienda y me puse la ropa empapada, Steve, al lado, estaba mirando a los monos araña, que se veían tan miserables como nosotros. Se preguntaba cómo podían soportar la lluvia un día tras otro. Se suponía que era temporada de sequías en Honduras, pero en esa zona remota parecía prevalecer una suerte de microclima demente.

Durante el desayuno, la discusión viró hacia O3. El mal clima impediría el reconocimiento aéreo de O3 planeado para el día. La otra ciudad yacía a unos treinta kilómetros al norte y Chris estaba apasionadamente ansioso por echarle un vistazo, por lo menos desde el aire, si el cielo se abría.

Esperamos una pausa en la lluvia. Cuando llegó, el AStar apareció con dos miembros más de la expedición: Mark Plotkin, el célebre etnobotánico, presidente del Equipo de Conservación del Amazonas y autor del éxito de ventas *Aprendiz de chamán*, y su colega el profesor Luis Poveda, un etnobotánico de la Universidad Nacional de Costa Rica. Tenían la esperanza de registrar y estudiar la botánica del valle O1, sobre todo en relación con sus antiguos habitantes; planeaban inventariar cualquier planta que quedara del legado precolombino, y también identificar árboles biológicamente útiles y plantas medicinales. Casi inmediatamente después de que se fuera el helicóptero, volvió la lluvia. Empacamos para otra caminata por las ruinas. Aquella vez, Juan Carlos cargó una enorme maleta de plástico colgada a la espalda. Dentro había una unidad terrestre de lidar de ciento veinte mil dólares, una máquina sobre un tripié, con la que pretendía escanear el depósito de esculturas.

Mientras ascendíamos por las sogas fijas en la pendiente resbaladiza, el profesor Poveda, septuagenario, cayó y rodó por la colina, y se esguinzó la pierna. Tuvieron que cargarlo al campamento y evacuarlo en helicóptero más tarde. En el depósito estaba cayendo tanta agua que Juan Carlos tuvo que esperar una hora antes de atreverse a sacar la máquina de lidar de su caja. La instaló en la pendiente al pie de la pirámide, justo encima del conjunto de esculturas. Hincado en el lodo, con una lona sobre su cabeza, manipuló su MacBook Pro, conectada a la unidad de lidar como controlador. Parecía dudoso que su equipo sobreviviera la prueba. Por fin, horas después, la lluvia amainó lo suficiente para que descubriera la máquina e hiciera un escaneo de once minutos del sitio. Su intención era hacer seis escaneos, desde ángulos distintos, para completar una imagen tridimensional, pero un nuevo aguacero los pospuso y finalmente canceló por el resto del día. Dejó el equipo allá arriba, bien entoldado, para completar los escaneos al día siguiente. Hubo un chaparrón toda la noche, y me desperté con el martilleo de la lluvia contra el techo. Toda la tienda estaba hundida en lodo, y estaba comenzando a entrar agua y formar charcos.

Durante el desayuno, Oscar pasó su teléfono con una foto que había tomado esa mañana desde su hamaca. Dijo que, al sacar el pie para pisar el suelo, tuvo una "sensación extraña". Retiró su pie descalzo y sacó la cabeza de la hamaca, para mirar el suelo. Directamente debajo de él, arrastrándose a paso tranquilo, había una barba amarilla tan larga como su hamaca. Cuando acabó de pasar, se bajó y se vistió.

Sully miró la foto.

—Qué bella forma de empezar el día, amigo —dijo y la ofreció al siguiente.

Pasé la mañana bajo el toldo de la cocina, escribiendo en mi libreta, pensando lo rápido que habían transcurrido los días. Sólo nos quedaban unos cuantos más antes de tener que desarmar el campamento, empacar y sacar todo por aire. Tuve una sensación casi de pánico de que apenas habíamos rascado la superficie. Estaba claro que explorar la ciudad era un proyecto que tomaría años.

Mientras tanto, el campamento se había convertido en un cenagal, con lodo de quince centímetros de profundidad o más, excepto donde había pozas de agua. Las astas de bambú dispuestas como corrugación sobre los peores puntos se hundían fuera de la vista en cuanto uno las pisaba y desaparecían entre el fango. Spud cortaba más para ponerlas encima y también terminaban tragadas.

Aquella tarde, el clima se abrió lo suficiente para un reconocimiento rápido de O3. Steve se unió al vuelo, junto con Dave y Chris. Yo quería ir, pero no había espacio. El AStar despegó temprano por la tarde y regresó unas horas después.

—¿Vieron algo? —le pregunté a Steve cuando volvió al campamento.

—Es hermoso. Increíblemente hermoso. Como el paraíso.

El piloto había descendido casi hasta el suelo, flotando como a treinta centímetros de un banco de arena, mientras Dave tomaba fotos. Steve describió el valle de O3: era mucho más amable y abierto que O1, un área vasta, parecida a un parque, biseccionada por ríos cristalinos con playas de arena en los márgenes. Los ríos estaban rodeadas de campos de pasto profundo de más de 1.80 metros de altura, interrumpidos aquí y allá por grupos de árboles gigantes. La mayoría de las ruinas yacía en mesetas sobre el río y estaba escondida por la selva. El valle estaba limitado al este por un risco alto, donde un río anónimo brotaba de una grieta hacia el distante Patuca; O3 también estaba rodeado de cumbres por los otros tres rumbos. Dijo que no había señales obvias de población humana, "sólo jungla y llanuras hasta el horizonte". El helicóptero sólo pudo quedarse unos minutos en O3 antes de volver a O1.

El año siguiente, Chris y Juan Carlos intentarían un reconocimiento más serio de O3. A mediados de enero de 2016 el ejército hondureño los llevó en helicóptero y lograron bajar en un banco de arena.

—Aterrizamos —recordó Chris— y el piloto dijo que teníamos un par de horas.

Pero el pasto era tan alto y denso que les tomó una hora y media avanzar apenas trescientos metros, tajando sin cesar con machetes la hierba dura de tallo grueso. Era imposible ver nada y tenían mucho miedo de encontrar serpientes. Pero cuando por fin salieron de la llanura aluvial y escalaron a la meseta, llegaron a una vista maravillosa:

—Eran plazas sin fin —dijo Chris— con pequeños montículos alrededor, y más plazas y más pequeños montículos en todo el trayecto que logramos cubrir. Es mucho más grande que O1. Era enorme. Hubo mucha gente viviendo ahí.

El valle de O3, al igual que O1, tenía todas las señales de ser otra naturaleza intacta sin evidencia de entrada humana reciente ni uso indígena. A la fecha en que escribo esto, más allá de estas dos misiones de reconocimiento, O3 permanece sin explorar.

A eso del mediodía, Mark Plotkin regresó al campamento con una tortuga. Era curioso oír lo que él, como etnobotánico de bosque tropical, estaba viendo en el valle.

—Fuimos río arriba —dijo—. Estábamos buscando evidencia de habitación reciente, pero no vimos nada. Pero vimos montones de plantas útiles.

Comenzó a recitarlas de golpe. Un gengibre usado para tratar el cáncer; una planta emparentada con la higuera usada por chamanes; árboles balsa; las masicas más grandes que había visto en su vida, que producen una fruta y una nuez altamente nutritivas; epenás enormes usados para tratar infecciones de hongos y para hacer rapé alucinógeno para ceremonias sagradas.

—No he visto ningún árbol ni planta que indique presencia humana reciente—dijo—. Estuve buscando chiles y no vi ninguno. Tampoco *Castilla*.

La *Castilla elastica*, explicó, era un árbol importante para los antiguos mayas, que lo usaban como fuente de látex para hacer caucho para las pelotas usadas en el juego sagrado. Tampoco había visto caoba.

—Lo que está impulsando la deforestación por aquí —dijo, confirmando lo que me habían dicho otras personas— no es la caoba, sino despejar tierras para ganado.

Se había topado con una enorme tropa de monos araña río arriba, mucho más grande que la familia encima de mi campamento.

—Ésos son los primeros animales que ahuyenta la gente —dijo—. Cuando ves monos araña que no huyen, sino que se acercan a mirarte, es excepcional.

Más tarde, Chris Fisher fue río abajo y se topó con otra tropa grande de monos, que estaban sentados en un árbol sobre el río, comiendo flores. Chillaron y agitaron ramas para amenazarlo. Cuando el primate interno de Chris emergió y comenzó a ulular y agitar matas en respuesta, lo bombardearon con flores.

Plotkin estaba profundamente impresionado con el valle. Dijo que en todos sus años de vagar por la selva nunca había visto un lugar así.

—Claramente es uno de los bosques tropicales más intactos de Centroamérica —dijo—. No se puede sobrestimar la importancia de este lugar. Ruinas espectaculares, naturaleza prístina… este lugar lo tiene todo. Llevo treinta años caminando por bosques tropicales americanos y nunca he encontrado una colección de artefactos como ésa. Y probablemente no vuelva a hacerlo nunca.

Le pregunté, como autoridad en conservación de bosques tropicales, qué podría hacerse para preservar el valle y el sitio. Dijo que era un problema muy difícil.

—La conservación es una práctica espiritual —dijo—. Este lugar está en la cima, entre los sitios vírgenes más importantes de la Tierra. Éste era un lugar olvidado, ¡pero ya no lo es más! Vivimos en un mundo enloquecido por los recursos. Todo mundo puede ver este lugar en Google Earth. Si no te mueves para protegerlo, va a desaparecer. Todo en el mundo es vulnerable. Me parece sorprendente que no lo hayan saqueado aún.

—¿Entonces qué podría hacerse? —pregunté—. ¿Crear un parque natural?

—Se supone que esto ya es una reserva de la biósfera. ¿Dónde están los guardias? El problema es que la gente establece un parque nacional y cree que la guerra está ganada. En absoluto. Tan sólo es el primer paso, una batalla en una guerra más larga. Lo bueno de esta expedición es que por lo menos están atrayendo atención a este lugar y ahora podría salvarse. De otra forma, no durará mucho. Ya viste la tala afuera del valle. Esto va a desaparecer por completo en unos años.

Aquella noche la lluvia siguió cayendo. Me asombró ver a Dave Yoder empacar su equipo fotográfico con un juego de luces portátiles y echárselo todo a la espalda. Dijo que no estaba satisfecho con sus fotos del depósito. La luz diurna que se filtraba hacia abajo era demasiado plana. Iba a caminar hasta allá con Sully en la oscuridad para poder "pintar con luz" los artefactos. Se trata de una difícil técnica fotográfica en la que la cámara, sobre un tripié, se deja con el obturador abierto mientras el fotógrafo dispara haces de luz sobre los objetos desde distintos ángulos, para enfatizar detalles específicos y añadir una sensación de drama y misterio.

—Estás loco —dije—. ¿Vas a ir hasta allá, a la boca del lobo, con todas esas víboras, con lluvia, vadear por lodo hasta las pelotas y escalar esa colina con una tonelada de equipo en una maleta a la espalda? Te vas a matar.

Gruñó y se alejó en la oscuridad, su lámpara de cabeza oscilando hasta perderse por completo. Al meterme a mi tienda, escuchando la lluvia, me alegró endemoniadamente tan sólo ser escritor.

La lluvia se detuvo en la noche y —por fin— la mañana del 24 de febrero alboreó hermosa, con luz solar fresca rozando las copas de los árboles. Algunos soldados hondureños dijeron que habían visto petroglifos río abajo, donde el río entraba a la muesca para salir del valle. Se organizó una expedición para investigar. Chris Fisher y su equipo decidieron aprovechar el buen clima para seguir cartografiando el sitio, mientras Juan Carlos tenía la esperanza de terminar de escanear el depósito con la lidar. Steve y Bill Benenson se unieron a nuestro grupo río abajo, junto con Alicia y Oscar.

El clima era glorioso. Lavé mi ropa enlodada y mohosa en el río y me la volví a poner; luego me quedé parado en la ribera bajo el cálido sol, dando vueltas con los brazos extendidos en un esfuerzo vano por secarla. Después de tantas noches y días de lluvia, incluso después de lavarlas olían como si se estuvieran pudriendo.

El AStar llevó a nuestro grupo desde nuestra ZdA a la de los hondureños río abajo, en la intersección de los ríos. Un segundo grupo de soldados hondureños había instalado un campamento en la intersección, con toldos y hojas de palma para las tiendas y piso de bambú. Era la única zona de aterrizaje para el helicóptero Bell hondureño, y esos soldados ayudaban a traer y llevar suministros y servían de apoyo para el grupo río arriba. Un costillar de venado y dos grupas estaban ahumándose sobre un fuego; aún no se había instituido la regla contra la caza.

Comenzamos la caminata río abajo, con Steve cojeando, vadeando el río con su bastón y un sombrero Tilley en la cabeza. El trayecto por ese río mágico fue una de las travesías más hermosas y memorables de mi vida. Viajamos sobre todo vadeando la corriente, evitando lo más posible los densos márgenes, que sabíamos que eran el hábitat preferido de las víboras. (Las serpientes venenosas son más fáciles de ver y menos comunes en el agua.) Cúmulos nevados flotaban por un cielo azul límpido. La zona en la que se unían los dos ríos se abría hacia un amplio pastizal, y por primera vez pudimos mirar alrededor y ver la forma del terreno. El risco circundante formaba un arco frente a nosotros, cubierto de árboles; el río unido daba una vuelta cerrada a la derecha, por la falda del risco, y luego a la izquierda, cortando las montañas por un barranco. También por primera vez pudimos ver los árboles del bosque tropical de la cabeza a los pies. Dentro de la selva no puedes percibir las copas ni tener noción de cómo se vean los árboles ni de qué tan altos sean.

Después de cruzar el pastizal vadeamos el río y caminamos por la corriente. Había caído un árbol sobre el cauce, con un enredo de ramas dentro y fuera del agua. El tronco pululaba de hormigas rojas irritables y nocivas, que lo estaban usando de puente. Nos abrimos paso por su red de ramas con el máximo cuidado, para no molestarlas. Teníamos suerte de que a nadie le hubieran llovido esas hormigas hasta entonces, porque habría requerido una evacuación y quizá incluso una visita al hospital. El río hacía una amplia curva contra el risco circundante, por una empinada pendiente de roca con gruesos árboles selváticos inclinados sobre el río, dejando caer cortinas de hiedras y raíces aéreas que se dejaban arrastrar por el agua, meciéndose en la corriente. El agua era cristalina hasta que removíamos el fondo, cuando florecía opaca con nubes de cieno castaño. En algunas zonas el río se angostaba y se volvía demasiado potente y profundo para vadearlo; nos veíamos forzados a subir a la margen, donde seguíamos a los soldados hondureños mientras nos abrían paso a machetazos, dando tajos a diestra y siniestra con mano experta, las hojas haciendo silbidos, clics, chasquidos, crujidos: cada especie vegetal con un sonido diferente al ser cortada.

Como de costumbre, no podíamos ver dónde poníamos los pies y nunca nos dejó el miedo a las serpientes. Y sí vimos una: una hermosa coralillo, con brillantes bandas de rojo, amarillo y negro culebreando por el pasto. Esa víbora tiene una mordedura que inyecta una potente neurotoxina, pero, a diferencia de la barba amarilla, es tímida y reticente a atacar.

Algunas veces tuvimos que cruzar rápidos; ahí, los soldados formaban un puente humano tomados de los brazos en el agua, mientras nosotros vadeábamos la corriente agarrados de ellos como si en ello nos fuera la vida. Al llegar a la apertura vimos la primera evidencia de ocupación histórica del valle: un grupo raído de plátanos silvestres. Los plátanos no eran nativos; originarios de Asia, entraron en Centroamérica por medio de los españoles. Ésa fue la única señal de habitación posconquista del valle.

Nos acercamos a la apertura: dos cuestas boscosas unidas en una muesca. El río daba una vuelta de noventa grados en un lugar de belleza sobrecogedora, con gruesas matas de flores seguidas de una pradera exuberante y una playa. El río fluía por una curva que cantaba sobre piedras redondas y caía por una cascada sobre un risco de basalto. En el agua panda junto a la margen crecían grandes flores acuáticas rojo sangre.

A partir de la vuelta, el río corría por una línea tan recta como una autopista a través de la apertura, más rápido y profundo, tropezando sobre rocas y árboles caídos, esquivando bancos de arena, veteado de luz solar. Gigantes de bosque tropical se inclinaban a ambos lados del río, formando una gran gruta que hacía eco de los gritos de guacamayas, ranas e insectos. El empalagoso aroma de la jungla daba paso a un perfume de agua limpia.

La mayoría de la gente en nuestro grupo se detuvo en la apertura del barranco. Steve se estiró sobre una roca plana a la orilla del río, secándose en la escasa luz solar, sin querer arriesgar su pierna mala continuando. Oscar cortó algunas hojas grandes y las puso en el suelo para hacer una cama, en la que tomó una siesta. Yo decidí continuar río abajo para buscar los petroglifos, junto con Bill Benenson, tres soldados y el equipo de filmación.

Más allá de la apertura el piso río abajo se tornó traicionero, con corrientes a la altura de la cintura, rocas escondidas, ramas sumergidas y baches. En algunos lugares, troncos gigantescos cubiertos de musgo habían caído a todo lo ancho del río. Donde la corriente era demasiado rápida, nos encaramábamos a la margen empinada. Un sendero animal apenas visible corría junto al río, y los soldados identificaron excremento de tapir y de jaguar. El carácter del río, que ahora fluía velozmente entre acantilados cubiertos de árboles, se había vuelto más oscuro, misterioso e inquietante. Había muchos peñascos y cornisas sobresaliendo del agua, pero no encontramos petroglifos; los soldados sospechaban que el nivel había subido y sumergido las marcas en las rocas. Emprendimos por fin la vuelta cuando el río se volvió demasiado profundo y los muros del barranco demasiado empinados para continuar. En varios momentos temí que alguno de nosotros fuera barrido por la corriente.

De hecho, ya que habíamos vuelto de la apertura, al cruzar un trecho de agua profunda, a Bill casi se lo lleva la corriente. Steve lo rescató estirando el pie, que Bill usó de agarradera. Cuando llegué, Steve me dio su iPhone con remordimiento; estaba muy caliente. Se le había caído al agua y no había cerrado por completo la cubierta impermeable del puerto del cargador. Como resultado se había frito, y había perdido todas las fotografías que había tomado en esa expedición que había pasado veinte años en llevar a cabo. (Pasaría más de un año trabajando con Apple para recuperar las fotos, en vano: se habían ido para siempre.)

Caminamos de vuelta a la ZdA hondureña, donde nos recogió el AStar y nos llevó de vuelta al campamento. Al llegar, Woody nos dijo que se esperaba más mal clima. Por no quererse arriesgar a que alguien se quedara varado, había decidido comenzar a extraer al equipo de la jungla un día antes. Dijo que yo tenía un vuelo programado en una hora en punto; tenía que desmontar mi campamento, empacar y estar esperando con mi equipo en la ZdA para entonces. Estaba sorprendido y decepcionado, pero dijo que había planeado la evacuación en papel y ésa era la manera. Hasta Steve tenía que irse ese día. Me dio una palmada en el hombro:

—Lo siento, amigo.

Las copas de los árboles estaban llenas de luz solar cuando llegó el helicóptero. Me molestaba tener que partir cuando por fin se había abierto el cielo, pero me daba un poco de gusto que las lluvias torrenciales volverían pronto para atormentar a los afortunados que se quedaran. Lancé mi mochila en la canasta, abordé, me abroché el cinturón y me puse los audífonos; en sesenta segundos estábamos volando. Cuando el helicóptero salió de la ZdA, la luz del sol se reflejó en la corriente ondulante, convirtiéndolo por un instante en una brillante cimitarra mientras acelerábamos hacia arriba, librábamos las copas de los árboles y nos dirigíamos hacia la muesca.

Al pasar rasando por la apertura, una sensación de melancolía me embargó por dejar atrás el valle. Ya no era *terra incognita*. O1 por fin se había unido al resto del mundo: había sido descubierto, explorado, cartografiado, medido, pisado y fotografiado; ya no era un lugar olvidado. Por mucho que me emocionara haber formado parte de los primeros afortunados en estar ahí, tenía la sensación de que nuestra exploración lo había disminuido, arrebatado sus secretos. Pronto fueron visibles las laderas taladas, junto con volutas de humo omnipresentes, granjas con techo de lámina, senderos, caminos y pastizales moteados de ganado. Habíamos regresado a la "civilización".

Capítulo 19

Son nuestros padres ancestrales

Salimos del helicóptero al calor seco irradiado por la pista. Fue un bendito alivio tras la jungla pegajosa. Los soldados que vigilaban la pista se sorprendieron al vernos húmedos y cubiertos de lodo, porque, dijeron, no había llovido en absoluto en Catacamas, a cien kilómetros por aire. Antes de permitirnos subir a la camioneta, nos pidieron cortésmente que nos limpiáramos con una manguera. Piqué y rasqué el lodo de mis botas con un palo; incluso con la manguera tomó unos cinco minutos deshacerme del barro pegajoso. De vuelta en el hotel, llamé a mi esposa, me duché y me puse un atuendo fresco. Metí mi ropa apestosa en un saco y lo dejé en la lavandería del hotel, sintiendo lástima por quienquiera que fuera a lavarla. Me tiré en la cama con las manos detrás de la cabeza y mi melancolía por haber dejado atrás O1 se vio templada por la gloriosa sensación de estar seco por primera vez en ocho días, aunque siguiera cubierto de picaduras de insectos.

Finalmente me uní a Steve en la alberca, donde nos echamos en sillas de plástico y ordenamos botellas heladas de Port Royal. Se veía hecho polvo.

—Es un milagro que todos saliéramos de ahí a salvo —dijo enjugándose el ceño con una servilleta—. Y a nadie lo mordió una víbora. ¡Pero, Dios mío, cuánto esfuerzo! Comencé con un objetivo simple: probar o desmentir la leyenda de la Ciudad Blanca. Ése fue el inicio, pero llevó a mucho más. Tal vez eso quería el dios mono, tentarnos y atraernos.

—¿Tú qué crees? ¿Probaste su existencia?

—Bueno, lo que probamos es que hubo una gran población en la Mosquitia con una sofisticada cultura comparable con nada en Centroamérica. Si podemos trabajar con Honduras para preservar este lugar, sentiré que de verdad he logrado algo. Es un trabajo en proceso. Esto probablemente continúe por el resto de mi vida.

Aquella noche, Virgilio nos acompañó a cenar. Le pregunté por la tala que marcaba un diseño de ajedrez por la jungla que habíamos sobrevolado. Estaba impresionado y preocupado por lo que había visto. Dijo que habíamos encontrado el sitio justo a tiempo, antes de que la deforestación y el saqueo llegaran a él. Había discutido el asunto con el presidente, que estaba decidido a detener e incluso hacer retroceder la deforestación ilegal. Abrió las manos.

—El gobierno de Honduras está comprometido a proteger el área, pero no tiene dinero. Nos urge apoyo internacional.

Ese apoyo llegaría pronto. Un año después, Conservación Internacional (CI) investigaría el valle como proyecto de preservación en potencia. La organización envió a Trond Larsen, biólogo y director del Programa de Evaluación Rápida de CI, a O1 para investigar qué tan biológicamente importante era el valle y si merecía protección especial. CI encabeza esfuerzos de conservación vitales en todo el mundo; trabaja con gobiernos y otras instancias para salvar áreas de alta importancia ecológica. Es una de las organizaciones de conservación más efectivas del mundo; ya ha ayudado a proteger siete millones de kilómetros cuadrados de zonas terrestres, coste-ras y marinas en setenta y ocho países.

El ejército hondureño llevó a Larsen por aire al valle, don-de hizo un corte transversal de ocho kilómetros, exploró los riscos y viajó hacia norte y sur por el río anónimo. Su interés era sólo en la biología, no la arqueología.

Larsen quedó muy impresionado por su visita. "Para Cen-troamérica es único", me dijo, un "bosque prístino e intacto" con "árboles muy viejos" que "no ha visto presencia humana en mucho tiempo", quizá desde hace quinientos años. Dijo que era un hábitat perfecto para los jaguares, como lo demos-traban todas las huellas y excrementos. También señaló que era un hábitat ideal para muchos animales sensibles del bos-que tropical, en particular monos araña.

—El hecho de que sean tan abundantes es un indicador fantástico de la salud del bosque —me dijo—. Son una de las especies más sensibles. Es una muy buena señal de que no ha habido presencia humana en un rato.

Le compartió fotos de los monos araña al célebre pri-matólogo Russell Mittermeier. Mittermeier estaba intriga-do, porque sentía que las marcas indicaban una subespecie desconocida, aunque advirtió que tendría que observar espe-címenes vivos para estar seguro.

Esa breve exploración impresionó tanto a Conservación Internacional que su vicepresidente —Harrison Ford, el actor— envió una carta al presidente Hernández, en Hon-duras, elogiándolo por sus esfuerzos de preservación. Ford escribió que CI había determinado que era uno de los "bos-ques tropicales más sanos de América" y que el valle de O1 y sus alrededores eran un "tesoro cultural y ecológico extraor-dinario y significativo a nivel global".

La noche después de nuestra salida de la selva Virgilio me dijo que el presidente quería sacar al mundo la noticia de nuestros hallazgos en O1 lo más pronto posible, antes de que se filtraran rumores y relatos imprecisos. Preguntó si *National Geographic* podría publicar algo en su sitio de internet. Al día siguiente presenté un artículo corto de ochocientas palabras, que publicaron el 2 de marzo de 2015. El artículo decía, en parte:

EN EXCLUSIVA: CIUDAD PERDIDA DESCUBIERTA
EN EL BOSQUE TROPICAL HONDUREÑO

En busca de la legendaria "Ciudad del Dios Mono", exploradores encuentran las ruinas intactas de una cultura desaparecida

Una expedición a Honduras ha emergido de la selva con la dramática noticia del descubrimiento de la ciudad perdida, nunca antes explorada, de una misteriosa cultura. El equipo llegó a la región remota y deshabitada por añejos rumores de que era sede de una "Ciudad Blanca" legendaria, también conocida como la "Ciudad del Dios Mono".

Los arqueólogos sondearon y cartografiaron extensas plazas, estructuras de tierra, montículos y una pirámide de tierra pertenecientes a una cultura que floreció hace mil años y desapareció. El equipo, que regresó del sitio el miércoles pasado, también descubrió un impresionante depósito de esculturas de piedra que yacía intacto desde el abandono de la ciudad.

El artículo tocó una fibra sensible. Se volvió viral y recabó ocho millones de vistas y cientos de miles de "compartidos" en redes sociales, con lo que se convirtió en el segundo artículo más popular publicado en línea por *National Geographic*. El artículo se reprodujo y se volvió noticia de primera plana en Honduras y toda Centroamérica. Inevitablemente, muchas agencias de noticias reportaron que habíamos encontrado la Ciudad Blanca.

El presidente Hernández ordenó que una unidad militar de tiempo completo vigilara el sitio contra saqueadores que hubieran averiguado su ubicación. Varias semanas después, fue en helicóptero para verlo en persona. Al salir, prometió que su gobierno haría "lo que sea necesario" para proteger el valle y la región circundante. También prometió detener la deforestación ilegal que estaba acechando al valle.

—Nosotros los hondureños —dijo el presidente en su discurso— tenemos la obligación de preservar nuestra cultura y valores ancestrales. Debemos conocer y aprender de las culturas que nos precedieron: son nuestros padres ancestrales que enriquecieron nuestra nacionalidad. Por esta razón, mi gobierno hará lo que sea necesario para iniciar la investigación y exploración de este nuevo descubrimiento arqueológico.

Patrick Leahy, un senador de Vermont con un interés especial en Honduras, dio un discurso en el Senado en el que pidió a Estados Unidos que apoyara los esfuerzos hondureños por "asegurar y preservar" el sitio de O1.

Mientras eso sucedía, estalló la controversia. Christopher Begley, de la Universidad de Transilvania (el arqueólogo de *Jungleland*), y Rosemary Joyce, de Berkeley, comenzaron a circular una carta criticando la expedición y a invitar a colegas y estudiantes a firmarla. La carta alegaba que la expedición había hecho "declaraciones falsas de descubrimiento" al exagerar la importancia del sitio; que no había reconocido investigaciones previas en la Mosquitia, y que había faltado al respeto a los pueblos indígenas al no reconocer que ya conocían el sitio. Criticaba los artículos publicados en *National*

Geographic y el *New Yorker*, diciendo que mostraban "elementos retóricos que representan actitudes etnocéntricas anticuadas y ofensivas" que estaban "contra los esfuerzos sustanciales de inclusión y multivocidad de la antropología". Les preocupaba el lenguaje, que sentían como un retroceso a los aciagos días de la arqueología colonialista al estilo de Indiana Jones.

La carta tenía argumentos válidos. Hay algunas frases asociadas con la arqueología del pasado que la profesión ha expulsado. La triste verdad es que, hasta hace muy poco, muchos arqueólogos eran impresionantemente insensibles y arrogantes en su manera de realizar trabajo de campo, pisoteando los sentimientos, creencias religiosas y tradiciones indígenas. Excavaban tumbas sin permiso, a veces saqueando los sepulcros de los recién enterrados. Ponían restos humanos y bienes mortuorios sensibles en exhibición en los museos. Se llevaban objetos sagrados a los que no tenían derecho de posesión. Hablaban de indios "prehistóricos" como si no hubieran tenido historia antes de la llegada de los europeos. Sermoneaban a los nativos sobre su pasado y sus orígenes, descartando sus mitos como creencias propias. Declaraban haber "descubierto" sitios bien conocidos para los nativos. La máxima ofensa era la idea de que los europeos habían "descubierto" el Nuevo Mundo en primer lugar, como si la gente que vivía aquí no hubiera existido antes de que ellos la vieran. Frases como "ciudades perdidas" y "civilización perdida" estaban incómodamente relacionadas con la arqueología del pasado.

Aunque esté de acuerdo con la mayor parte de este argumento y esté encantado de que el vocabulario arqueológico moderno sea cada vez más matizado y sensible, nos plantea un problema a los que escribimos de arqueología para legos, pues es casi imposible encontrar soluciones a palabras comunes como "perdida" y "civilización" y "descubrimiento" sin hacer nudos la lengua inglesa.

Pero la carta criticaba mucho más que el uso del lenguaje. La acusación de que el equipo ignorara —o, peor, ignorara a propósito— las investigaciones arqueológicas previas en la Mosquitia enojó en serio a algunos académicos. También era falsa. Steve Elkins y sus investigadores habían escarbado en los archivos de Honduras y Estados Unidos, recolectando copias de cada artículo, reporte, fotografía, mapa, diario, registro de adquisiciones y nota garabateada de hasta casi un siglo de antigüedad, inéditos o publicados, que pudieran encontrar sobre la Mosquitia. Y mi artículo de 2013 en el *New Yorker* acerca del descubrimiento con lidar incluía a Begley y su trabajo, tenía citas extensas de Joyce y otros arqueólogos y contenía un resumen de la arqueología en la Mosquitia. Los reportes del descubrimiento en *National Geographic* tenían vínculos a ese artículo. Nadie había sido ignorado.

Begley también declaró que nadie del equipo lo había contactado, pero eso tampoco era cierto. Tom Weinberg de hecho había reclutado su ayuda a finales de los noventa —como lo demuestra una serie de correos y reportes—, pero Elkins lo sacó del proyecto después. Tras la exitosa misión de lidar de 2012, Begley le envió varios correos a Elkins para ofrecerle su experiencia en la materia, en los que escribió: "Me gustaría ayudar con la corroboración en el terreno y cualquier otra cosa que se ofrezca". Elkins lo rechazó por consejo de otras personas involucradas en el proyecto, que le pidieron que no lo incluyera por las razones expuestas más abajo.

La revista *American Archaeology* envió a un reportero, Charles Poling, a cubrir la controversia. Entrevistó a Begley y a varios firmantes más. Begley se explayó sobre las acusaciones de la carta. Dijo que la publicidad del descubrimiento no estaba justificada. Le dijo a Poling:

—Este sitio de hecho no es tan distinto a lo que los arqueólogos llevan años encontrando ahí, ni en extensión ni por los artefactos de piedra encontrados en la superficie. ¿Qué justifica la publicidad?

Objetó el involucramiento de cineastas en el descubrimiento y lo llamó una "fantasía de película serie B" que estaba resucitando el "tropo" del "gran explorador heroico". Dijo que, aunque no supiera la ubicación del sitio, estaba "seguro de que los locales sabían del sitio y la zona" y también sugirió que él mismo probablemente había explorado las ruinas. Otros signatarios fueron igual de desdeñosos. Joyce le dijo a *American Archaeology* que en su opinión la expedición era un "viaje de aventura y fantasía". Mark Bonta, un etnobotánico y geógrafo cultural de la Universidad Estatal de Pensilvania especializado en Honduras, dijo de la expedición:

—Un día es esto y al siguiente es la Atlántida. Es casi un *reality show*.

Otro firmante, John Hoopes, presidente del Departamento de Antropología de la Universidad de Kansas y autoridad en cultura hondureña antigua, publicó en Facebook una imagen de lidar de una sección de O1 divulgada por UTL y ridiculizó su pequeñez. "¿Acaso las 'ciudades perdidas' de Honduras son tamaño Liliput?", preguntó con sarcasmo. Begley y otros se unieron a los comentarios de burla… hasta que Juan Carlos le señaló a Hoopes que había leído mal la escala de la imagen de lidar por un factor de diez: lo que creía que eran cien metros, de hecho era un kilómetro.

El reportero de *American Archaeology* señaló que Begley mismo llevaba años acompañando a cineastas y celebridades a sitios en la Mosquitia, que había publicitado su propia búsqueda de la Ciudad Blanca y la "Ciudad Perdida" y que un artículo en su página de internet se refería a él como el "Indiana Jones de la arqueología". ¿Cuál era la diferencia? Begley contestó:

—No estoy en contra de los medios populares. Lo hago, pero distinto.

Dijo de la expedición:

—Ese tipo de mentalidad de encontrar ciudades perdidas y cazar tesoros pone en riesgo los recursos arqueológicos.

Pasó a quejarse de la expedición en su blog, comparándola con "niños actuando una fantasía fílmica" y diciendo que "la mayoría de los académicos se siente asqueada" por el "discurso colonialista".

Los diez científicos con doctorado que habían formado parte de la expedición estaban asombrados. La vociferación de la crítica iba más allá de la riña académica usual o de una disputa de lenguaje, y les sorprendía que esos académicos, que nunca habían estado en el sitio ni tenían idea de dónde estaba, hicieran ese tipo de declaraciones con tanta certeza. Pero comprendieron que tenían que tomar en serio una carta firmada por dos docenas de profesores y estudiantes, incluyendo académicos respetados como Joyce y Hoopes. Al ver que la carta contenía errores, Juan Carlos, Chris Fisher y Alicia González redactaron una sección de preguntas frecuentes sobre la expedición, tratando de responder a sus críticas. "La meta última de nuestro trabajo es resaltar el rico patrimonio cultural y ecológico de esta región en peligro para incentivar la cooperación y el apoyo internacionales y ayudar a iniciar una conservación efectiva […] El equipo ruega a los arqueólogos y demás personas preocupadas por Honduras y su patrimonio cultural único que se nos unan en este esfuerzo crucial, que aprovechará la sinergia de la colaboración y buena voluntad de todos los involucrados". La carta señalaba que ninguno de los sitios encontrados en O1 ni O3 había estado "registrado previamente en la base de datos de patrimonio cultural del gobierno de Honduras".

Varias agencias de noticias, incluyendo el *Washington Post* y *The Guardian* (RU) publicaron artículos sobre la controversia que repitieron los cargos y citaron a Begley y algunos más que ponían en duda la importancia —e incluso la existencia— del hallazgo. "Lo interesante —me escribió Chris—, es que cuando les señalé las preguntas frecuentes a muchos de los reporteros, no las quisieron leer. Sólo querían citas salaces de todos los involucrados para ayudar a 'alimentar' una controversia".

"Siento como si estuviéramos en juicio —me escribió Alicia González—. ¿Cómo se atreven? ¡Qué basura!"

Chris Fisher le dijo a *American Archaeology* que los cargos eran "ridículos". "Nuestro trabajo ha resultado en la protección de la zona. Estamos preparando publicaciones académicas con el material. El mapa digitaliza los rasgos arqueológicos que vimos. La meta más amplia era confirmar lo que habíamos visto con la lidar. No creo que eso sean aventuras". Le desalentaba en particular que Begley lo hubiera llamado "cazador de tesoros", el peor insulto entre arqueólogos.

—¿Dónde están las publicaciones revisadas por pares de Begley? —me preguntó Chris—. ¿Su trabajo académico? No puedo encontrar un solo artículo revisado por pares que haya publicado. Y si dice que ha visitado esas ruinas, ¿dónde está el mapa? ¿Dónde está el reporte de sitio? Cuando haces arqueología, haces sondeos, mapas, tomas fotos, notas, etc. —continuó—. Si lo hubiera hecho en esos lugares, debió haberlo entregado al IHAH, pues es su patrimonio cultural. No hacerlo es colonialista y poco ético.

Pero en los últimos veinte años, según el IHAH, Begley no había depositado ningún informe de su trabajo, en violación a las regulaciones hondureñas.

La National Geographic Society publicó la respuesta de la expedición: "Esperamos que nuestros colegas se den cuenta de la enorme contribución y atención que ha atraído este proyecto, no sólo para la comunidad académica que trabaja en la zona, sino para el pueblo y gobierno de Honduras, y esperamos juntos poder impulsar y alentar una mayor investigación académica en la zona".

Virgilio Paredes, en su puesto de director del IHAH, escribió una carta de apoyo que la expedición publicó junto con las preguntas frecuentes. En privado, estaba molesto por los ataques académicos. Me dijo que había revisado los registros del IHAH y mostraban que, de hecho, Begley no había sacado un permiso arqueológico en Honduras desde 1996, aunque había seguido realizando investigaciones y exploraciones "ilegales", y guiando celebridades, cineastas, periodistas y turistas aventureros a sitios arqueológicos remotos por dinero. Cuando le di la oportunidad a Begley de refutar ese cargo serio en un intercambio de correos electrónicos, no quiso o no pudo hacerlo, sólo diciendo que me estaban "confundiendo". En su defensa escribió: "Todos mis viajes a Honduras o bien han tenido los permisos necesarios o no involucraron ninguna actividad que legalmente ni por las regulaciones del IHAH requerirían un permiso". Se negó a dar detalles y tampoco clarificó la naturaleza de su trabajo en Honduras desde 1996: si había sido arqueológico, comercial o turístico. Clausuró nuestra correspondencia electrónica escribiendo: "Espero que esto pueda terminar con las pesquisas… En serio, eso es todo lo que tengo que decir al respecto".

—Criticaron —me dijo Virgilio—, porque no estuvieron involucrados. ¡Por favor! Deberían estar diciendo: "¿Cómo podemos involucrarnos y ayudar? Es un proyecto para mi país, Honduras, para los hijos de mis hijos".

Juan Carlos Fernández meditó secamente:

—Están molestos porque invadimos su arenero.

Originalmente parecía que el contratiempo venía de una preocupación de pureza académica y supuestos incorrectos, voluntarios o no, sobre la ubicación del sitio. Pero al final descubrí que había razones más profundas para la querella; me lo reveló sin percatarse uno de los firmantes que me pidió mantener su anonimato. Muchos de los signatarios habían apoyado el gobierno de Zelaya. Cuando Zelaya fue depuesto por el golpe militar de 2009, el nuevo gobierno quitó al anterior director del IHAH, Darío Euraque, y lo reemplazó con Virgilio Paredes. La fuente se quejó de que, a causa del golpe, el gobierno actual de Honduras era ilegítimo y Virgilio Paredes "está a cargo ilegalmente" y "no voy a trabajar con él". Euraque, quien da clases en el Trinity College de Connecticut, fue uno de los principales críticos y se quejó con *The Guardian* de que la expedición era "irrelevante" y un truco publicitario, y declaró que no tenía "ningún arqueólogo de renombre".

Todo eso dejó en claro que la carta de protesta era, en parte, un ataque indirecto al gobierno actual de Honduras, un ejemplo de cómo el golpe y su resultado había dejado enojada y dividida a la comunidad arqueológica hondureña. Pudimos ver más evidencia de eso cuando comenzaron las excavaciones al año siguiente y se volvió a encender la controversia. Muchos de los signatarios han tenido problemas para superar la disputa y siguen denigrando el proyecto.

Capítulo 20

La clave para unir América

Nuestra corta exploración de las ruinas sólo fue el comienzo de nuestra comprensión de la importancia del sitio y sus tesoros. La excavación del depósito —y la revelación de sus secretos— sólo se daría cuando el equipo pudiera regresar a la selva durante la temporada de sequías del año entrante. Pero antes de poder entender la importancia de la ciudad misma, necesitábamos contestar la pregunta más inmediata: ¿quién era el pueblo que la había construido? Una pista de la respuesta yace en las estupendas Cuevas de Talgua, en la sierra de Agalta, al norte de Catacamas.

En abril de 1994 dos voluntarios del Cuerpo de Paz que vivían en Catacamas, Timothy Berg y Greg Cabe, oyeron hablar de unas cuevas en el río Talgua, en las montañas que se elevaban a unos seis kilómetros de la ciudad. Las cuevas eran un lugar de día de campo popular entre los locales, y a los dos hombres les dio curiosidad explorarlas. Acompañados por dos amigos hondureños, Desiderio Reyes y Jorge Yáñez, Berg y Cabe consiguieron que los llevaran hasta el final del camino más cercano y subieron el río a pie. Los cuatro se detuvieron a explorar la cueva más grande, una enorme grieta en los riscos de piedra caliza a treinta metros de altura. Una corriente subterránea salía por la apertura, formando una cascada que caía sobre el río.

Los amigos escalaron hasta la cueva y se aventuraron adentro con linternas, caminando por el arroyo. La cueva era amplia y espaciosa, de suelo plano, lo que ofrecía una caminata fácil hacia el centro de la montaña. A unos ochocientos metros, uno de ellos percibió una saliente a unos cuatro metros del suelo que parecía que podía llevar a algún lugar. Empujaron a alguien para que se asomara, y él jaló a otro más.

Para su sorpresa, los dos jóvenes descubrieron que la saliente estaba regada de artefactos precolombinos, incluyendo cerámica rota. Parecía que nadie había subido ahí antes, por lo menos en la historia reciente. Al mirar alrededor en busca de más guijarros, percibieron otra saliente, a otros siete metros de altura. Más allá parecía haber una apertura enigmática.

Volvieron tres semanas después con una escalera y sogas, y alcanzaron la saliente superior. Era la entrada a un nuevo sistema de cavernas. Y al cruzar ese umbral vieron algo que los dejó perplejos. Berg lo describió más tarde: "Vimos muchos huesos destellantes esparcidos por el suelo del pasadizo, la mayoría estaba adherida a su lugar, y había también varias vasijas de cerámica y de mármol. Todo complementado por muchas formaciones espectaculares, grietas escondidas llenas de más huesos y de guijarros en pilas de polvo fino". Los cráneos estaban extrañamente elongados y glaseados como caramelos, cubiertos de cristales tintineantes de calcita.

Habían descubierto un osario antiguo espectacular, uno de los hallazgos arqueológicos más importantes de Honduras desde el descubrimiento de Copán.

Por pura coincidencia, el descubrimiento sucedió cuando Steve Elkins estaba en Honduras con Steve Morgan, filmando y buscando la Ciudad Blanca. En ese momento estaban grabando la excavación de un sitio arqueológico en una isla hondureña de nombre Santa Elena, junto a Roatán. Elkins recibió una llamada por radio de Bruce Heinicke, que se había enterado del descubrimiento por Radio Macuto. De regreso a la isla en un bote, Elkins y su equipo discutieron emocionados qué podrían significar los cráneos cubiertos de cristales. Steve Morgan acuñó un nombre para el sitio: la "Cueva de las Calaveras Brillantes". Aunque no fuera completamente preciso (los cráneos en realidad no brillan), en cuanto lo sugirió se quedó, y así se conoce el sitio hoy en día.

Los jóvenes descubridores reportaron el hallazgo a George Hasemann, el director del IHAH de ese entonces. Hasemann había estado trabajando con Elkins en el proyecto de la Ciudad Blanca, y discutieron qué hacer al respecto. Elkins, quien para entonces estaba regresando a Los Ángeles, le envió dinero al IHAH para contratar seguridad para la cueva y prevenir saqueos, y para llevar a cabo una exploración preliminar. Cuando Hasemann entró, también le impresionó lo que vio. Él y Elkins contrataron a un reconocido arqueólogo de cuevas mayas llamado James Brady. Hasemann y Brady organizaron una exploración conjunta hondureña-estadounidense de la necrópolis, que comenzó en septiembre de 1995, con Brady como arqueólogo en jefe.

Brady y su equipo exploraron el osario, que ocupaba un laberinto de hoyos, nichos y cuevas secundarias retacadas de huesos. En lo profundo del complejo percibieron un hoyo más en el techo de una cámara, escalaron hasta él y entraron en lo que parecía ser la cámara mortuoria central. Era una caverna de treinta metros de largo, cuatro de ancho y ocho de altura. Al pasar sus luces por la cámara vieron un espacio sobrecogedor de intrincadas estalactitas, estalagmitas y hojas translúcidas de calcita colgando del techo como cortinas.

Cada saliente, grieta y repisa estaba llena de huesos humanos y cráneos boquiabiertos, cubiertos por una escarcha de cristales blancos cegadores. Los huesos rara vez sobreviven en el trópico, pero en este caso, la cubierta de calcita los había preservado. "Nunca antes hemos visto ni oído de material óseo preservado a tal escala —escribió Brady—. El registro arqueológico está dispuesto como libro abierto, listo para leer".

Entre los huesos había artefactos preciosos, incluyendo delicados cuencos y jarros de mármol y cerámica cromada, collares de jade, cuchillos de obsidiana y puntas de lanza. Algunos cuencos de cerámica tenían hoyos abiertos en el fondo, una práctica curiosa, pero expandida en la América precolombina: "matar" ritualmente un objeto puesto en una tumba para liberar su espíritu y que pueda seguir a su dueño al inframundo.

Brady y su equipo determinaron que esas pilas de huesos eran entierros secundarios. Los cadáveres de los muertos habían sido enterrados en otro lugar y luego, al descomponerse la carne, los huesos habían sido extraídos, lijados, pintados con ocre rojo, llevados a la cueva y apilados con bienes mortuorios. Muchos de los artefactos eran adiciones tardías, dejadas años más tarde como ofrendas a los muertos.

En los meses entre el descubrimiento y el sondeo de Brady, a pesar de los esfuerzos de seguridad, vándalos y saqueadores habían diezmado muchos de los depósitos.

—Incluso mientras estábamos tratando de trabajar ahí —me dijo Brady hace poco—, entraban a saquear. Cada vez que regresábamos había cambios drásticos en la cantidad de destrucción. Habían estado rebuscando entre el material óseo, rompiéndolo en pedacitos, en busca de tesoros.

Por espectacular que fuera el hallazgo, la verdadera sorpresa llegó cuando hicieron la prueba de carbono de los huesos. Los más antiguos tenían tres mil años, mucho más de lo que habían supuesto, y los entierros habían sucedido durante un periodo de mil años. Eso convertía al osario en la evidencia más temprana de ocupación humana en Honduras y en uno de los sitios arqueológicos más antiguos de Centroamérica.

Unos días después de comenzar a trabajar, recordó Brady, "me di cuenta de que no era un patrón de entierro maya". Aunque la cueva estuviera situada en la frontera maya, parecía pertenecer a una cultura completamente diferente y prácticamente desconocida. Aunque los mayas también enterraran a sus muertos en cuevas, la manera de acomodar los huesos y el tipo de artefactos dejados con ellos eran distintos de los que uno esperaría de un entierro en cueva maya. El osario era obra de una cultura sofisticada, socialmente estratificada y artísticamente avanzada, una que se había desarrollado sorprendentemente pronto, incluso antes que los mayas.

—¡Si tan sólo supiéramos quién fue esta gente! —dijo Brady.

Pero los mayas y ese pueblo desconocido sí parecían compartir una cosmovisión similar. En ambas culturas "se concentran en la tierra sagrada y animada, la fuerza más importante del universo". En contraste con la idea del Viejo Mundo de que los muertos viven en los cielos, en las creencias mesoamericanas los muertos viven en la tierra y las montañas. Las cuevas son sagradas, pues son una conexión directa con ese mundo espiritual subterráneo. Los ancestros que viven bajo tierra siguen cuidando de los vivos, vigilándolos. Los vivos pueden contactar a los muertos entrando a lo profundo de las cuevas, dejando ofrendas, llevando a cabo rituales y orando. La cueva es una iglesia, en esencia, un lugar al que los vivos acuden a pedirles favores y protección a sus ancestros.

La Cueva de las Calaveras Brillantes y otros osarios en cuevas similares descubiertos en la misma época siguen siendo la evidencia más temprana de ocupación humana en Honduras. ¿Pero serían estas personas los ancestros de quienes, mil años después, construirían las ciudades de la Mosquitia que habíamos encontrado en O1 y O3?

—Mierda, no lo sé —dijo Brady—. Sabemos muy poco en este mar de ignorancia. Y por supuesto que la Mosquitia está más lejos en la frontera, y es incluso menos conocida.

De tres a dos mil años de antigüedad, dijo, tenemos los entierros, pero no los asentamientos; y luego, mil años después, tenemos los asentamientos, pero no los entierros.

Después de las Cuevas de Talgua, el registro arqueológico no dice nada durante mil años. Hubo gente en Honduras oriental durante ese tiempo, pero no se ha encontrado rastro de ella.

Tras esa brecha de mil años en nuestro conocimiento de la prehistoria hondureña, comienzan a aparecer pequeños asentamientos en la Mosquitia alrededor de 400-500 d.C. Los arqueólogos creen que la gente de la Mosquitia hablaba algún dialecto chibcha, un grupo de lenguas que abarca desde el sur de Centroamérica hasta Colombia. Eso sugiere que la Mosquitia estaba más conectada con sus vecinos del sur que con los mayas, que hablaban un conjunto de lenguas separadas.

La mayor civilización de habla chibcha, los muiscas, vivieron en Colombia. Fue un poderoso señorío conocido por su intrincado trabajo en oro. La confederación muisca fue la fuente de las leyendas de El Dorado, basadas en una tradición real en la que un nuevo rey, embarrado de lodo pegajoso y luego cubierto de polvo de oro, se sumergía en la laguna de Guatavita, en Colombia, y se enjuagaba el oro en el agua como ofrenda a los dioses.*

Puede que los pueblos originarios de la Mosquitia vinieran del sur o tuvieran influencia de ese rumbo. Pero esa orientación al sur cambiaría conforme la ciudad maya de Copán, a trescientos kilómetros al oeste de la Mosquitia, aumentó en poder y prestigio. La aparición de asentamientos modestos en la Mosquitia entre 400 y 500 d.C. coincide aproximadamente con la fundación de la dinastía gobernante de Copán. No sabemos si los dos sucesos estén relacionados. Sí sabemos bastante del establecimiento de Copán, una de las ciudades más estudiadas del Mayab. La gente de Copán alcanzó cimas impresionantes en arte, arquitectura, matemáticas, astronomía y escritura jeroglífica, y los magníficos monumentos públicos de la ciudad contienen muchas inscripciones que cuentan su fundación e historia. La influencia de Copán tarde o temprano llegaría a la Mosquitia.

En 426 d.C. un gobernante llamado K'inich Yax K'uk' Mo' (Resplandeciente Quetzal Guacamaya Ojos de Sol) llegó de la ciudad maya de Tikal, en Guatemala, y tomó el control del asentamiento de Copán en un golpe o invasión. Se convirtió en el primer "Sagrado Señor" de Copán, e inició una dinastía de dieciséis señores que la convertirían en una gloriosa ciudad que dominó el área durante siglos.

Quetzal Guacamaya y su fuerza de guerreros mayas de élite se impusieron sobre la población que ya vivía en el valle. Esos pobladores originarios pudieron haber sido hablantes de chibcha emparentados con los de la Mosquitia. El trabajo

---

* En siglos recientes se han hecho muchos esfuerzos por dragar la laguna y recuperar el oro, algunos de los cuales recobraron extraordinarias esculturas y arte ornamental de oro. La laguna ahora está protegida de más esfuerzos de caza de tesoros por el gobierno colombiano.

arqueológico en Copán sugiere que, tras la conquista de Guacamaya, fue una ciudad multiétnica. Algunos barrios de Copán tenían metates decorados con cabezas de animales, como los encontrados en la Mosquitia. Guacamaya se casó con una mujer de Copán, probablemente la hija de un señor local, sin duda para asentar su legitimidad y formar una alianza con la nobleza local, al igual que lo hacían los reyes europeos.

Copán es lo más al sur que parecen haber llegado los mayas. Quizá los frenaran las montañas y la selva intimidantes. Quizá encontraran resistencia. Como resultado, incluso tras la invasión maya de Copán en el siglo quinto, la Mosquitia se siguió desarrollando por su cuenta. Sin embargo, las dos civilizaciones no estaban aisladas entre sí. Al contrario, probablemente hubiera un comercio vigoroso, y es posible que también guerras. Sabemos a partir de muchas inscripciones fanfarronas de combates y hechos gloriosos que las ciudades-Estado mayas eran belicosas y tenían batallas frecuentes entre sí y con sus vecinos. Esos conflictos sólo se intensificaron al crecer la riqueza y población de las ciudades-Estado mayas, hinchando su hambre de recursos.

En 2000 los arqueólogos encontraron la tumba de Quetzal Guacamaya. Durante siglos, una curva en el río Copán había atravesado la acrópolis central de la ciudad, y aunque se alteró su curso hace años, el viejo lecho permanecía. La erosión había expuesto capa tras capa de edificios construidos mientras crecía la ciudad. Cada templo principal en Copán había sido construido encima y alrededor del anterior, creando una serie de edificios que se contienen como matrioshkas rusas.

En una hazaña de ingenioso trabajo detectivesco, los arqueólogos localizaron la tumba examinando el cauce desecado e identificando el piso original de la plataforma más antigua. Luego hicieron un túnel a partir del lecho, siguiendo el piso, hasta llegar a una escalera rellenada que llevaba al templo original, que había sido cubierto por ocho templos subsecuentes. Despejaron la escalera y en la cima encontraron una suntuosa cámara mortuoria que contenía el esqueleto de un hombre. Medía aproximadamente 1.67 metros y tenía entre cincuenta y cinco y setenta años de edad. Las inscripciones, las ofrendas y otra evidencia confirmaron que era la tumba de Quetzal Guacamaya.

Los restos del Sagrado Señor estaban cubiertos de preciosas joyas de jade y conchas, y traía un peculiar tocado con anteojeras hechas de concha cortada. Sus huesos mostraban que había recibido bastantes golpes durante su vida: su esqueleto estaba acribillado de fracturas sanadas, incluyendo dos brazos rotos, un hombro quebrado, una contusión en el pecho, costillas rotas, cráneo quebrado y cuello roto. El antropólogo físico que analizó sus restos escribió que: "En el mundo de hoy, parecería que el difunto hubiera sobrevivido un accidente automovilístico en el que salió proyectado del vehículo". Pero en el mundo antiguo, las lesiones probablemente fueron provocadas por jugar el famoso juego de pelota mesoamericano, llamado *pitz* en maya clásico. (La guerra maya, que usaba armas penetrantes como lanzas y atlatls y combate cuerpo a cuerpo que involucraba estocadas, puñaladas y contusiones, habría producido una mezcla de lesiones distinta.) Sabemos por recuentos tempranos e ilustraciones precolombinas que el juego era extremadamente feroz. Un fraile del siglo XVI, un extraño testigo, contó que los jugadores morían al instante cuando el balón de dos kilos y medio, hecho de hule sólido, los golpeaba después de un rebote fuerte; también describió a muchos otros que sufrían "detrimento grandísimo" y los sacaban cargando de la cancha, para morir después. El juego de pelota era un ritual mesoamericano vital, y jugarlo era esencial para mantener el orden cósmico y la salud y prosperidad de la comunidad. Como la mayoría de las lesiones de Quetzal Guacamaya ocurrieron cuando era joven, antes de llegar a Copán, quizá haya alcanzado su posición de dirigente jugando pelota; alternativamente, es posible que estuviera obligado a jugar a causa de su estatus alto. De cualquier manera, el entierro confirmaba que no había ascendido dinásticamente al trono a partir de una élite local: definitivamente era extranjero. Los símbolos en su escudo y el tocado de anteojeras al estilo Groucho Marx lo conectaban con la antigua ciudad de Teotihuacan, localizada al norte de la Ciudad de México, que en sus tiempos fue la ciudad más grande del Nuevo Mundo. (Hoy en día es una ruina magnífica que contiene algunas de las mayores pirámides de América.) Sin embargo, un análisis isotópico de sus huesos mostró que no había crecido allá, sino probablemente en la ciudad maya de Tikal, al norte de Guatemala, a trescientos kilómetros al norte de Copán. (El agua potable, que varía de lugar en lugar, deja una firma química única en los huesos.)

Cuatro siglos tras el reino de Guacamaya, en su ápice alrededor de 800 d.C., Copán se había convertido en una ciudad de quizá veinticinco mil habitantes, extendida en varios kilómetros cuadrados. Pero no todo iba bien: una podredumbre acechante —ambiental, económica y social— llevaba algún tiempo minando la sociedad y finalmente llevaría a su destrucción. Los académicos han debatido desde hace mucho el misterio que rodea el colapso y abandono de Copán y las demás ciudades magníficas del Mayab.

Los esqueletos son elocuentes, y las muchas tumbas desenterradas en Copán muestran que a partir de 650 d.C. la salud y nutrición de la gente ordinaria comenzaron a declinar. Eso sucedió mientras las clases dominantes aparentemente crecieron en tamaño durante generaciones sucesivas, con cada generación más grande que la anterior —en lo que los arqueólogos llaman "el papel cada vez más parasitario de la élite" (hoy en día vemos el mismo proceso en la expansión de la familia real saudí, hasta alcanzar no menos de quince mil príncipes y princesas). Esa proliferación de linajes nobles puede haber desatado feroces guerras interinas y matanzas entre la propia élite.

Jared Diamond, en su libro *Colapso*, argumenta que la destrucción de Copán fue causada por degradación ambiental combinada con negligencia e incompetencia de la realeza. A partir de aproximadamente 650 d.C. los gobernantes de Copán tuvieron una racha de construcciones: erigieron preciosos templos y monumentos que los glorificaban a ellos y sus hazañas. Como es típico en las inscripciones mayas, ni una sola en Copán menciona a un plebeyo. La gente trabajadora tuvo que construir todos esos edificios. Los campesinos tuvieron que alimentar a todos esos obreros, junto con los sagrados señores y nobles. Ese tipo de división de clase suele funcionar cuando todos creen ser parte de un sistema, con cada persona ocupando un lugar valioso de la sociedad y contribuyendo a las ceremonias vitales que mantienen el orden cósmico.

En la cultura maya, los sagrados señores tenían la responsabilidad de mantener el cosmos en orden y apaciguar a los dioses por medio de ceremonias y rituales. Los plebeyos estaban dispuestos a mantener a esa clase privilegiada siempre y cuando mantuvieran su parte del trato con rituales efectivos. Pero a partir de 650 la deforestación, la erosión y el agotamiento de los suelos comenzaron a reducir las cosechas. La clases trabajadoras, los campesinos y constructores de monumentos quizá hayan sufrido cada vez más hambre y enfermedades mientras los gobernantes acaparaban una porción cada vez mayor de los recursos. La sociedad se dirigía hacia una crisis.

Diamond escribe: "Tenemos que preguntarnos por qué los reyes y los nobles no consiguieron detectar y resolver estos problemas aparentemente obvios que socavaban su sociedad. Su atención se centraba evidentemente en la preocupación a corto plazo por enriquecerse, librar batallas, erigir monumentos, competir entre sí y obtener suficiente alimento de los campesinos para mantener todas esas actividades". (Si eso suena familiar, señalaré que la arqueología está llena de relatos admonitorios que se dirigen directamente al siglo XXI.)

Otros arqueólogos dicen que esa conclusión es demasiado simple, y que los sagrados señores sí se percataron de que las cosas iban mal. Trataron de resolver los problemas con soluciones que habían funcionado en siglos pasados: aumentaron los proyectos de construcción (un programa de empleos) y las incursiones (adquisición de recursos), las cuales requerían mover trabajadores de las granjas de las afueras a la ciudad. Pero esa vez, las soluciones antiguas fallaron. Los desacertados proyectos de construcción aceleraron la deforestación que ya estaba reduciendo las lluvias, y aumentaron la pérdida de suelos, la erosión y el empantanamiento de preciadas tierras cultivables y ríos.

Una serie de sequías entre 760 y 800 d.C. parece haber sido el catalizador de una hambruna desproporcionadamente fuerte que azotó a la gente ordinaria. Fue la gota que derramó el vaso para una sociedad al borde de la alienación y el conflicto. Era evidencia de que los sagrados señores no estaban cumpliendo sus promesas sociales. Todos los proyectos de construcción se detuvieron (la última inscripción encontrada en la ciudad data de 822) y alrededor de 850, el palacio real ardió. La ciudad nunca se recuperó. Algunas personas murieron por enfermedades e inanición, pero la mayoría de las clases campesinas y artesanas parece simplemente haberse ido. Durante siglos la región sufrió una caída demográfica implacable y, para 1250, el valle de Copán había vuelto casi por completo a su estado selvático. El mismo proceso ocurrió en las demás ciudades-Estado mayas, no todas a la vez, sino de manera escalonada.

De 400 a 800 d.C., durante el ascenso de Copán, brotaron y crecieron pequeños asentamientos en la Mosquitia a un ritmo modesto. Pero cuando colapsó Copán, la civilización de la Mosquitia vivió lo contrario: un florecimiento tremendo. Para 1000 d.C., mientras la mayoría de las ciudades mayas había sido dejada a los monos y las aves, los antiguos habitantes de la Mosquitia estaban construyendo sus propias metrópolis, que estaban comenzando a parecer vagamente mayas en su distribución, con plazas, plataformas elevadas, estructuras de tierra, montículos geométricos y pirámides de tierra. En esa época también parecen haber adoptado el juego de pelota mesoamericano.

¿Cómo logró ese antiguo pueblo del bosque tropical de la Mosquitia asentarse y prosperar en una jungla atestada de víboras y enfermedades, una zona mucho más desafiante que la mayoría de las tierras habitadas por los mayas? ¿Qué relación tenían con sus poderosos vecinos, y qué les permitió florecer mientras Copán se desmoronaba? En otras palabras, ¿cómo sobrevivieron a lo que acabó con los mayas, y qué los tumbó también al final?

Mientras que los mayas son la cultura antigua más estudiada de América, el pueblo de la Mosquitia está entre las menos, un signo de interrogación encarnado en la leyenda de la Ciudad Blanca. La cultura es tan poco conocida que ni siquiera ha recibido un nombre formal. En ese contexto, el descubrimiento y exploración continua de O1 y O3 se vuelven increíblemente significativos, al llevar la región a la atención mundial y representar un parteaguas en nuestra comprensión de ese pueblo desaparecido. Fue una civilización formidable, que ocupó más de veinticinco mil kilómetros cuadrados de Honduras oriental, en la encrucijada de comercio y viajes entre Mesoamérica y las poderosas civilizaciones de habla chibcha al sur.

La excavación de O1 está sacando a la luz esta cultura, pero también está profundizando el misterio.

—Hay mucho que no sabemos de esta gran cultura —me dijo Oscar Neil—. Lo que no sabemos, de hecho, es casi todo.

Sólo se ha identificado un reducido número de sitios arqueológicos en la Mosquitia, y ninguno ha sido excavado en su totalidad. La arqueología practicada no ha sido suficiente para contestar siquiera las preguntas más básicas acerca de la cultura. Como dijo un arqueólogo: "No hay mucha gente que quiera pasar por la clase de dolor que causa trabajar allá". Hasta que se hicieron las imágenes de lidar de O1 y O3, ningún sitio grande había sido cartografiado a detalle en la Mosquitia.

Sabemos de la arqueología reciente en otros entornos de bosque tropical —como las tierras bajas mayas y la cuenca del Amazonas— que sociedades agrícolas complejas lograron prosperar incluso en las zonas de bosque tropical más difícil. El ingenio humano no tiene límite. Los campesinos de los bosques tropicales desarrollaron astutas estrategias para enriquecer el suelo. En el Amazonas, por ejemplo, mejoraron los pobres suelos del bosque tropical mezclándolos con carbón y otros nutrientes para crear un suelo artificial llamado *terra preta*, o "tierra negra", instalado en lechos elevados para una agricultura intensiva. Quizá haya hasta ciento treinta mil kilómetros cuadrados en el Amazonas cubiertos con esa tierra negra enriquecida artificialmente, un logro impresionante que nos dice que la Amazonia estaba densamente poblada en tiempos precolombinos. (Si se hiciera un sondeo mediante lidar de la cuenca del Amazonas, sería, sin duda, una revelación total.) Hasta ahora, casi no se ha investigado cómo cultivaba su entorno de bosque tropical la gente de la Mosquitia. En O1 encontramos probables canales de irrigación y un depósito que habría ayudado a hacer posible la agricultura durante la temporada de semisequías entre enero y abril. Pero aparte de eso hay mucho, mucho más que aprender.

El antiguo pueblo de la Mosquitia fue ignorado por los investigadores, en parte, por su proximidad a los mayas, como reconoce John Hoopes.

—En esta zona, este pueblo está bajo la sombra de los mayas —me dijo—. Sólo hay unas pocas culturas arqueológicas de alto perfil serio en el mundo: los egipcios y los mayas. Eso drena gente y recursos de las zonas colindantes.

Ese desprecio, siente Hoopes, ha dañado nuestra comprensión de la región, que él cree que "tiene la clave para unir América", porque ocupa la frontera entre Mesoamérica y la baja Centroamérica y Sudamérica.

Otra razón del descuido es que los montículos estrangulados por la selva de la Mosquitia no son, a primera vista, tan seductores como los templos de piedra cortada de los mayas ni la intrincada orfebrería de los muiscas. La gente de la Mosquitia, aunque haya dejado impresionantes esculturas líticas, no erigió grandes edificios ni monumentos de piedra, el tipo de estructuras que se convertirían en damáticas ruinas para impresionar a la gente cinco siglos después. En vez de eso, construyeron sus pirámides, templos y edificios públicos con piedras de río, adobe, bahareque y, probablemente, maderas tropicales. Tenían maderas preciosas a su disposición, como caoba, cocobolo, cedro aromático y liquidámbar. Tenemos razones para creer que su tecnología de fibras y tejidos era espectacular. Imaginemos un templo hecho de maderas tropicales bien pulidas, con muros de adobe con revestiduras, pinturas, incisiones y decoraciones hechas con maestría y los interiores cubiertos de textiles ricamente tejidos y teñidos. Tales templos bien pudieron haber sido tan magníficos como los mayas. Pero una vez abandonados, se disolvieron en la lluvia y se pudrieron, dejando atrás montículos de tierra y escombros nada impresionantes que la vegetación engulló con presteza. En los suelos ácidos del bosque tropical no sobreviven restos orgánicos, ni siquiera los huesos de los muertos.

Lo más intrigante es que en la época de la caída de Copán, la gente de la Mosquitia comenzó a adoptar aspectos de la cultura maya.

La teoría más sencilla y convincente de cómo fluyó la influencia maya a la Mosquitia es que cuando Copán sufrió de hambruna y disturbios, algunos de los chibchas de la ciudad simplemente empacaron y se fueron a buscar refugio en la Mosquitia, donde tenían vínculos lingüísticos y quizá hasta parientes. Sabemos que la mayoría de la población de Copán se marchó; es probable que la Mosquitia fuera un destino. Algunos arqueólogos lo llevan más lejos: creen que durante el caos del colapso maya, un grupo de guerreros marchó desde Copán y tomó control de la Mosquitia. Como prueba, citan el hecho de que, a la llegada de los primeros españoles a Honduras, encontraron tribus de indígenas que hablaban nahua en Honduras, al suroeste de la Mosquitia, que podrían haber sido remanentes de tal grupo invasor. (Otros creen que esas tribus descendían de comerciantes aztecas, no de invasores.)

Una de las teorías más intrigantes sobre por qué la Mosquitia comenzó a parecer maya involucra lo que los arqueólogos llaman el modelo de "conocimiento esotérico". En muchas sociedades la élite gobierna a la gente ordinaria y logra que haga lo que ella quiere al exhibir su santidad y divinidad. Esa clase gobernante de sacerdotes y señores asombra al pueblo con rituales arcanos y ceremonias que usan conocimiento secreto. Los sacerdotes sostienen, y por supuesto creen ellos mismos, que están llevando a cabo ritos esenciales para apaciguar a los dioses y ganar el favor divino para beneficio de todos: para evitar desastres, enfermedades y la derrota en batalla; a la vez que fomentar la fertilidad, lluvia y cosechas abundantes. En Mesoamérica, y probablemente también en la Mosquitia, esos rituales eran dramáticos e involucraban sacrificios humanos. Aquellos señores nobles con acceso a las "verdades últimas" usaban ese conocimiento para controlar a las masas, evadir el trabajo físico y amasar riquezas.★ Parte del atractivo y prestigio del conocimiento esotérico, dice la teoría, es su asociación con tierras distantes y exóticas; en este caso, el Mayab. Por lo tanto, puede que la mayanización de la Mosquitia no haya requerido una invasión; puede que haya sido un método de la élite local para ganar y mantener la supremacía sobre el pueblo llano.

★ Vemos este fenómeno en la sociedad occidental no sólo en las religiones establecidas y los cultos como la cienciología, sino también en la práctica casi religiosa del capitalismo: específicamente, en la compensación extremadamente alta de los presidentes ejecutivos (necesaria por el conocimiento esotérico) y en Wall Street, donde los banqueros descartan las críticas al declarar que la gente ordinaria no comprende las complejas e importantes transacciones financieras que realizan en varios niveles mientras están ocupados ejecutando el "trabajo de Dios", para citar al presidente ejecutivo de Goldman Sachs.

La ciudad de O1, en la cumbre de su poder, ha de haber sido impresionante.

—Incluso en esta jungla remota —me dijo Chris Fisher—, donde la gente no lo esperaría, había poblaciones densas viviendo en ciudades, miles de personas. Eso es profundo.

O1 consistía en diecinueve asentamientos distribuidos por todo el valle. Era un entorno inmenso modificado por el ser humano, en el que el antiguo pueblo de la Mosquitia transformó el bosque tropical en un paisaje exuberante y organizado. Aplanaron terrazas, modificaron colinas y construyeron caminos, depósitos y canales de irrigación. En su apogeo, O1 probablemente haya parecido un jardín inglés descuidado, con plantíos comestibles y plantas medicinales mezclados con grupos de árboles valiosos, como el cacao y algunas frutas, junto con grandes espacios abiertos para ceremonias públicas, juegos y actividades locales, y zonas sombreadas para trabajar y socializar. Había extensos macizos de flores, porque las flores eran un cultivo importante usado en las ceremonias religiosas. Todas esas zonas de cultivo estaban mezcladas con residencias, muchas en terraplenes elevados para evitar las inundaciones de temporal, conectadas por caminos.

—Tener esos espacios de jardines incrustados en zonas urbanas —dijo Fisher— es una característica de las ciudades del Nuevo Mundo que las hacía sustentables y habitables.

Hasta se cuidaba la vista, con espacios abiertos hacia la arquitectura sagrada. Necesitaban que las pirámides y templos se vieran a lo lejos, para que el pueblo pudiera apreciar su poder y observar ceremonias importantes. El efecto completo de eso puede haber sido parecido a la visión de Central Park de Frederick Law Olmsted, pero más silvestre.

Aunque el valle esté espectacularmente aislado ahora, en su apogeo fue un centro de comercio e intercambio.

—Cuando estás aquí hoy —dijo Chris—, te sientes muy desconectado. Es totalmente silvestre, y es difícil siquiera imaginar que estás en el siglo XXI. Pero en el pasado no estaba aislado en absoluto. Estaba en una intensa red de interacción humana.

Situada en un valle-fortaleza, la ciudad de O1 habría sido un lugar de retirada muy defendible, algo parecido a un castillo medieval: normalmente era un bullicioso centro comercial, pero, en caso de amenaza, podía levantar el puente, armar las almenas y defenderse del ataque. A causa de eso, puede que O1 haya sido parte de una zona de control estratégica en tiempos precolombinos, quizá un ancla que defendiera el interior de invasores que llegaran de la costa. Tal vez también fuera un bastión contra ataques desde el Mayab.

Y luego, alrededor de 1500, esa cultura colapsó. Pero a diferencia de los mayas, que sufrieron un colapso escalonado en el que varias ciudades-Estado declinaron en épocas distintas, la civilización de la Mosquitia desapareció al mismo tiempo en todos lados: una catástrofe repentina y generalizada. "Apenas estamos vislumbrando esta gran cultura —escribió Oscar Neil—, que desapareció en la selva".

Capítulo 21

El buitre —símbolo de muerte y transición— estaba en el centro

El depósito de esculturas intacto fue un hallazgo increíble, pero sólo una excavación revelaría qué tan importante era. Aunque depósitos de objetos similares habían sido encontrados en ruinas grandes en la Mosquitia desde la década de 1920, ninguno había sido excavado profesionalmente; la arqueología en la Mosquitia es, como he señalado antes, una actividad peligrosa, cara y ardua. Para cuando los arqueólogos encontraron la mayoría de esos depósitos, ya habían sido desenterrados o parcialmente saqueados. Incluso los pocos depósitos más o menos in situ que aún existen —quizá cuatro o cinco— han sido perturbados irremediablemente. Eso significa que los expertos nunca han podido estudiarlos correctamente ni obligarlos a ceder sus secretos, lo que hace tan especial a la Mosquitia. Hasta la fecha, los arqueólogos no tenían idea de para qué eran los depósitos, por qué los habían creado ni lo que significaban las esculturas. Chris tenía la esperanza de que una excavación científica meticulosa del depósito en O1 cambiaría eso.

Cuando él y su equipo regresaron a la selva comenzaron a excavar en cuanto llegó la siguiente temporada de secas, en enero de 2016, y en un mes habían revelado un tesoro de más de doscientos artefactos de piedra y cerámica, muchos rotos, con cientos más aún enterrados. Era una increíble concentración de riquezas apiladas en un área de tan sólo unas decenas de metros cuadrados, de un sitio arqueológico de varios kilómetros cuadrados de extensión. Para los antiguos habitantes de la Mosquitia, ese pequeño espacio claramente era de una importancia ritual suprema.

El depósito, concluyó Chris, era una ofrenda, una suerte de santuario. Ésos eran objetos preciosos, tallados por artesanos a partir de riolita dura o basalto. Había por lo menos cinco tipos de piedra de regiones distintas, lo que sugería una red comercial de piedras finas con otras comunidades. Al no tener herramientas metálicas a manera de cinceles, aquellos escultores antiguos les dieron forma con un laborioso proceso de abrasión, usando rocas y arena para desgastar un bloque de piedra hasta alcanzar la forma deseada. Los arqueólogos los llaman objetos de "piedra modificada por abrasivos", en oposición a los objetos tallados usando el martillo y el cincel tradicionales. Una tremenda cantidad de trabajo, habilidad y maestría se requirió para crear cada escultura. Sólo una clase especializada de artesanos podría haberlas tallado.

Las ofrendas habían sido colocadas en el área del depósito, junto a la base de la pirámide, todas al mismo tiempo, sobre un suelo rojo y arcilloso. El suelo de arcilla había sido alisado y preparado especialmente para exhibir esos objetos. Los análisis revelaron que era un tipo de tierra roja llamada laterita, que forma gran parte del suelo base del valle, un eco intrigante de la Tierra Vieja del Barro Rojo de Cortés.

La ofrenda o santuario no era en absoluto un montón desordenado: todo había sido cuidadosamente colocado sobre los cimientos de arcilla. Las piezas habían sido organizadas en torno a una escultura central clave: un enigmático buitre de pie con alas caídas. A su alrededor había vasijas de piedra rituales con los bordes decorados con buitres y serpientes. Algunas vasijas tenían grabados que representaban una extraña figura antropomorfa de cabeza triangular, ojos huecos y boca abierta, posada sobre un cuerpecito masculino desnudo. Docenas de metates habían sido colocados alrededor de ese conjunto central de artefactos, incluyendo al hombre-jaguar. Muchos eran de hermosa factura y estaban decorados con dramáticas cabezas y colas de animal, y tenían incisiones glíficas y diseños marcados en patas y bordes.

No se pudo datar con carbono el depósito, pues la alta acidez y humedad del entorno selvático había destruido todos los huesos y artefactos orgánicos. Pero basados en el estilo y la iconografía, los objetos datan del Posclásico mesoamericano, entre 1000 y ca. 1500 d.C., también llamado periodo Cocal por los arqueólogos que prefieren no usar el sistema de datación mesoamericano para una cultura que no pertenece a esa región.

La mayoría de los objetos en el depósito eran metates. Normalmente, la palabra *metate* describe una piedra para moler maíz. Pero esos metates, encontrados no sólo en la Mosquitia, sino por toda la baja Centroamérica, son distintos, y nadie sabe exactamente para qué eran ni cómo se usaban. Sí tienen forma de mesas o plataformas para la molienda, y sí se han encontrado con manos de piedra para moler. El enigma es que la mayoría son demasiado grandes e incómodos para usarlos para moler de manera eficiente. Los arqueólogos creen que más bien pudieron ser tronos o asientos de poder. Se han encontrado figurillas de barro que representan personas sentadas en metates grandes. Que estuvieran diseñados para parecer piedras de molienda reales puede deberse a que el maíz era sagrado en América: un mito de creación maya cuenta que los seres humanos fueron formados a partir de masa de maíz. Como a veces se han encontrado metates sobre las tumbas, casi como lápidas, hay quienes creen que también podrían haberse usado como asientos para cargar a los muertos a su lugar de descanso final.

Las figuras antropomorfas de cabeza triangular encontradas en los bordes de algunos jarrones en el depósito, que Chris y su equipo llamaron con cariño "extraterrestres bebés", eran otro misterio. Chris cree que podrían representar un "personaje mortuorio", quizá el cadáver amortajado de un ancestro. También podrían representar cautivos atados, listos para el sacrificio; usualmente se representaba a los cautivos humillados, con los genitales expuestos.

Pero esos metates y jarrones podrían haber tenido una función aún más sombría. Le envié algunas imágenes a John Hoopes, una autoridad destacada en cerámica centroamericana. A pesar de ser crítico del proyecto, quedó impresionado y estuvo dispuesto a compartirme sus ideas, que enfatizó que eran especulativas.

—Creo que tal vez también hayan molido huesos —dijo refiriéndose a los metates.

Los pueblos de habla chibcha de más al sur, en Costa Rica y Panamá, dijo, coleccionaban cabezas y cuerpos como trofeo. "Quizá usaran esos metates —dijo— para pulverizar las cabezas y cuerpos" de sus enemigos para "eliminar a ese individuo de forma permanente". Señaló que, en el Mayab, cuando derrotaban a un rey, antes de ejecutarlo a veces lo obligaban a presenciar la muerte de toda su familia y la profanación de las tumbas familiares, durante la cual extraían los cadáveres y los destruían ritualmente en un lugar público.

—No sólo ve cómo destruyen a su familia —dijo Hoopes—, sino cómo borran a toda su dinastía.

Algunos metates en Costa Rica, señaló, están decorados con pequeñas cabezas de trofeo, lo que podría conectarlos con ceremonias de molienda de huesos y eliminación. La representación de lo que parecen cautivos atados en algunos jarrones apoyan esta idea.* En algún momento, la superficie de los jarrones y metates pasarán por "análisis de residuos", lo que podría determinar qué ofrendas podrían haber estado dentro de ellos, o qué sustancias, si es que alguna, molieron sobre ellos.

También le mostré fotos de algunos artefactos a Rosemary Joyce, otra crítica dispuesta a compartir lo que pensaba. Joyce es una autoridad destacada en iconografía en el arte precolombino de Honduras, y estuvo en desacuerdo con todo lo arriba expuesto. La figura antropomorfa, dijo, no es un cuerpo amortajado ni un cautivo. La clave, señala, es que parece tener una erección. Dijo que eso es típico de cómo se representan los monos en la cerámica hondureña antigua: en parte humanos y en parte animales, con círculos redondos por ojos y boca, y una erección. En la mitología de algunas tribus hondureñas, los monos fueron los primeros pobladores, desterrados a la selva al llegar los humanos. Los monos tenían un papel central en la creación del mundo y en los cuentos y mitos hondureños. Probablemente de ahí surgiera la idea de una "Ciudad del Dios Mono": algunos reportes tempranos de exploradores dicen que los indios les contaban historias de dioses mono y seres mitad mono mitad humanos viviendo en la selva que aterrorizaban a sus ancestros, saqueaban aldeas y robaban mujeres humanas para mantener su raza híbrida.

---

* Cuando le conté esa idea de molienda de huesos a Chris Fisher, dijo: "Es una locura. No lo publiques".

El depósito es rico en imágenes animales: buitres, serpientes, jaguares y monos. Joyce explicó que, por toda América, los chamanes y sacerdotes tradicionales declaran tener relaciones especiales con ciertos animales. La cabeza de hombre-jaguar es un ejemplo clásico de seres mitad humanos mitad animales representados en cerámica y esculturas antiguas. Según los cuentos y mitos de creación, los jaguares, monos, buitres y serpientes eran considerados animales de gran poder, y los chamanes los adoptaban como avatares o dobles espirituales.

Cada especie animal tiene un ser espiritual, un "amo", que los vigila y los protege. El cazador humano debe apaciguar a ese amo animal para cazar con éxito ese tipo de animal en especial. Después de matarlo, el cazador debe pedir perdón al amo y hacer una ofrenda. El amo se asegura de que los cazadores humanos no maten sin motivo a los animales bajo su protección, y sólo premia a aquellos cazadores que sean respetuosos, cumplan los rituales y sólo tomen lo que necesiten.

Un chamán que haya adoptado un animal como espíritu de poder puede comunicarse (a veces usando alucinógenos) con ese amo. De ahí proviene el poder del chamán: su capacidad de transformarse en hombre-jaguar, por ejemplo, y comunicarse con el amo de los jaguares. Por medio del amo, puede influir en todos los jaguares del reino. Cada amo animal actúa como canal espiritual a su especie particular. Dado eso, muchos antropólogos creen que los metates con cabezas de animales eran asientos de poder usados por chamanes o sagrados señores para moverse entre la Tierra y los planos espirituales, un umbral hacia el poder de su animal particular.

Según Joyce, el buitre encontrado en el lugar de honor en el centro del depósito de O1, con las alas colgando como brazos, es un humano convertido en parte buitre, un chamán transformado en su animal espiritual. En la cerámica y esculturas centroamericanas, los buitres casi siempre aparecen alimentándose de cadáveres humanos o resguardando las cabezas amputadas de los enemigos muertos en batalla. Y como se creía que los buitres tenían la capacidad de cruzar del plano terrenal al celestial, el buitre central podría estar asociado con la muerte, la transfiguración y la transición al mundo espiritual. Todo eso sugiere que el significado del depósito de alguna manera involucraba muerte y transición. ¿Pero la muerte y transición de quién o de qué?

Los motivos tallados en algunos de los metates brindan otra pista. Joyce interpreta el motivo de espiral doble en un metate de O1 como la representación de la neblina que emerge de las cuevas en las montañas, que simbolizan lugares de origen ancestrales. Las bandas cruzadas, dice, parecen mostrar puntos de entrada a la tierra sagrada: umbrales a un lugar de origen o nacimiento. El motivo de "nudo celta", tan común en los artefactos de O1, es un quincunce, un arreglo geométrico que representa los cuatro rumbos sagrados y el centro del mundo: un símbolo del universo mismo. (Los metates también muestran muchos motivos adicionales desconcertantes que podrían ser alguna forma de escritura ideográfica, aún por descifrar.)

Si seguimos esa línea argumentativa, parecería que el énfasis del depósito estaba en el nacimiento, la muerte y la transición al mundo espiritual. ¿Pero por qué la gente de esa ciudad dejaría en ese lugar una masa tan concentrada de objetos sagrados y poderosos, probablemente pertenecientes a la élite gobernante, los chamanes y los sagrados señores?

Chris hizo dos hallazgos que ayudaron a descifrar el misterio. El primero fue que no se trataba de una acumulación de ofrendas depositadas durante muchos años o siglos: las habían dejado todas al mismo tiempo. La segunda pista es aun más reveladora: la mayoría de los objetos estaba rota. ¿Se habían roto de forma natural al paso de los siglos por árboles gigantes que les cayeran encima? ¿O los habían roto a propósito? En el depósito, Fisher y su equipo encontraron una gigantesca mano de molienda de basalto, tallada y pulida. Mide más de un metro, un tamaño incómodo, y tiene un acabado demasiado fino para haber sido útil en la molienda, lo que indica que era un objeto ritual. Aunque no sea nada frágil, la encontraron quebrada en seis pedazos. No es probable que una simple caída de árbol haya roto esa piedra tan a fondo. Ni parece posible, por su mera cantidad, que tantos otros artefactos hechos de basalto duro se hayan roto de manera natural. Esos artefactos, concluyó Chris, debieron haber sido quebrados a propósito. Los destruyeron por la misma razón por la que habían "matado" ritualmente las vasijas encontradas en la Cueva de las Calaveras Brillantes: los antiguos llevaban a cabo esa destrucción ceremonial en los entierros para que los objetos pudieran viajar al inframundo con los difuntos. Eso no sólo aplicaba a vasijas y artefactos, sino también a edificios sagrados, e incluso caminos. En el suroeste de Estados Unidos, por ejemplo, partes del gran sistema de caminos anasazi y sus estaciones de paso fueron cerradas en el siglo XIII quemando matorrales y quebrando vasijas sagradas a todo lo largo, cuando los pueblos indios ancestrales abandonaron la región.

Tomadas juntas, esas pistas implican que el depósito se montó durante una clausura ritual de la ciudad en el momento de su abandono definitivo. En ese escenario, los últimos habitantes de la ciudad reunieron todos sus objetos sagrados y los dejaron como última ofrenda a los dioses al partir, rompiéndolos para liberar sus espíritus.

Es razonable pensar que los otros depósitos de artefactos encontrados en la Mosquitia hayan sido dejados con el mismo propósito, durante el abandono de esos asentamientos. Parece que una catástrofe a nivel civilización que involucró la "muerte" de todas esas ciudades ocurrió aproximadamente al mismo tiempo, alrededor de 1500... durante la conquista española. Sin embargo, los españoles nunca conquistaron la región; nunca la exploraron; ni siquiera penetraron esas junglas remotas.

Lo anterior nos lleva a la abrumadora pregunta: si no fue a causa de la invasión o conquista española, ¿por qué abandonaron la ciudad y el resto de la Mosquitia? El depósito organizado sugería que los últimos habitantes simplemente dejaron su hogar selvático para ir a lugares desconocidos, por razones desconocidas. Para encontrar la respuesta a esos misterios tenemos que volver a la leyenda, y la maldición, de la Ciudad Blanca.

Vista del río Pao. La ciudad perdida yace río
arriba, en un tributario anónimo.

Páginas iniciales del diario hondureño de 1933 de
Duncan Strong. Strong fue uno de los primeros
arqueólogos legítimos en penetrar la región.

Sam Glassmire en 1959, buscando la Ciudad Blanca con uno de sus guías.

Mapa dibujado a mano por Sam Glassmire en el que se muestra la ubicación de la "Ciudad Perdida" que descubrió en una expedición en 1960.

El valle O1, en lo profundo de la Mosquitia y rodeado de montañas casi impenetrables, se mantuvo como uno de los últimos lugares del planeta inexplorados por la ciencia, hasta la llegada de la expedición en febrero de 2015.

Theodore Morde subiendo el río Patuca en una canoa motorizada, Mosquitia, Honduras, 1940.

El Cessna Skymaster, que contenía una máquina de lidar de un millón de dólares, y su carga altamente clasificada vigilados por soldados hondureños. El avión sobrevoló tres valles inexplorados en las remotas montañas de la Mosquitia en misiones de reconocimiento, en 2012.

El Dr. Juan Carlos Fernández, ingeniero del Centro Nacional de Cartografía Aérea por Láser de la Universidad de Houston y encargado de planificar la misión de lidar, opera la máquina de lidar durante el sobrevuelo del valle O1 del 4 de mayo de 2012, cuando se descubrió la antigua ciudad.

El autor embutido en la parte trasera del Cessna, listo para despegar, el día del sobrevuelo histórico del valle O1.

En su primera expedición en busca de la Ciudad Blanca, en 1994, Steve Elkins encontró esta roca tallada, que representa a un hombre plantando semillas, en lo profundo de la selva, y tuvo la revelación de que, en tiempos precolombinos, una importante civilización agrícola había habitado lo que hoy es una selva casi infranqueable.

Steve Elkins fotografiado mientras salta un arbusto para correr a ver las primeras imágenes de la ciudad perdida encontradas mediante lidar en el valle O1, la culminación de su búsqueda de veinte años.

En Roatán, Honduras, examinando la primera imagen de lidar de la ciudad perdida, en 2012. Desde la izquierda: Steve Elkins, Bill Benenson (atrás), Michael Sartori (sentado), Virgilio Paredes, Tom Weinberg y el autor, Douglas Preston.

Dos imágenes de lidar de una porción de colina de O1, la primera
en escala de grises y la segunda rotada y en escala cromática.
Esa gran ruina en la cumbre aún no ha sido explorada.

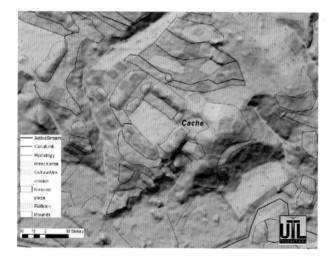

Una imagen de lidar del corazón de la ciudad de O1, que muestra la
ubicación del depósito [marcado "Cache" en la imagen] y otros rasgos
importantes. En tiempos precolombinos, fue un entorno totalmente
modificado e intervenido por el pueblo antiguo de la Mosquitia.

Bruce Heinicke, coordinador de producción local, prospector de oro, excontrabandista de drogas para un cártel colombiano y saqueador arqueológico; fue esencial para ayudar a encontrar la ciudad perdida.

El helicóptero Astar de la expedición mientras lo descargan en la zona de aterrizaje en la selva, al sur de las ruinas de O1.

Tom Weinberg, cronista oficial de la expedición, tomando notas en su laptop en lo profundo de la selva de la Mosquitia, 2015.

Chris Fisher (atrás), arqueólogo en jefe de la expedición, y el autor exploran el río anónimo que fluye por el valle O1 al sur de las ruinas.

La selva al amanecer, vista desde la margen del río desconocido que fluye por el valle, 2015.

El campamento del autor al sur de las ruinas, poco antes de que se convirtiera en un mar de fango bajo la lluvia incansable. Una tropa de monos araña vivía en los árboles de arriba; lo amenazaron con ramas y le chillaban, tratando de que se mudara. Por la noche, el suelo estaba cubierto de cucarachas y arañas, mientras los jaguares rondaban los alrededores.

Una barba amarilla, una de las serpientes más letales del mundo, entró al campamento la primera noche y tuvieron que matarla. Sus colmillos medían más de tres centímetros. Uno de los líderes de la expedición ató su cabeza a un árbol para advertir a todos del alto riesgo que representaban las serpientes.

Andrew Wood, líder de la expedición y exSAS, sosteniendo el cuerpo decapitado de la barba amarilla que había matado la noche anterior.

Bill Benenson, el cineasta que financió la
búsqueda de la ciudad perdida, explorando el río
anónimo del valle O1, al sur de las ruinas.

La Dra. Alicia González, la antropóloga de la expedición, en la
selva de la Mosquitia, 2015. Al fondo, de izquierda a derecha:
Chris Fisher, Anna Cohen y Andrew Wood.

Chris Fisher explorando las ruinas con un GPS Trimble. Esta fotografía fue tomada en la plaza central de la ciudad perdida, rodeada de montículos y una pirámide de tierra. El increíble espesor de la selva lo oscurecía todo.

La zona de "cocina" del campamento expedicionario, en lo profundo de la selva de la Mosquitia, 2015. La zona era tan remota que los animales al parecer nunca habían visto humanos antes; deambulaban por ahí, sin miedo.

Oscar Neil, jefe de arqueología de Honduras, descubrió el primer
altar en las ruinas unos instantes antes de que se tomara esta foto
en febrero de 2015. El altar apenas es visible detrás de su mano
derecha; resultó ser una piedra grande y plana puesta sobre tres
rocas de cuarzo, parte de una larga fila de altares a lo largo de la
plaza principal de la ciudad.

Soldados hondureños de las Fuerzas Especiales
TESON acompañaron a la expedición; están asando
un venado sobre el fuego en su campamento,
2015.

El depósito u ofrenda de objetos de piedra, vasijas, tronos y figurillas, de los cuales sólo las puntas sobresalen del suelo. La excavación de este depósito resolvería uno de los mayores misterios de esta civilización: ¿Qué provocó su repentina y catastrófica desaparición hace cinco siglos?

El hombre-jaguar como se veía al encontrarlo, sobresaliendo del piso. El fotógrafo David Yoder arriesgó su vida al trepar hasta el depósito por la noche para fotografiar los artefactos usando la técnica fotográfica especial conocida como "pintar con luz".

La arqueóloga Anna Cohen excava vasijas de piedra en el misterioso depósito. Aquí es visible la vasija de piedra con el "extraterrestre bebé", que podría representar un cadáver amortajado, un cautivo esperando el sacrificio o una deidad mitad mono y mitad humana.

Misteriosa escultura situada en el centro del depósito encontrado en la base de la pirámide central, que los arqueólogos creen que representa un chamán en un estado de transformación espiritual, en la que adquirió forma de buitre.

Deforestación encontrada durante el trayecto al valle O1;
principalmente se despeja tierra para ganado. Un funcionario
hondureño estimó que la tala ideal llegaría al valle O1 en menos
de ocho años. La expedición y sus descubrimientos, sin embargo,
motivaron al gobierno hondureño a tomar medidas contra la
deforestación en la región de la Mosquitia.

El presidente Hernández y Steve Elkins a su llegada en helicóptero
al sitio de la ciudad perdida, 2016.

Capítulo 22

Vinieron a marchitar las flores

Los mitos de la Ciudad Blanca, de la Ciudad del Dios Mono, de una Casa Blanca o Kaha Kamasa tienen un arco similar: había una vez una gran ciudad en las montañas que fue asolada por una serie de catástrofes, tras lo cual la gente decidió que los dioses estaban enojados y partió, abandonando sus pertenencias. A partir de entonces fue evitada como lugar maldito, prohibido, que trae la muerte a quienes se atrevan a profanarlo.

Sin duda es una leyenda, pero las leyendas con frecuencia están basadas en la verdad, y ésta, tan persistente y duradera, no es la excepción.

Para separar la verdad del mito, tenemos que volver en el tiempo, hasta el descubrimiento europeo del Nuevo Mundo. En octubre de 1493 Colón zarpó en su segundo viaje. Esa expedición fue muy distinta a la primera. Aquélla, con tres naves, había sido un viaje de exploración el cual tenía como objetivo primario el sometimiento, la colonización y la conversión. La enorme flotilla de Colón en aquel segundo viaje consistió en diecisiete naves con mil quinientos hombres y miles de animales, incluyendo caballos, ganado, perros, gatos, gallinas y cerdos. Pero a bordo de esos barcos había algo mucho más amenazador que soldados con armas y armadura de acero, curas con cruces y animales que perturbarían la ecología del Nuevo Mundo. Colón y sus hombres cargaban sin saberlo patógenos microscópicos, a los cuales la gente del Nuevo Mundo nunca había estado expuesta y contra los que no tenía resistencia genética. El Nuevo Mundo era como un vasto bosque seco esperando la flama, y Colón le prendió fuego. Que las enfermedades europeas asolaron el Nuevo Mundo es historia antigua, pero descubrimientos recientes en genética, epidemiología y arqueología han dibujado un paisaje de la matanza realmente apocalíptico; la experiencia sufrida por las comunidades indígenas durante ese genocidio excede lo peor que haya mostrado cualquier película de terror. Fueron las enfermedades, más que cualquier otra cosa, lo que permitió a los españoles establecer el primer *imperio en el que nunca se pone el sol*, así llamado porque ocupaba una franja territorial tan extensa que en alguna parte siempre era de día.

Colón había presumido en su primer viaje que "nadie había enfermado, ni siquiera sufrido de jaqueca", excepto un viejo con piedras en los riñones. El segundo viaje, cargado de soldados de diferentes partes de España y bulliciosos cargamentos de ganado, era un arca de Noé de pestilencia. Aun durante la travesía del Atlántico, cientos de hombres y animales a bordo de la flotilla comenzaron a enfermar. Al llegar a las islas exteriores del Caribe, las naves, con su acre cargamento de enfermedades, hicieron una gira monumental, desembarcando en Dominica, Montserrat, Antigua y otras antillas menores antes de zarpar a Puerto Rico y La Española, donde bajó la mayoría de los hombres. Aunque él y sus hombres se estaban enfermando más, Colón tomó una flota más pequeña y exploró Cuba y Jamaica antes de regresar a La Española.

Las primeras descripciones que hizo Colón de La Española revelan un lugar maravilloso y fértil, una isla "mayor que Portugal, y más gente al doblo", que elogió como "la más hermosa cosa del mundo".* La Española (hoy dividida entre Haití y República Dominicana) estaba habitada por los taínos, pero qué tantos había es objeto de debate entre historiadores. Bartolomé de las Casas, el cronista español que escribió un recuento casi todo presencial de la colonización de las Indias, dijo que la población indígena de La Española a la llegada de Colón era de aproximadamente un millón, que más tarde rectificó a tres millones. Muchos historiadores modernos creen que Las Casas exageró la cifra y que la población real quizá se acercara al medio millón. De cualquier manera, La Española y todas las grandes islas del Caribe eran impresionantemente prósperas. Colón encontró la cercana Jamaica "llena de poblaçiones y mui grandes, y no lexos una de otra un quarto de legua; tiene canoas más que todos los otros yndios que yo aya visto y las más grandes".

Todo eso estaba a punto de cambiar.

En aquel fatídico segundo viaje, Colón mismo enfermó tanto que estuvo a punto de morir, y durante semanas dejó de escribir en su bitácora. La flotilla llegó a La Española el 22 de noviembre de 1493, y restableció un asentamiento español para reemplazar al que habían destruido los indios en su ausencia. Muchos de los españoles habían caído enfermos para entonces y bastantes habían muerto, a causa de las condiciones insalubres a bordo de las naves y la imposibilidad de escapar al contagio. En pocos años, la mitad de los mil quinientos soldados de Colón moriría enferma. Pero eso

---

* De hecho es ligeramente más pequeña. Portugal tendría una población de un millón de personas en 1500.

no fue nada comparado con lo que sucedió con la población nativa.

En su paso vagabundo por el Caribe, las naves, con sus tripulaciones enfermas, propagaron epidemias inconscientemente en muchos de los puertos que visitaron. Para 1494 esas epidemias se mezclaron hasta convertirse en una peste que asoló a La Española y el resto del Caribe. "Vino sobre [los indios] tanta de enfermedad, muerte y miseria —escribió Bartolomé de las Casas—, de que murieron infelicemente de padres y madres y hijos, infinitos". Estimó que un tercio de la población había muerto en los dos años entre 1494 y 1496. Una tabla de estadísticas para la isla La Española cuenta la historia:

Fecha	Población nativa
1492	~500 000 (debatida)
1508	60 000
1510	33 523
1514	26 334
1518 [antes de la viruela]	18 000
1519 [después de la viruela]	1 000
1542	0

No todas esas muertes fueron causadas por enfermedades, por supuesto: el trabajo forzado, el hambre, la crueldad, los homicidios, las violaciones, la esclavitud y la relocalización también contribuyeron bastante a la extinción de los taínos de La Española y los demás pueblos del Caribe. Pero el factor predominante fueron las enfermedades europeas, contra las cuales el Nuevo Mundo casi no tenía resistencia. Los epidemiólogos modernos han estudiado los recuentos antiguos para averiguar qué enfermedades asolaron a los indios durante esas primeras epidemias. Sus mejores hipótesis son la influenza, el tifo y la disentería. Muchas enfermedades más se unieron a las primeras en oleada tras oleada de mortandad, incluyendo sarampión, paperas, fiebre amarilla, malaria, varicela, tifoidea, peste, difteria, tos ferina, tuberculosis y —la más mortal de todas— viruela.

Esas epidemias no se quedaron en las islas. Las Casas describió una "red barredera" de la muerte que se extendió a la tierra firme centroamericana "y asoló todo este orbe". Puede que los comerciantes nativos hayan esparcido el contagio a tierra firme antes de 1500; quizá la gente haya empezado a morir ahí aun antes de la llegada de los europeos. Pero sabemos con seguridad que Colón, durante su cuarto viaje, en 1502, desató sin percatarse las enfermedades en América continental.

Mientras buscaba un pasaje al oeste hacia las Indias, llegó a las Islas de la Bahía de Honduras el 30 de julio de 1502. Después de pasar unas semanas en las islas, continuó hacia tierra firme centroamericana, con lo que se convirtió en el primer europeo en tocar tierra ahí. Atracó en un puerto cerca de la ciudad actual de Trujillo, y bautizó la nueva tierra "Honduras" por el agua muy profunda que había encontrado cerca de la costa. Tras desembarcar en Honduras continental, él y sus hombres celebraron misa el 14 de agosto de 1502 y reclamaron la tierra para Isabel de Castilla y Fernando de Aragón.

Después de encontrarse con indios amigables, Colón, que estaba enfermo de nuevo (de qué, no estamos seguros), siguió explorando hacia el sur con sus muchos hombres enfermos, veleando por la costa de Honduras, Nicaragua y Panamá, deteniéndose con frecuencia. Como incendios en un bosque, las enfermedades se propagaron a partir de esos puntos de contacto, arrasando las tierras del interior, mucho más veloces que la exploración europea. No sabemos cuántos hayan muerto en esas primeras epidemias: los nativos que las presenciaron no dejaron recuentos, y no había cronistas europeos presentes.

Pero el verdadero apocalipsis estaba por llegar. Lo hizo en forma de viruela. Las Casas escribió que "alguna persona trujo de Castilla" y llegó a La Española en diciembre de 1518. "De la inmensidad de gentes que en esta isla había y vimos por nuestros ojos", escribió Las Casas, ni siquiera "mil ánimas" quedaban para finales de 1519. En enero se extendió a Puerto Rico, y a partir de ahí asoló el Caribe y saltó a tierra firme. Para septiembre de 1519, la viruela había llegado al valle de México.

Los remedios indígenas tradicionales —sudores, baños fríos y hierbas medicinales— no fueron efectivos contra ella. De hecho, muchos esfuerzos por curarla sólo parecían acelerar la muerte. En Europa, en el peor de los casos, la viruela mataba a una de cada tres personas infectadas; en América la tasa de mortandad superaba cincuenta por ciento, y en muchos casos se acercaba a noventa o noventa y cinco por ciento.

Los epidemiólogos están en general de acuerdo en que la viruela es la enfermedad más cruel que haya afligido a la raza humana. Durante el siglo anterior a su erradicación en la década de 1970, mató a más de quinientos millones de personas y dejó a otras tantas ciegas y con horribles cicatrices. Inflige un sufrimiento insoportable, tanto físico como psicológico. Normalmente comienza como una gripe, con dolor de cabeza, fiebre y dolor en el cuerpo; luego se dispara como una garganta irritada que no tarda en extenderse a sarpullido. Conforme la enfermedad se desarrolla durante la semana siguiente, la víctima suele sufrir terribles sueños y alucinaciones, y la azota una misteriosa sensación de horror existencial. El sarpullido se convierte en manchas que se hinchan hasta volverse pápulas y luego pústulas llenas de líquido que cubren todo el cuerpo, incluyendo las plantas de los pies. Esas pústulas a veces se fusionan, y la capa exterior de la piel se separa del cuerpo. En la variedad más mortal de la viruela, la hemorrágica, llamada viruela negra, la piel se torna de un púrpura profundo o parece carbonizada, y se cae por hojas. La víctima casi siempre se desangra por todos los orificios del cuerpo. Es extremadamente contagiosa. A diferencia de la mayoría de los virus, la viruela puede sobrevivir y permanecer virulenta durante meses o años fuera del cuerpo del enfermo, en sus ropas, sábanas y habitación.

Los indios le tenían terror abyecto. No se parecía a nada que hubieran sufrido antes. La historia de la Conquista contiene muchos testimonios españoles de los horrores de la pandemia. "Era muy destructora enfermedad —escribió un fraile—. Muchas gentes murieron de ella. Ya nadie podía andar, no más estaban acostados, tendidos en su cama. No podía nadie moverse, no podía volver el cuello, no podía hacer movimientos de cuerpo; no podía acostarse cara abajo, ni acostarse sobre la espalda, ni moverse de un lado a otro. Y cuando se movían algo, daban de gritos [...] Muchos murieron de ella, pero muchos solamente de hambre murieron: hubo muertos por el hambre: ya nadie tenía cuidado de nadie, nadie de otro se preocupaba".

Esas epidemias debilitaron la resistencia militar indígena y en muchas instancias ayudaron a los españoles en su conquista. Pero en general, los españoles (y Colón personalmente) estaban muy apesadumbrados por la extinción: las muertes de tantos indios interferían con sus negocios esclavistas, mataban a sus sirvientes y vaciaban sus plantaciones y minas de trabajos forzados. Al llegar la viruela, los indios solían reaccionar con pánico y huida, abandonando pueblos y ciudades, dejando atrás enfermos y muertos. Y aunque los españoles fueran menos susceptibles a esas epidemias, no eran inmunes, y muchos también murieron en la conflagración general.

Las epidemias despejaron enormes franjas del Nuevo Mundo aun antes de la llegada de los europeos. Hay muchos recuentos de exploradores que llegan por primera vez a una aldea y encuentran a todos muertos, las casas llenas de cadáveres putrefactos, cubiertos de pústulas.

Los historiadores alguna vez se maravillaron de que Cortés, con su ejército de quinientos soldados, hubiera derrotado al imperio azteca, con más de un millón de habitantes. Varias ideas se han propuesto: que los españoles tenían ventajas tecnológicas cruciales en sus caballos, espadas, ballestas, cañones y armaduras; que tenían tácticas superiores, forjadas por siglos de combatir a los moros; que los indios se contuvieron, temerosos de que fueran dioses, y que la subyugación y mal gobierno de los señoríos circundantes por parte de los mexicas habían creado las condiciones propicias para la revuelta. Todo eso es cierto. Pero la verdadera conquistadora fue la viruela. Cortés y sus tropas ocuparon la ciudad capital de Tenochtitlan (la futura Ciudad de México) en 1519, pero eso no cuenta como conquista: el inquieto emperador azteca, Moctezuma, invitó a Cortés a la ciudad porque no estaba seguro de si era dios u hombre. Ocho meses después, cuando Moctezuma fue asesinado bajo circunstancias turbias (quizá por los españoles, quizá por su propia gente), los indios se alzaron en armas y expulsaron rápidamente a los invasores de la ciudad, en la llamada Noche Triste. En esa retirada aplastante, muchos soldados españoles fueron muertos o se ahogaron mientras huían del islote sobre el cual estaba construida la ciudad, porque habían sobrecargado sus bolsillos de oro. Después de su huida, los invasores acamparon en Tlaxcala, a cincuenta kilómetros al este de Tenochtitlan, lamiéndose las heridas y preguntándose qué hacer. En ese momento, la viruela invadió el valle de México.

"Fue nuestro Dios servido —escribió un fraile—, estando los cristianos harto fatigados de la guerra, de enviarles viruelas, y entre los indios vino una grande pestilencia". En sesenta días, la viruela se llevó por lo menos a la mitad de los habitantes de Tenochtitlan, que tenía una población precontacto de trescientos mil o más. La viruela también mató al muy capaz sucesor de Moctezuma, el emperador Cuitláhuac, quien en su breve reinado de cuarenta días había consolidado rápidamente alianzas militares que, de haber sobrevivido, probablemente habrían repelido a Cortés. Pero con por lo menos la mitad de la población muerta y la ciudad y el campo colindante hundidos en el caos de la epidemia, Cortés logró retomar la capital en 1521. El peor efecto fue la completa desmoralización de los indios: vieron claramente que la enfermedad los diezmaba mientras apenas afectaba a los españoles, y concluyeron que habían sido malditos y rechazados por sus dioses, que se habían pasado al bando de los invasores. Al entrar marchando a la ciudad, un observador escribió: "las calles [eran tan] llenas de hombres muertos y enfermos, que los nuestros no pisaban otra cosa si no eran cuerpos".

Al mismo tiempo que la viruela azotaba México, arrasó el sur, hacia el Mayab, antes de la llegada de los españoles. Aunque las ciudades mayas ya no estuvieran habitadas, los mayas estaban extendidos por la región y aún eran reconocidos por su fiereza y destreza militar. El contagio allanó el camino para la conquista de Guatemala cuatro años después, a manos de uno de los capitanes de Cortés.

En los diez años subsecuentes al primer brote de viruela en el Nuevo Mundo, la enfermedad se había propagado a lo profundo de Sudamérica. Las pandemias también derribaron a varios de los grandes reinos precolombinos de Norteamérica. De 1539 a 1541 el explorador Hernando de Soto pasó por un poderoso y floreciente señorío llamado Coosa, que abarcaba partes de Tennessee, Georgia y Alabama, y tenía una población de quizá cincuenta mil personas. Pero veinte años después, para cuando pasó el siguiente europeo, Coosa había sido abandonada casi por completo; el paisaje estaba regado de casas vacías, los jardines, otrora abundantes, invadidos de cardos y hierbajos. En el valle del río Misisipi, De Soto había encontrado cuarenta y nueve pueblos, pero los exploradores franceses La Salle y Joliet, un siglo después, sólo encontraron siete asentamientos miserables, un declive de ochenta y seis por ciento. La mayor parte del sureste norteamericano había sido barrido por una epidemia masiva.

Aunque haya un feroz debate en torno a las cifras, los académicos estiman que, antes de la llegada de Colón, la población de Norteamérica era de unos 4.4 millones; la de México, de veintiún millones; el Caribe, seis millones, y Centroamérica, otros seis. Pero para 1543 los pueblos indios de las islas principales del Caribe (Cuba, Jamaica, La Española y Puerto Rico) estaban extintos: casi seis millones de muertos. En las islas más pequeñas, unas cuantas poblaciones nativas diezmadas se aferraban a una existencia precaria. La caída de Tenochtitlan, el colapso generalizado de las poblaciones nativas en todas partes y las oleadas continuas de pandemias permitieron a los españoles aplastar la resistencia indígena por casi toda Centroamérica.

Comparemos eso con la conquista española de las Filipinas, que ocurrió al mismo tiempo. Los españoles fueron igual de despiadados allá, pero la conquista no estuvo ayudada por enfermedades: los filipinos eran resistentes a los males del Viejo Mundo y las islas no sufrieron extinciones masivas ni caídas de la población. Como resultado, los españoles se vieron forzados a acomodarse y ajustarse a coexistir con los pueblos indígenas de las Filipinas, que permanecieron fuertes y mantuvieron sus lenguas y culturas. En cuanto los españoles se fueron, la influencia ibérica se difuminó, junto con la lengua castellana, que hoy en día hablan pocos.

¿Pero habrá alcanzado la Mosquitia esta catástrofe?, y si fue así, ¿cómo entró hasta el remoto interior, tan alejado del contacto con los españoles? No tenemos muchas fuentes que hablen de cómo afectó a Honduras en específico la epidemia de viruela de 1519. El sentido común nos dice que si la viruela asoló el norte y el sur, Honduras debió haber sido gravemente afectada. Diez años después de la viruela, otra terrible pandemia arrasó el Nuevo Mundo: el sarampión. Sabemos que ésa asoló Honduras con una crueldad excepcional. Para los europeos, el sarampión es una enfermedad mucho menos grave que la viruela: aunque se extienda fácilmente, rara vez mata. Pero al llegar al Nuevo Mundo resultó ser casi fatal, matando por lo menos a veinticinco por ciento de la población afectada. En 1532 el conquistador Pedro de Alvarado envió un informe desde Guatemala a Carlos V: "En toda la Nueva España vino una pestilencia por los naturales que dicen sarampión, y llegó a esta provincia hará tres meses, y por mucha diligencia que puse en curallos no ha podido lograse que no muriesen muchos". La pandemia de sarampión coincidió con epidemias de otras enfermedades en Honduras, entre ellas posiblemente tifoidea, gripe y peste.

Antonio de Herrera, otro cronista español de la época, escribió que "sucedió en este tiempo [1532] tan grande pestilencia de sarampión, que en la provincia de Honduras, pegándose de casa en casa y de pueblo en pueblo, que murió mucha gente […] y desde ha dos años sucedió otra enfermedad muy general de dolor de costado y de estómago que también se llevó muchos indios". Oviedo escribió que la mitad de la población de Honduras murió de enfermedades en los años que van de 1530 a 1532. Un misionero español se lamentó de que sólo el tres por ciento de la población costera había sobrevivido y "lo que dura de Indios, creen muchos se acabará antes de mucho".

La geógrafa británica Linda Newson produjo un estudio magistral de la catástrofe demográfica en Honduras durante el periodo español titulado *El costo de la conquista*. Es el análisis más detallado que hay de lo que sucedió en ese país. Es difícil conseguir cifras precisas de la población original, sobre todo para Honduras oriental y la Mosquitia, que no fueron colonizadas, pero Newson evaluó una vasta cantidad de evidencia y brindó los mejores estimados posibles, a pesar, señaló, de estar impedida por la falta de buen trabajo arqueológico.

Echando mano de narraciones tempranas, estimados de población, estudios culturales y datos ecológicos, Newson concluyó que las zonas de Honduras colonizadas primero por los españoles iniciaron con una población preconquista de seiscientos mil. Para 1550 sólo quedaban treinta y dos mil nativos. Es un colapso poblacional de noventa y cinco por ciento, una estadística demoledora. Desglosó las cifras así: entre treinta y cincuenta mil murieron en las guerras de conquista, mientras que otros cien a ciento cincuenta mil fueron capturados en incursiones esclavistas y transportados fuera del país. Casi todos los demás —más de cuatrocientos mil— murieron de enfermedades.

En Honduras oriental, que incluye la Mosquitia, Newson estimó una densidad de población preconquista de unas once personas por kilómetro cuadrado, con lo que estableció la población de las montañas del interior de la Mosquitia en unas ciento cincuenta mil personas. Sin embargo, el descubrimiento de ciudades grandes como O1 y O3 —de las que Newson no sabía al escribir su libro en 1986— modifica significativamente ese cálculo. Sin importar las cifras exactas, ahora sabemos que era una región próspera y floreciente, conectada con sus vecinos por extensas rutas comerciales; no era en absoluto la jungla remota y apenas poblada que vemos hoy en día. Tenemos el testimonio de Cortés y Pedraza de provincias ricas y extensas, y tenemos la evidencia de O1 y O3, Las Crucitas, Wankibila y otras antiguas ciudades de la Mosquitia.

Los valles montañosos como O1 estaban demasiado dentro de la selva para ser del interés de los conquistadores o esclavistas; la gente que vivía ahí debió haber seguido floreciendo mucho después de la llegada de los europeos. Muchas de esas zonas no se abrieron sino hasta el siglo XX o después y, como ahora sabemos, incluso hoy en día quedan partes sin explorar. Pero dado cómo se esparcieron las enfermedades, es prácticamente imposible que el valle de O1 haya escapado al contagio generalizado. Es casi seguro que las epidemias de enfermedades europeas barrieran O1, O3 y el resto de la Mosquitia en algún punto entre 1520 y 1550. (Se necesita más y mejor arqueología para refinar esto; quizá las excavaciones de O1 ayuden.)

Esos patógenos invadieron la Mosquitia por dos vías. La primera fue el comercio. Cuando Colón desembarcó en las Islas de la Bahía de Honduras describió una vista memorable: una enorme canoa comercial, de dos metros y medio de ancho y veinte de largo, tripulada por veinticinco remeros. La canoa tenía una choza construida en el centro y traía apilados valiosos bienes comerciales: cobre, pedernal, armas, textiles y chicha. Había un comercio marino generalizado por todo el Caribe y Centroamérica. Algunos historiadores dicen que la canoa que vio Colón debió haber sido operada por comerciantes mayas, pero es más probable que fueran chibchas, dado que las Islas de la Bahía estaban habitadas no por mayas, sino por pueblos de habla chibcha con vínculos con la Mosquitia. Esos mercaderes, quienesquiera que fueran, sin duda estaban comerciando con tierra firme, al igual que con Cuba, La Española y Puerto Rico; algunos arqueólogos creen que pudieron haber llegado hasta el delta del río Misisipi. Y las dos carreteras principales a la Mosquitia —el río Plátano y el río Patuca— desembocan en el mar no muy al este de las Islas de la Bahía. Durante la época de plagas en el Caribe, no cabe duda de que esos comerciantes, intercambiando bienes de las islas y las costas, hayan llevado patógenos europeos río arriba hacia la Mosquitia, donde los microbios se insertaron en la población local y arrasaron la provincia.

Una segunda vía probable de infección es la trata de esclavos. Antes de que la Corona española restringiera la esclavitud en 1542, las incursiones esclavistas asolaron Honduras, secuestrando indios para que trabajaran en plantaciones, minas y hogares. Los primeros esclavos provenían de las islas y costas. Conforme las enfermedades eliminaron a esos primeros cautivos, los españoles se internaron cada vez más en el continente en busca de reemplazos. (La trata de esclavos africana también se disparó en esa época.) Para la década de 1530 los esclavistas estaban asolando la costa de Mosquitos y el valle de Olancho, donde está hoy en día Catacamas, destruyendo aldeas y atrapando gente como ganado. Por tres rumbos —oeste, norte y sur—, la Mosquitia estaba rodeada de incursiones esclavistas brutales. Miles de indios que huían de sus aldeas se refugiaron en el bosque tropical. Muchos desaparecieron en las montañas de la Mosquitia. Desafortunadamente, algunos de esos refugiados llevaron las enfermedades europeas a los valles del interior, más bien protegidos.

Si seguimos este escenario hipotético hasta su conclusión, entonces en algún momento de principios del siglo xvi varias epidemias barrieron O1 en rápida sucesión. Si las tasas de mortandad fueron similares a las del resto de Honduras y Centroamérica, aproximadamente noventa por ciento de los habitantes murió. Los sobrevivientes, destrozados y traumatizados, abandonaron la ciudad y dejaron atrás el depósito de objetos sagrados como ofrenda final a los dioses, rompiendo ritualmente muchos de ellos para liberar sus espíritus. No era una ofrenda mortuoria para un individuo: era una ofrenda mortuoria para una ciudad entera, el cenotafio de una civilización. El mismo abandono, con ofrendas rotas, ocurrió por toda la región.

"Piénsalo —dijo Chris Fisher—. Aunque estuvieran sufriendo la asolación de esas enfermedades, que hayan hecho esa ofrenda realmente subraya la importancia" del lugar en el que fue encontrado el depósito, y el significado primordial del depósito mismo. "Estos lugares tenían una carga ritual y se quedaron así para siempre". Y así fue hasta medio milenio después, cuando nuestro pequeño grupo se tropezó con el depósito: el memorial trágico de una otrora gran cultura.

Resultó que una de las respuestas al misterio de la Ciudad Blanca había estado ante nosotros todo el tiempo: los distintos mitos de la ciudad, de su abandono y naturaleza maldita, probablemente se hayan originado en esta sombría historia. Vistas a la luz de estas pandemias, las leyendas de la Ciudad

Blanca son una descripción bastante directa de una ciudad (o varias) barrida por enfermedades y abandonada por su gente, de un lugar que, además, quizá haya permanecido como foco de contagio por algún tiempo.

Tenemos pocos recuentos que den el punto de vista de los nativos de estas pandemias. Uno de los más conmovedores es una extraña descripción presencial contemporánea, llamada el *Libro de Chilam Balam de Chuyamel*, que recuerda los dos mundos, antes y después del contacto. Fue escrito por un indio en la lengua maya yucateca:

> No había entonces enfermedad, no había dolor de huesos, no había fiebre para ellos, no había viruelas, no había ardor de pecho, no había dolor de vientre, no había consunción. Rectamente iba erguido su cuerpo, entonces.
>
> No fue así lo que hicieron los *Dzules [extranjeros]* cuando llegaron aquí. Ellos enseñaron el miedo; y vinieron a marchitar las flores.

Capítulo 23

Cuatro miembros de la expedición se han enfermado, con los mismos síntomas

En las semanas posteriores a nuestro regreso de la selva en febrero de 2015, los miembros de la expedición nos instalamos de vuelta en nuestras vidas cotidianas. El poder de la experiencia se quedó con nosotros: yo me sentía humillado y asombrado por el vistazo que habíamos tenido de un lugar completamente fuera del siglo XXI. Todos también compartíamos una sensación de alivio, por haber salido de la selva intactos.

Unos días después de nuestro regreso de Honduras, Woody nos envió un correo masivo. Era parte de su seguimiento estándar de cualquier expedición que lleva a la jungla, e incluía este extracto:

> Todos, si encuentran cualquier cosa extraña, se sienten un poco mal, desarrollan una ligera fiebre que se desvanezca o alguna de sus muchas picaduras parece no estar sanando, recomendaría que buscaran ayuda médica lo más pronto posible, explicando dónde estuvieron, etc. Más vale prevenir que lamentar.

En ese momento yo estaba completamente cubierto, como todos los demás, de picaduras de insectos que daban una comezón horrible, pero eso comenzó a irse gradualmente. Un mes después, en marzo, fui de vacaciones con mi esposa a Francia, donde esquiamos en los Alpes franceses y visitamos amigos en París. Mientras caminaba por París, comencé a sentir las piernas rígidas, como si las tuviera adoloridas por hacer demasiado ejercicio. Al principio se lo atribuí al esquí, pero a lo largo de los días la rigidez empeoró, hasta que apenas podía caminar sin agotarme. Cuando desarrollé una fiebre de 39.4 grados centígrados, entré en el sitio de internet de los Centros para el Control de Enfermedades (cce), para revisar el periodo de incubación de varias enfermedades tropicales a las que podría haber estado expuesto. Por suerte, había sobrepasado el periodo de incubación normal de la chikunguña, mal de Chagas y dengue. Pero estaba justo en el centro de la malaria, y mis síntomas coincidían con los descritos en el sitio de los cce. Estaba furioso por haber detenido prematuramente mi tratamiento preventivo. ¿En qué rayos estaba pensando? Pero luego me pregunté cómo pudo haberme dado malaria, una enfermedad transmitida entre humanos mediante mosquitos, si el valle de O1 estaba deshabitado. Los mosquitos no suelen viajar más de unos cientos de metros en sus vidas, y los humanos más cercanos con malaria estaban a kilómetros de distancia.

Mis amigos parisinos hicieron algunas llamadas y encontraron un hospital a una corta distancia en metro con un laboratorio de enfermedades infecciosas que podía hacerme una prueba de malaria. Fui aquella noche, me sacaron sangre y noventa minutos después tuve los resultados: negativos. El doctor pensó que tenía un virus común, sin ninguna relación con el viaje a Honduras, y me aseguró que no tenía de que preocuparme. Mi fiebre había desaparecido mientras esperaba mis resultados. Dos días después me había recuperado por completo.

Pasó otro mes. Las picaduras de insectos en mis piernas se desvanecieron, junto con la comezón. Pero una no se fue. Estaba en mi brazo izquierdo, a medio camino entre codo y hombro, y parecía estarse poniendo más roja y grande. Al principio no me preocupó, porque, a diferencia de las demás, no me daba comezón ni me molestaba.

En abril tuve un brote de fuegos en boca y lengua, acompañado de otra fiebre repentina. Fui a la sala de emergencias local en Santa Fe. El doctor que me examinó creyó que era herpes y me dio una receta para un antiviral. Le mostré la picadura de insecto en mi brazo, que se estaba poniendo más fea. Sugirió que la tratara con una pomada antibiótica. Aquella fiebre se fue rápido y los fuegos bucales desaparecieron poco después. Sin embargo, la crema antibiótica no hizo nada por mi brazo.

Durante las siguientes semanas la picadura de insecto se expandió y desarrolló una costra vil. Lo discutí con Steve Elkins y dijo que Dave Yoder y Chris Fisher reportaban picaduras similares que no sanaban. Steve sugirió que fotografiáramos nuestras picaduras y las mandáramos por correo electrónico, para comparar. Dave, que vivía en Roma, me envió una foto de la suya, que estaba en la parte posterior de su pierna. Se parecía a la mía, pero peor. Estaba frustrado: había ido a la sala de emergencias en Roma tres veces y los doctores la seguían diagnosticando como infección y dándole antibióticos, que no funcionaban.

—No parece una infección normal —me dijo—. Parece un cráter volcánico en miniatura. Nada más no quiere sanar.

Comenzó a investigar qué podríamos tener.

—Trato de no googlear imágenes de enfermedades en la red —dijo—. Me he dado dos sustos de salud por googlear. Pero esta vez lo hice, porque sabía que mis doctores estaban equivocados.

Las imágenes que salieron lo hicieron creer que podría tener una enfermedad tropical llamada leishmaniasis.

Les mandó fotos de su picadura por correo electrónico a dos colegas fotógrafos de *National Geographic* a los que les había dado leishmaniasis en sus encargos. Uno era Joel Sartore, que contrajo la enfermedad en el bosque tropical boliviano, y casi pierde la pierna como resultado. Los dos fotógrafos le dijeron a Dave que lo que tenía "sin duda parecía leish".

Dave me envió un correo electrónico:

¿Has considerado la posibilidad de la leishmaniasis? Puede ser serio. Ahora estoy bastante seguro de que eso es lo que tengo. Estoy investigando la situación en este instante.

Googleé de inmediato la enfermedad y leí al respecto con fascinación y asco. Las imágenes de leish en sus primeras etapas sí se parecían a mi picadura. También me mostraron cómo se desarrollaría, y era el horror total. La leishmaniasis es la segunda enfermedad parasitaria más letal del mundo, tan sólo detrás de la malaria, y afecta a doce millones de personas a nivel mundial, con uno o dos millones de casos nuevos al año. Mata a sesenta mil personas al año. Entre las principales "enfermedades tropicales desatendidas" (ETD) del mundo, la leishmaniasis es de las más prominentes, si no es que la número uno. Pero como casi siempre afecta a gente pobre en áreas rurales del trópico, hay poco incentivo económico para que las compañías farmacéuticas desarrollen vacunas o tratamientos.

Mientras tanto, Bill Benenson y Steve comenzaron a circular correos electrónicos entre todo el grupo, preguntando si alguien más tenía picaduras de insectos que no se iban. Mark Adams, el ingeniero de sonido, reportó que tenía una lesión en la rodilla. Tom Weinberg tenía una úlcera sospechosa en un nudillo. Mark Plotkin tenía un sarpullido sin explicación. Sully y Woody tenían picaduras que se estaban convirtiendo en llagas.

Unos días después —eso fue a finales de abril de 2015—, harto de sus doctores locales y de la sala de emergencias italiana, Dave fue al hospital más grande de Roma y exigió ver a un especialista en enfermedades tropicales. Al inicio de la revisión, cuando Dave opinó que era leish, el doctor ladró:

—No, no es.

Pero al terminar la cita, el médico estuvo de acuerdo en que sí parecía tener la enfermedad. Le sugirió a Dave que regresara a Estados Unidos por un diagnóstico más preciso, porque la leish es infamemente difícil de identificar: no es una sola enfermedad, sino un conjunto de enfermedades causadas por treinta especies distintas de parásitos transmitidos por varias docenas de tipos de jejenes.

El 2 de mayo de 2015 Dave le envió un correo electrónico al grupo en el que informaba de su visita al especialista en enfermedades tropicales en Roma, y nos ofreció consejo:

Hermanos de leish:

A pesar de que a nadie en el grupo le hayan diagnosticado nada, voy a salir en falso y señalar al rey desnudo. Puede haber causa para explorar la posibilidad de leishmaniasis en mi caso, y tal como veo la situación, tal vez en el de otros miembros del grupo.

Dijo que había decidido regresar a Estados Unidos por un diagnóstico firme y tratamiento.

Eso disparó un pánico menor. Docenas de mensajes circularon entre los miembros de la expedición discutiendo síntomas, reales e imaginarios. Incluso aquellos sin signos evidentes de leish corrieron con sus doctores, preocupados por varias aflicciones: sarpullidos, fiebres, jaquecas y otros malestares. Circularon fotografías vomitivas de las úlceras en expansión de todos, una y otra vez.

Steve Elkins se mantenía exasperantemente sano, pero Bill Benenson había descubierto que tenía dos garrapatas selváticas al volver a California. Aunque no había resultado en nada serio, estaba agitado, y le preocupaba mucho lo que les pasaba a los demás. Envió un correo electrónico:

> Siento que deberíamos compartir nuestra información médica relevante, de ser posible y cómodo, para ayudarnos y para todos los exploradores futuros. Recordemos que no sólo hicimos historia juntos en febrero, sino que seguimos descubriendo muchas cosas nuevas y emocionantes de un lugar perdido en un entorno muy amenazado.

Ahora estaba completamente alarmado por mi llaga. Steve Elkins obtuvo el nombre de un especialista en enfermedades tropicales en Nuevo México que quizá podría ayudarme: el doctor Ravi Durvasula, del Centro Médico de Asuntos de los Veteranos (AV) en Albuquerque. El doctor Durvasula era especialista en leishmaniasis del Viejo Mundo. Llamé al hospital de AV con la esperanza de hablar con él. Una hora después, luego de muchas llamadas y una cantidad desconcertante de transferencias de una oficina equivocada a otra, luego de que me dijeran que no existía tal doctor, que el doctor trabajaba ahí pero no tomaba pacientes, que no tenía permitido hablar a su oficina sin referentes y que el doctor no tomaba pacientes referidos, me rendí. (No puedo imaginar cómo hacen nuestros soldados heridos para abrirse paso por ese sistema telefónico.)

—Olvida hablar al AV —me dijo Steve—. Mándale un correo electrónico. Asegúrate de mencionar lo de la expedición, la ciudad perdida, *National Geographic*, todo lo sexy.

Así que lo hice:

Estimado Doctor Durvasula:

Soy periodista de *National Geographic* y el *New Yorker* [...] Acabo de volver de una expedición de una zona extremadamente remota en el bosque tropical en la Mosquitia, en la que exploramos unas ruinas precolombinas grandes y desconocidas. Estuvimos en la selva del 17 al 26 de febrero. Desde entonces, cuatro miembros de la expedición se han enfermado, con los mismos síntomas [...] Yo vivo en Nuevo México y me enteré de que usted es especialista en leishmaniasis, y por eso lo estoy contactando para ver si estaría dispuesto a tomar mi caso.

El doctor Durvasula me contestó de inmediato. No pudo haber sido más servicial y disponible, en contraste con el personal del AV. Acordamos una llamada telefónica y me hizo algunas preguntas.

—¿Tiene el área una apariencia blanquecina y perluzca, rodeada de rojo?

—Sí.

—¿Comezón?

—No.

—¿Duele o hay algún tipo de ardor?

—No.

—¿No hay malestar?

—Ninguno.

—Ah, bueno. Me temo que son las señales clásicas de leishmaniasis.

Me pidió que le enviara una foto por correo electrónico. Tras recibirla, confirmó que sin duda parecía ser leish. Sugirió que buscara ayuda en los Institutos Nacionales de Salud (INS), el mejor lugar del mundo, dijo, para el estudio y tratamiento de la leishmaniasis.

Mientras tanto, Dave Yoder exploraba opciones de tratamiento en Estados Unidos. Él también puso la mira en los Institutos Nacionales de Salud y los contactó. En los INS habló con el doctor Thomas Nutman, vicedirector del Laboratorio de Enfermedades Parasitarias. Nutman quedó fascinado por la historia de la expedición a la ciudad perdida y el brote masivo de la enfermedad. Le escribió a Dave:

Estimado Dave:

Creo que es una muy alta probabilidad de que sea *Leishmania* y por las cepas presentes en Honduras hay una posibilidad pequeña pero real de que pudiera convertirse en una enfermedad muco-cutánea, dependiendo de la cepa [...] El mayor problema es definir qué cepa de *Leishmania* tiene y diseñar un tratamiento para esa cepa en particular [...] Hemos cuidado de varias personas de *National Geographic*.

La misión general de los Institutos Nacionales de Salud es "buscar conocimiento fundamental de la naturaleza y comportamiento de los sistemas vivos" y luego usarlo para "aumentar la salud, alargar la vida y reducir la enfermedad y discapacidades". Es una institución de investigación estricta, y cualquiera que admitan para tratarlo debe formar parte de un estudio de investigación. Cada uno de sus proyectos tiene un conjunto de reglas que delinean quién puede ser tratado, por qué y cómo su tratamiento contribuirá al conocimiento médico. Si un posible paciente cumple con los criterios y se alista, el tratamiento es gratuito. También incluye ayuda financiera para transporte y alojamiento. A cambio, el paciente acuerda seguir las reglas y donar a la investigación médica toda muestra de tejidos, células, sangre, parásitos y demás. Un participante puede retirarse en cualquier momento, por cualquier razón.

Los doctores de los INS estaban muy interesados en nuestra situación. El brote masivo de la enfermedad era inusual, el valle de O1 parecían extraordinariamente "candente", y la región era médicamente desconocida, lo cual convertía a la expedición en un estudio médico seductor. Los doctores ofrecieron tratarnos a todos gratuitamente. Fue lindo sentirse deseado.

A finales de mayo, Dave voló de Roma a Washington por un diagnóstico firme. "Con suerte —bromeó—, saldremos todos negativos y resultará que era una infección por estafilococos menor a causa del estofado selvático de Woody, fácilmente tratado con la aplicación de salsa de cayena".

El médico a cargo del proyecto que nos trataría a Dave, a mí y a los demás posibles "hermanos de leish" era Theodore Nash, investigador principal de la Sección de Parasitología Clínica, Laboratorio de Enfermedades Parasitarias, Instituto Nacional de Alergias y Enfermedades Infecciosas. Nash era uno de los principales expertos en tratamiento de leishmaniasis del país, y había trabajado bajo el mando del doctor Frank Neva, un pionero en tratamiento de leishmaniasis que llegó a los INS desde Harvard. Después de la jubilación de Neva, Nash se convirtió en el investigador clínico en jefe de leish en los INS, y durante las últimas décadas mejoró su tratamiento con nuevos medicamentos y fórmulas.

En los INS, los doctores tomaron una biopsia de la lesión de Dave, la observaron por microscopio y vieron que pululaba de parásitos de *Leishmania* redondos y microscópicos. Pero el tratamiento de Dave dependería del tipo de leish que fuera. Un laboratorio especial en los INS comenzó el proceso de secuenciación de ADN del parásito.

La leishmaniasis tiene una historia larga y terrible con los seres humanos, que se extiende hasta donde existen registros y ha causado sufrimiento y muerte durante miles de años.

Hace unos años, se descubrió que una pieza de ámbar birmano de cien millones de años tenía atrapado un jején que había chupado sangre de reptil, casi con certeza un dinosaurio. Dentro de ese jején, los científicos descubrieron parásitos de *Leishmania*, y en su probóscide o tubo de succión encontraron glóbulos reptilianos mezclados con los mismos parásitos.

Hasta a los dinosaurios les daba leishmaniasis.

Es probable que la *Leishmania* exista desde la última separación del continente primordial conocido como Pangea. Cuando esas antiguas masas continentales finalmente se alejaron hasta convertirse en el Viejo y el Nuevo Mundos, las poblaciones de ese ancestro de jején se separaron y siguieron evolucionando de manera independiente, lo que llevó a las dos cepas básicas de la enfermedad al Viejo Mundo y al Nuevo. En algún momento, la enfermedad dio el salto de reptiles a mamíferos. (A los reptiles modernos aún les da leish, y ha habido un debate médico sobre si la leish reptiliana puede transmitirse a humanos; la respuesta es que probablemente no.)

A diferencia de muchas enfermedades que afligen a los seres humanos, la leish fue global desde el principio, y temida por nuestros ancestros en ambos hemisferios. Los arqueólogos han encontrado parásitos de leish en momias egipcias de cinco mil años de edad, y en momias peruanas de hace tres mil años. Una descripción de la leish aparece en uno de los primeros documentos escritos: las tablillas cuneiformes del rey Ashurbanipal, que gobernó el Imperio Asirio hace dos mil setecientos años.

Hay tres variedades de leishmaniasis, cada una con síntomas distintos.

La forma más común es la leishmaniasis cutánea (de la piel), encontrada en muchas partes del Viejo Mundo, en especial África, India y Medio Oriente. También está extendida en México, Centro y Sudamérica, y hace poco surgió en Texas y Oklahoma. Algunas tropas estadounidenses de vuelta de Iraq y Afganistán contrajeron leish cutánea durante sus despliegues y la apodaron forúnculo de Bagdad. Ese tipo de leish empieza como una llaga en el lugar de la picadura y se convierte en una lesión supurante. Si se deja en paz, suele desaparecer, dejando sólo una fea cicatriz. Normalmente puede tratarse quemando, congelando o retirando quirúrgicamente la úlcera.

En la leishmaniasis visceral, el segundo tipo —también del Viejo Mundo—, el parásito invade los órganos internos, en especial el hígado, bazo y médula ósea. A veces se le conoce como "fiebre negra", porque suele poner negra la piel de su víctima. Esa variedad es letal; sin tratamiento siempre es fatal. Pero el tratamiento de la leish visceral es rápido y confiable; requiere una única infusión de un antibiótico que brinda una tasa de curación de noventa y cinco por ciento. La mayoría de las muertes por leish en el mundo es causada por la forma visceral, entre niños pobres sin acceso a tratamiento.

La última variedad de leish es la mucocutánea o mucosa, la principal en el Nuevo Mundo. Comienza con una llaga, como la cutánea. Meses o años después, la llaga puede resurgir en las membranas mucosas de nariz y boca. (Sin embargo, los fuegos que tenía en la boca probablemente no tuvieran relación.) Cuando la leish se muda a tu cara, la enfermedad se pone seria. Las úlceras crecen, comiéndose la nariz y labios desde adentro y finalmente causando que se desprendan, lo que deja un rostro horriblemente desfigurado. El parásito sigue devorando los huesos de la cara, la mandíbula superior y los dientes. Esa forma de leish, aunque no siempre sea letal, es la más difícil de tratar, y el tratamiento mismo involucra un medicamento con efectos secundarios tóxicos y a veces fatales.

Los habitantes precolombinos de Sudamérica estaban plagados de leish mucosa, a la que llamaban *uta*. La grotesca desfiguración del rostro aterraba a los moches, los incas y otras culturas antiguas. Quizá la creyeran un castigo o una maldición de los dioses. Los arqueólogos han descubierto entierros en Perú y otros lugares de gente cuya enfermedad estaba tan avanzada que tenían un hoyo donde solía estar la cara: la enfermedad se había comido todo, incluyendo los huesos faciales. Las vasijas peruanas antiguas registran con tanta fidelidad las desfiguraciones que los investigadores pueden identificar las etapas clínicas de la enfermedad, desde la destrucción de los tejidos suaves de la nariz, pasando por la destrucción general de nariz y labios, y finalmente la desintegración del paladar duro, el tabique nasal, la mandíbula superior y los dientes. La costumbre peruana de castigar a la gente mutilándole nariz y labios puede haber querido imitar las deformidades faciales causadas por la enfermedad, quizá para remedar lo que creían ser un castigo divino.

Puede que el miedo agudo a la enfermedad incluso haya impulsado los patrones de asentamiento en Sudamérica. El arqueólogo James Kus, profesor retirado de la Universidad Estatal de California, en Fresno, cree que es posible que eligieran el sitio inca de Machu Picchu, en parte, por la prevalencia de leish mucosa.

—Los incas le tenían paranoia a la leishmaniasis —me dijo.

El jején que transmite la leish no puede vivir a grandes alturas, pero está muy extendido en las zonas bajas en las que los incas cultivaban coca, una planta sagrada. Machu Picchu está justo a la altura correcta: demasiado alto para la leish, pero no tanto para la coca; en Machu Picchu, el rey y su corte podían gobernar desde un lugar seguro y presidir los rituales asociados con el cultivo de coca sin el riesgo de contagiarse de la temida enfermedad.

Cuando los conquistadores españoles llegaron a Sudamérica en el siglo XVI, les horrorizaron las deformidades faciales que vieron en los nativos de las tierras bajas de los Andes, en particular entre los cultivadores de coca. Los españoles creyeron que estaban viendo una forma de lepra y llamaron a la enfermedad "lepra blanca". Al pasar de los años, la leish mucosa ha adquirido muchos apodos en Latinoamérica: nariz de tapir, gangosa, ferida esponjosa, cancro bravo.

La leish mucosa no existía en el Viejo Mundo. Pero la forma visceral, aun más letal, la que invade los órganos internos, había azotado desde hacía mucho el subcontinente indio. Atrajo la atención de la medicina occidental por primera vez cuando los británicos extendieron su imperio a la India. Los escritores del siglo XVIII la describían como "kala-azar" o "fiebre negra". La leish visceral se esparce de una persona a otra por medio de la picadura del jején, usando a los seres humanos como portador primario. Era tan mortal y se propagaba tan rápido que, en ciertas regiones de la India en el siglo XIX, la leishmaniasis barría una zona, mataba a todos y dejaba un paisaje de aldeas vacías, completamente despojadas de vida humana.

Los británicos también vieron la forma cutánea de la enfermedad en la India y Medio Oriente y le dieron varios nombres: mal de Alepo, placa de Jericó, forúnculo de Delhi, llaga oriental. Pero los doctores no reconocieron una conexión entre las dos cepas hasta 1901. William Boog Leishman, un médico de Glasgow que era general en el ejército británico, estaba apostado en el pueblo de Dum Dum, cerca de Calcuta, cuando uno de sus soldados cayó enfermo de fiebre, con el bazo inflamado. Al morir el hombre, Leishman observó cortes delgados de su bazo bajo el microscopio y, usando un nuevo método de teñido, descubrió diminutos cuerpos redondos en las células: el parásito *Leishmania*. Leishman la llamó "fiebre de Dum Dum". Unas semanas después de que publicara su descubrimiento, otro médico británico de nombre Charles Donovan, también apostado en la India, reportó de forma independiente los resultados de su propia investigación. Él también había percibido al parásito culpable, y entre los dos identificaron la enfermedad de la "leishmaniasis". Leishman obtuvo el dudoso honor de que bautizaran con su nombre a la enfermedad, mientras que a Donovan le regalaron el nombre de la especie: *Leishmania donovani*. Los médicos averiguaron en 1911 que la transmitían los jejenes, y después se dieron cuenta de que una desconcertante cantidad de mamíferos podían ser portadores, incluyendo perros, gatos, ratas, ratones, jerbos, hámsters, chacales, zarigüeyas, zorros, focas monje y, por supuesto, humanos. Ese rango impresionantemente amplio de animales portadores la convierte en una de las enfermedades más exitosas del planeta.

Seguía tratando de decidir si debía ir a los INS o no cuando llegaron los análisis de los parásitos de Dave. Mostraban que estaba infectado con una especie de leish conocida como *Leish-*

mania braziliensis. Eran malas noticias para Dave y los demás, porque la *L. braziliensis* causa la tercera variedad de la enfermedad, la mucosa, y se considera una de las más difíciles de curar.

El doctor Nash decidió iniciar el tratamiento de Dave de inmediato. Usaría un medicamento llamado anfotericina B, administrado por infusión lenta. Los doctores lo apodan "anfoterrible", por sus feos efectos secundarios. Se le considera un último recurso, casi siempre se administra a pacientes con infecciones micóticas de la sangre cuando otros medicamentos han fallado; la mayoría de ellos está muy enferma de sida.

El doctor Nash nos daría a Dave y a los demás una fórmula llamada anfotericina liposómica. En esa forma, el medicamento tóxico está encapsulado en esférulas microscópicas hechas de lípidos (grasas). Eso lo vuelve más seguro y reduce algunos de los efectos secundarios más peligrosos. Pero las gotitas de lípidos pueden causar perturbadores efectos secundarios propios.

La duración del tratamiento depende de qué tan bien tolere el medicamento el paciente y qué tan rápido comience a sanar la úlcera. La trayectoria ideal, que el doctor Nash había determinado tras muchos años de experiencia, era de siete días: lo suficiente para detener la enfermedad, pero no tanto como para dañar al paciente.

Poco después de que diagnosticaran con leish a Dave, Tom Weinberg se enteró en los CCE que él también tenía la enfermedad. Chris Fisher, Mark Adams y Juan Carlos Fernández fueron a los INS y también los diagnosticaron. A todos los trataron excepto a Juan Carlos: el doctor Nash reconoció que su sistema inmune parecía estarla combatiendo y decidió retrasar el tratamiento. Fue la decisión correcta, y Juan Carlos terminó libre de leish sin pasar por los rigores de la anfotericina B.

Del Reino Unido nos enteramos de que Woody había contraído leish, al igual que Sully, a pesar de haberse envuelto tan escrupulosamente cada noche. A Sully lo iban a tratar en el Centro Real de Medicina de Defensa del Hospital Central de Birmingham, mientras que Woody estaba comenzando su tratamiento en el Hospital de Enfermedades Tropicales de Londres. A los dos les darían un medicamento nuevo, la miltefosina. Pronto llegó la noticia de Honduras de que muchos miembros hondureños de la expedición también habían enfermado de leishmaniasis. Estaban incluidos Oscar Neil, el arqueólogo; el oficial al mando del contingente militar, el coronel Oseguera, y nueve soldados.

Cuando la noticia de nuestra miniepidemia comenzó a difundirse entre los miembros de la expedición, acompañada de espantosas fotos de úlceras supurantes, fue difícil no pensar en la leyenda de siglos y su mentada "maldición del dios mono". ¡Todas las flores que cortamos! Humor negro aparte, muchos estábamos horrorizados por haber entrado tan despreocupados a esa zona candente, por habernos congratulado, prematuramente, de haber emergido intactos de la selva. Las bromas se extinguieron rápidamente ante esta drástica enfermedad, que tenía el potencial de alterar el curso de nuestras vidas. Era algo mortalmente serio.

Como la anfotericina es cara y no está disponible en Honduras, a los miembros hondureños de la expedición los estaban tratando con un medicamento más antiguo, un compuesto antimonial pentavalente. El antimonio, un metal pesado, está inmediatamente debajo del arsénico en la tabla periódica de los elementos y es igual de venenoso. Ese medicamento mata al parásito mientras el paciente (con suerte) se salva. Por mala que sea la anfo B, ése es peor: incluso en el mejor escenario, tiene efectos secundarios terribles. Nos enteramos por Virgilio de que Oscar, a quien habían picado en la parte derecha del rostro, casi había muerto por el tratamiento y se estaba recuperando recluido en México. Tendría una horrible cicatriz de por vida; más tarde se dejó la barba para cubrirla y se negó a hablar de su experiencia y a trabajar más en O1.

Cuando diagnosticaron a Dave con leish mucocutánea, por fin entendí que tenía que dejar de procrastinar y hacer que me trataran. Por mal que sonara el tratamiento, no estaba dispuesto a arriesgarme con la enfermedad, ni con mi cara.

Así que, por fin, a finales de mayo, llamé a los INS y conseguí una cita para una biopsia y diagnóstico a principios de junio. Para entonces, mi picadura de insecto se había convertido en un cráter supurante del tamaño de una moneda, rojo vivo y desagradable a la vista. No me molestaba: ya no tenía fiebre y me sentía bien. El doctor Nash dijo que de todos modos dudaba que las fiebres hubieran sido causadas por la leish; habían sido, creía, infecciones virales coincidentes, quizá oportunistas porque mi sistema inmune había estado afectado por la leish, que secuestra los glóbulos blancos.

Al acercarse mi fecha, escuché que el tratamiento de Dave con anfotericina liposómica había salido muy mal. Había sufrido daño renal grave y el doctor Nash lo había interrumpido tras tan sólo dos infusiones. Se quedó hospitalizado en los INS bajo observación mientras los doctores debatían qué hacer.

Capítulo 24

Sentía la cabeza como si estuviera en llamas

Los Institutos Nacionales de Salud ocupan un campus verde de varias hectáreas en Bethesda, Maryland. Llegué solo el primero de junio, un precioso día de verano, con el aroma a césped recién cortado en el aire y los cantos de los pájaros llenando los árboles. Las sandalias y la mezclilla parecían superar en número a las batas de laboratorio, y el lugar tenía el aura relajada de una universidad. Al caminar por el acceso hacia el complejo clínico, pude oír a lo lejos un corneta tocando "Taps".

Entré en el centro y, después de vagar más perdido de lo que estuve nunca en la selva, logré encontrar el área de registro de pacientes. Ahí firmé el papeleo en el que admitía que me estudiaran y una amable enfermera tomó trece viales de mi sangre. Conocí al doctor Ted Nash y a mi segunda doctora, Elise O'Connell, y me reconfortaron su calidez y profesionalismo.

En el laboratorio de dermatología, llegó un fotógrafo con una cámara digital Canon. Fijó una reglita justo debajo de la úlcera en mi brazo y tomó docenas de fotografías. Me guiaron a una sala de exámenes en la que una bandada de estudiantes de medicina inspeccionó la lesión, tomándose turnos para asomarse, palpar y hacer preguntas. Después, en el laboratorio de biopsias, una enfermera cortó dos trozos de carne con forma de gusano de la lesión y suturó los hoyos.

Al llegar la biopsia no hubo sorpresas: al igual que Dave y todos los demás, tenía *Leishmania braziliensis*. O por lo menos eso creyeron al principio los doctores.

Nuestro doctor principal, Theodore Nash, tenía setenta y un años de edad. Hacía sus rondas en bata de laboratorio, con un rollo de papeles metido precariamente en un bolsillo. Tenía el pelo rizado entrecano peinado hacia atrás desde su frente en forma de huevo, lentes con armazón de acero y aire de profesor amable y distraído. Aunque, al igual que la mayoría de los doctores, estuviera increíblemente ocupado, sus modales eran tranquilos y relajados, y era gregario y le gustaba contestar preguntas a detalle. Dije que quería oír la verdad sin aderezos. Dijo que así prefería trabajar con todos sus pacientes.

Fue refrescante, e incluso alarmantemente directo. Los Institutos Nacionales de Salud han realizado estudios clínicos de leishmaniasis desde principios de la década de 1970, tratando inmigrantes recientes y gente que había adquirido la enfermedad de viaje. Muchos pacientes eran voluntarios del Cuerpo de Paz. El doctor Nash participaba en el tratamiento de la mayoría. Había escrito el protocolo de tratamiento de leishmaniasis actualizado de los INS en 2001, y sigue en uso hoy en día. Cambió el tratamiento del medicamento de antimonio, que consideraba demasiado tóxico, a anfotericina y otras sustancias, dependiendo de la especie del parásito y la variedad geográfica. Nash sabía tanto de leish como todos los demás médicos de Estados Unidos juntos. No es una enfermedad sencilla, y el tratamiento es más un arte que una ciencia. Los datos clínicos no son tan profundos como para darles a los médicos una fórmula precisa, y hay demasiadas formas de leish y demasiadas variables desconocidas.

El doctor Nash había pasado casi toda su carrera médica en la sección de parasitología de los INS —cuarenta y cinco años—, desde los tiempos, dijo, en los que la parasitología era "el páramo de la ciencia, a nadie le interesaba y nadie quería trabajar contigo". Como la mayoría de la gente que se contagia de parásitos es pobre, y como la medicina de enfermedades infecciosas no suele estar basada en cuotas, la parasitología es una de las especialidades médicas peor pagadas. Para entrar en el campo, en serio tienes que querer ayudar a la gente. Tu educación médica extremadamente cara de diez años te da el privilegio de trabajar largas horas por una paga modesta entre la gente más pobre y vulnerable del mundo, donde encontrarás una aterradora cantidad de miseria y muerte. Tu recompensa es aliviar un poquito de ese sufrimiento. Se requiere ser una clase escasa de ser humano para convertirse en parasitólogo.*

Las primeras investigaciones de Nash se concentraron en la esquistosomiasis y luego en la giardia, un parásito acuático común en todo el mundo. Hoy en día, el principal foco de su trabajo es una enfermedad parasitaria llamada neurocisticercosis, en la que el cerebro es invadido por larvas de tenia originadas en carne de puerco mal cocida. Las larvas circulan por el torrente sanguíneo y algunas se atoran en los diminutos vasos cerebrales, donde forman quistes que dejan al cerebro salpicado de hoyos llenos de fluido del tamaño de una uva. El cerebro se inflama y la víctima sufre convulsiones,

---

* Le mostré este párrafo al doctor Nash antes de publicarlo y objetó. "Por favor, enmiéndalo y quítame la aureola de la cabeza", me escribió. Lo moderé, pero no pude quitar la aureola.

alucinaciones, falta de memoria y muerte. La neurocisticercosis afecta a millones de personas y es la causa principal de
epilepsia adquirida en el mundo.

—¡Si tan sólo tuviéramos la mínima fracción del dinero
dedicado a la malaria —me declaró angustiado—, podríamos
hacer tanto por detener esta enfermedad!

En nuestra primera cita, Nash me sentó y explicó por
qué creía que se había infectado nuestro equipo, cómo
funciona la leishmaniasis, cuál es su ciclo vital y qué podía
esperar del tratamiento. La enfermedad requiere dos animales: un "portador", un mamífero infectado cuya sangre esté
atestada de parásitos, y un "vector", que es el jején hembra. Cuando el jején pica a un portador y le chupa la sangre, también succiona los parásitos. Esos parásitos proliferan
en las entrañas del jején hasta que pique a otro portador.
Los parásitos entonces se inyectan al nuevo portador, donde completan su ciclo vital.

Cada animal portador termina su vida como María Tifoidea, infectando a los jejenes que beban su sangre. El parásito,
aunque pueda devastar a un ser humano, no le "cuesta" demasiado al animal portador, aunque algunos mamíferos obten-
gan lesiones en la nariz. Un buen invitado no quema la casa
en la que se está quedando; la *Leishmania* quiere que su portador viva mucho y prospere, para que extienda la enfermedad
lo más posible.

En el valle aislado de O1, muy alejado de la población
humana, los jejenes y sus aún desconocidos portadores mamíferos —podrían ser ratones, ratas, capibaras, tapires, pecaríes o
hasta monos— habían estado atrapados en un ciclo de infección y reinfección durante siglos.

—Y luego —dijo Nash—, ustedes se inmiscuyeron. Fueron un error.

Al invadir el valle, fuimos civiles desprevenidos que entran a un campo de batalla y terminan destrozados por el fuego cruzado.

Cuando un jején infectado muerde a alguien, libera cientos de miles de parásitos a sus tejidos. Esos diminutos animales unicelulares tienen flagelos, así que pueden nadar. Son pequeños: se necesitarían unos treinta para abarcar un cabello humano. Pero son colosales comparados con las bacterias y virus que causan enfermedades. Casi mil millones de virus del resfriado, por ejemplo, cabrían en un solo parásito de *Leishmania*.

Como se trata de un animal unicelular complejo, sus métodos son más sutiles y taimados que los de un virus o bacteria. Cuando un jején inyecta *Leishmania*, el cuerpo humano, al detectar al intruso, envía un ejército de glóbulos blancos a cazar, tragar y destruir a los parásitos. Los glóbulos blancos, de los que hay muchos tipos, suelen lidiar con bacterias y otros cuerpos extraños envolviéndolos y digiriéndolos. Desafortunadamente, eso es exactamente lo que quiere el parásito de *Leishmania*, que se lo traguen. En cuanto entra al glóbulo blanco, el parásito tira su flagelo, cobra forma de huevo y se comienza a reproducir. El glóbulo blanco no tarda en estar repleto de parásitos, como saco de papas demasiado lleno, y revienta, liberando a los parásitos en los tejidos de la víctima. Más glóbulos blancos se aprestan a atacar y envolver a los parásito sueltos, y a su vez son secuestrados para producir aun más parásitos.

La úlcera que se forma en torno al área infectada no está causada por el parásito per se, sino por el sistema inmune atacándolo. La inflamación, no el parásito, es lo que se come la piel de la persona y (en la forma mucosa) destruye la cara. El sistema inmune se vuelve loco tratando de deshacerse del parásito que está estallando sus glóbulos blancos, y esa lucha destroza el campo de batalla, inflamando y matando los tejidos en el área de la picadura. Conforme se extiende lentamente el parásito, la lesión se expande, destruyendo la piel y dejando un cráter con la carne expuesta. La úlcera suele ser indolora —nadie sabe por qué— a menos que ocurra sobre una articulación, donde el dolor puede ser intenso. La mayoría de las muertes por leish mucosa ocurre por infecciones que invaden el cuerpo a través de ese umbral sin protección.

Nash luego habló del medicamento que me daría, la anfotericina. Dijo que era el patrón oro, el medicamento a elegir, para ese tipo de leish. Aunque la miltefosina fuera un medicamento más nuevo y pudiera tomarse en forma de pastilla, no quería usarla. Y, además, no había disponible.* Había habido muy pocas pruebas clínicas como para sentirse cómodo con ella, y en una prueba en Colombia pareció no tener efecto contra la *L. braziliensis*. También dijo que nunca sabías realmente qué clase de efectos secundarios brotarían hasta que por lo menos diez mil personas hubieran tomado un medicamento, y la miltefosina no había atravesado ese umbral. Había tenido una larga experiencia con la anfotericina B, y producía una tasa de remisión de aproximadamente ochenta y cinco por ciento, que era prácticamente "lo mejor que hay" en

---

* Nash había estado usando miltefosina en una prueba clínica con la farmacéutica que buscaba su aprobación, pero cuando la aprobaron para su uso en Estados Unidos, la compañía canceló la prueba y el medicamento de pronto dejó de estar disponible en Estados Unidos, mientras la farmacéutica aumentaba la producción. Pasarían dos años más antes de que el medicamento por fin estuviera disponible paro los estadounidenses, debido a una demente combinación de lentitud al producirla, chapuzas burocráticas de la Administración de Alimentos y Medicamentos y el hecho de que tratar leish en Estados Unidos no sea ni lucrativo ni una prioridad médica.

cualquier tratamiento. El medicamento funciona uniéndose a la membrana celular del parásito y abriendo un agujerito en ella, lo que causa que el organismo tenga una fuga y muera.

Nash me contó lo que podría sufrir al tomar el medicamento. No edulcoró sus comentarios. Los efectos secundarios de la anfotericina liposómica, dijo, pueden ser drásticos y "casi demasiado numerosos para mencionarlos". Hay reacciones agudas que ocurren instantáneamente al recibir el medicamento, y hay peligrosos efectos secundarios a largo plazo que ocurren días después. Muchos de ellos son complejos y no están bien entendidos. Cuando comenzó a usarla hace unos quince años, las cosas fueron bien al principio, y luego, de pronto, sus pacientes empezaron a sufrir reacciones agudas al entrar el medicamento al cuerpo. Resulta que algunas personas la toleran y otras no. Esas reacciones, dijo, al principio le indujeron pánico, porque se asemejaban a síntomas de una infección aguda: fiebre, escalofríos, dolor, pulso altísimo, presión torácica y dificultad para respirar. Además, el medicamento tuvo un misterioso efecto psicológico en algunos pacientes. A unos segundos de haber recibido la sustancia, los abrumaba una sensación de ruina inminente que, en los peores casos, los hacía creer que estaban muriendo. En aquéllos, tenía que detener la infusión y a veces administrarles un narcótico para calmarlos o noquearlos. Sin embargo, esa reacción aguda solía irse rápido, y Nash hizo hincapié en que muchos pacientes no sufrían reacción alguna. Yo podría ser uno de los afortunados.

Recitó otros efectos secundarios comunes: náuseas, vómito, anorexia, mareo, jaqueca, insomnio, sarpullido, fiebre, temblores, escalofríos y confusión mental; otros efectos físicos incluyen desequilibrio de electrolitos, disminución en la cantidad de glóbulos blancos y anormalidades en el funcionamiento del hígado. Esos resultados eran tan frecuentes, me explicó, que podía esperar sufrir por lo menos algunos de ellos. Pero el efecto secundario más común y peligroso es que el medicamento daña los riñones y degrada las funciones renales. El daño tiende a ser peor cuanto más viejo seas: la gente mayor, dijo, pierde funciones renales de manera natural con la edad. Le pregunté a Nash si, a mis cincuenta y ocho años, formaba parte de la categoría de los "viejos", y le dio risa.

—¡Ay no! —gritó—. ¿Así que todavía crees que eres de mediana edad? Sí, todos pasamos por ese periodo de negación.

Como regla general, dejaba de administrar el medicamento cuando las funciones renales hubieran caído a cuarenta por ciento.

Todo el proceso, dijo, es "estresante para el paciente y el médico".

Cuando le pregunté si la enfermedad era curable, carraspeó y vaciló un momento. Es curable en el sentido de que desaparecen los síntomas. Pero no es curable en el sentido de que el cuerpo esté completamente libre de parásitos, lo que los médicos llaman una "cura estéril". Al igual que la varicela, que puede volver años después como herpes, el parásito se esconde en el cuerpo. El objetivo del tratamiento es apalear al parásito lo suficiente para permitir que el sistema inmune tome el relevo y lo mantenga a raya. En vez de lanzar un ataque frontal contra el cuerpo, una Carga de Pickett, el parásito se esconde y cambia de posición, como francotirador a cubierto. Pero los glóbulos blancos se comunican usando químicos llamados citoquinas. Las citoquinas calibran cómo reaccionan los glóbulos blancos a un ataque de *Leishmania*, y tarde o temprano los "entrenan" para organizar una mejor defensa.

Pero las formas mucosa y visceral de la enfermedad pueden volver en avalancha si tu sistema inmune va cuesta abajo.

Eso puede suceder, por ejemplo, si contraes VIH o te sometes a un tratamiento contra el cáncer o a un transplante de órganos. Con *L. braziliensis*, la recurrencia no es poco común entre personas con un buen sistema inmune. Pero incluso en el mejor de los casos, tu cuerpo deberá librar una guerra de baja intensidad contra el parásito por el resto de tu vida.

Mientras estaba en el hospital para mi biopsia, visité a Dave, que se estaba recuperando de su tratamiento abortado. Estaba instalado en una gran habitación privada con una linda vista de tejados, árboles y prados. Ansioso por verlo por primera vez desde que salimos de la selva, lo encontré sentado al borde de la cama, vestido con una bata de hospital. Aunque sabía que había vivido un infierno, su apariencia me impresionó: Dave se veía destrozado, a años luz del profesional robusto y sardónico que, engalanado de cámaras y bromas, había caminado a zancos por la selva unos meses atrás, poniéndonos sus lentes en la cara bajo la lluvia torrencial. Pero logró recibirme con una sonrisa lánguida y un apretón de manos sudoroso, sin levantarse de la cama, y me contó lo que había pasado.

Como la anfotericina daña los riñones, antes de empezar el tratamiento, Nash y su equipo habían analizado su función renal y decidido que no era tan fuerte como les gustaría. Lo internaron en el hospital hasta terminar el tratamiento para vigilar de cerca sus riñones. Hay una sustancia en la sangre llamada creatinina, un desecho del funcionamiento muscular que los riñones filtran a un ritmo regular. Cuando los niveles de creatinina se elevan, significa que los riñones no están funcionando adecuadamente. Al revisar los niveles de creatinina a diario, los doctores de los INS pueden monitorear qué tanto daño están sufriendo. En las primeras etapas, tal daño casi siempre es reversible.

Dave luego describió lo que se siente recibir el medicamento, e hizo eco de muchas de las advertencias de Nash. Todo el proceso, dijo, tomaba entre siete y ocho horas. Después de que las enfermeras lo instalaran cómodamente en un diván y lo conectaran por vía intravenosa, hicieron un montón de exámenes de sangre para asegurarse de que sus cifras estuvieran bien. Luego le introdujeron un litro de solución salina para diluir su sangre y que sus riñones pudieran pasar el medicamento rápido.

El goteo salino tomó una hora, seguida de una infusión de quince minutos de Benadryl, para reducir cualquier reacción alérgica que pudiera tener a la anfotericina. Mientras tanto, las enfermeras colgaron una bolsa café opaco de aspecto malvado, que contenía la anfotericina liposómica.

Cuando todo está listo, dijo Dave, giran una válvula que inicia la anfotericina. Se espera que el líquido pase entre dos y tres horas escurriendo de la bolsa al brazo del paciente.

—¿Y qué pasó cuando te dieron el medicamento? —pregunté.

—Vi esa solución color *limoncello* bajar por los tubos y entrar en mí —dijo Dave—. Y a segundos (¡segundos!) de que entrara a mis venas, sentí una gran presión en el pecho y dolor en la espalda. Sentí una profunda opresión en el pecho, me costaba mucho respirar, y sentía la cabeza como si estuviera en llamas.

El doctor Nash había detenido el flujo del medicamento de inmediato. Ésos eran, por supuesto, efectos secundarios comunes al iniciar la infusión, causados no por la anfotericina misma, sino por las diminutas gotas de lípidos que, por razones misteriosas, a veces hacen creer al cuerpo que está sucediendo una enorme invasión celular extranjera. Los síntomas suelen desaparecer bastante rápido.

En el caso de Dave, los médicos lo dejaron recuperarse unas horas y luego lo llenaron de más antihistamínicos y reiniciaron la anfotericina, a un ritmo menor. Esa vez superó esa fase. Le dieron una segunda infusión al día siguiente. Pero esa noche, el doctor Nash llegó con malas noticias:

—No pasaste la prueba de la anfotericina.

Los niveles de creatinina de Dave se habían disparado; sus riñones habían sufrido un golpe serio. Los doctores habían decidido detener el tratamiento de forma definitiva.

Iban a mantenerlo ahí, dijo, el resto de la semana, monitoreando sus funciones renales para asegurarse de que se estuviera recuperando apropiadamente.

—¿Y ahora qué? —le pregunté—. ¿Cómo te van a curar?

Negó con la cabeza.

—No tengo ni puta idea.

Dijo que los doctores iban a esperar a ver si las dos dosis habían noqueado la leish, lo cual era posible, pero no probable. Era una enfermedad de acción lenta y no había necesidad de precipitarse a otro tratamiento potencialmente tóxico. Mientras tanto, los INS tratarían de conseguirle el medicamento nuevo, la miltefosina. Un tratamiento con miltefosina puede costar cerca de veinte mil dólares, comparado con seis u ocho mil para la anfo B. Aunque no hubiera miltefosina disponible en Estados Unidos, el doctor Nash iba a intentar traerla con un permiso especial como tratamiento experimental.

Escuché todo con un desaliento creciente, percatándome de que no tenía más alternativa que vivir la misma travesía. Mi tratamiento estaba programado para fin de mes.

Capítulo 25

Trata de tomar el té con tu sistema inmune

El 22 de junio volví a los Institutos Nacionales de Salud. Mientras tanto, Chris Fisher también había pasado por el tratamiento, y la mayoría de los demás estaban programados después de mí. Su primera reacción al medicamento había sido tan mala como la de Dave: dolor repentino, una sensación de opresión y asfixia y la sensación de pánico de que podría estar muriendo. Pero por suerte esos efectos secundarios desaparecieron en menos de diez minutos. El cuerpo de Chris había tolerado la anfotericina mejor que el de Dave, y logró recibir el tratamiento completo de siete días. Aun así, fue una experiencia dura. El tratamiento lo dejó con náuseas, exhausto, molido y "completamente sin ambiciones". Después de regresar a Colorado, le salió un sarpullido tan horrible que los doctores de los INS querían hospitalizarlo (se negó). Estuvo enfermo todo el verano y fue incapaz de trabajar durante el semestre de otoño, lo que le ocasionó dificultades profesionales con su departamento en la universidad. La úlcera de leish comenzó a volver, y sólo desapareció después de aplicarle un tratamiento con calor. Más de un año después, el sarpullido de Chris aún no había sanado por completo.

Tenía las experiencias de Dave y Chris en primer plano mientras llenaba los documentos de rutina en los INS. Mi esposa, Christine, me había acompañado, y nos escoltaron al interior de una de las salas usadas para las infusiones. Era un espacio muy placentero, aunque el mobiliario fuera demasiado grande. Sentía que había aterrizado en el reino imaginario de Brobdingnag, de Swift. La enfermera explicó que los INS estaban investigando la obesidad mórbida y que estábamos en una de las salas construidas especialmente para esos pacientes.

Me senté en la silla de infusiones, estresado y ansioso. Como las infusiones tomaban de seis a ocho horas al día durante siete días, había llevado una mochila con diez kilos de mis libros cómodos preferidos, mucho más de lo que podría leer: Edgar Allan Poe, Arthur Conan Doyle, Wilkie Collins. Me imaginé quedarme atrapado durante horas con una aterradora enfermera Ratched rondándome. Pero una parte perversa de mí también sentía curiosidad por los efectos del medicamento. ¿Cómo se sentiría creer que estaba muriendo? Tal vez vería el rostro de Dios, o la luz al final del túnel, o al Monstruo de Espagueti Volador.

Llegó una enfermera totalmente antiRatched, me insertó la intravenosa y me tomó sangre; luego inició el goteo de solución salina. No se meterían con mi úlcera, aunque sí la examinarían a diario para ver si empezaba a sanar.

Los análisis de sangre llegaron una hora después y todo estaba bien: tenía funciones renales potentes. Con los doctores Nash y O'Connell en guardia, la malvada bolsa café de anfotericina B fue colgada en el tripié de intravenosa junto a una bolsa de Benadryl. Quince minutos de una infusión de Benadryl me dejaron atontado, y luego abrieron la válvula y la anfo comenzó a bajar por los tubos.

Dave, nuestro italiano honorario, la había comparado con "limoncello". A mí me pareció color orina. Verla escurrir por el tubo hacia mi vena sólo aumentó mi ansiedad, así que me obligué a mirar a otro lado. Conversé con los doctores y mi esposa, fingiendo que no pasaba nada, pero todo el tiempo preparándome para el dolor repentino, la opresión, la cabeza estallando en llamas, Dios o Baal. Me daba cuenta de que mis doctores también hablaban de nada con alegría excesiva, tratando de esconder su propio nerviosismo.

El líquido amarillo entró y entonces… no pasó nada. No sufrí ninguno de los efectos secundarios que habían tenido Dave y Chris. Fue un anticlímax total. Todos estaban aliviados, pero también me sentí un poco decepcionado.

A partir de ahí, mi tratamiento transcurrió sin contratiempos. Llegaba al centro clínico todos los días a las ocho de la mañana, me ponían un catéter, me sometían a una tanda de pruebas sanguíneas y me daban la infusión. Después del tercer día, les pedí a mis doctores que no me dieran el Benadryl (que tenía como objetivo detener una reacción alérgica al medicamento), porque me ponía soñoliento. Lo hicieron sin problemas. Después de unos días, los inevitables efectos secundarios desagradables de la anfo sí empezaron a aparecer: me dio una jaqueca persistente y comencé a sentir náuseas. Aparte de eso, tenía la vaga intranquilidad de que algo iba mal en mi interior, pero no podía decir qué. Los efectos secundarios empeoraron hasta el tercer día, cuando sentí que tenía la peor resaca del mundo: jaqueca, náuseas, letargo y un embrollo mental. Hacia el final de mi tratamiento, Mark Adams, el ingeniero de sonido, inició el suyo. Mark había participado en las dos expediciones, el sondeo mediante lidar de 2012 y la incursión selvática de 2015. Había sido una de mis personas preferidas, de voz suave y alegre aunque estuviera cargando veinte kilos de equipo de sonido y un largo boom por la densa jungla bajo la lluvia torrencial. Pedimos estar en la misma sala, donde pasamos el tiempo conversando y recordando nuestras aventuras. Mark también toleró bien la anfo, sin sufrir ninguno de los aterradores efectos secundarios.

Por mal que me sintiera, las náuseas y la apatía eran de los efectos secundarios más comunes y suaves de la anfotericina. Tuve mucha suerte. Mis doctores me dieron algo contra la náusea, ibuprofeno y una bebida de sabor vil para restablecer mi equilibrio de electrolitos. Pero el sexto día, Nash y O'Connell me dijeron que mis funciones renales habían caído a la zona de peligro y que iban a detener las infusiones. Querían que esperara y tomara la última infusión cuando se hubieran recuperado mis riñones. La recibí unas semanas después, más cerca de casa, lo que acordaron los INS y mi hermano David, que es médico.

La resaca se fue después de una semana de la ronda inicial, y en los meses siguientes la lesión se secó, se aplanó y se convirtió en una cicatriz brillante. En algún momento le pregunté al doctor Nash si había riesgos al volver a la selva, lo que, a pesar de todo, parte de mí ansiaba poder hacer. Dijo que los estudios mostraban que entre setenta y cinco y ochenta y cinco por ciento de la gente contagiada de leish se vuelve inmune; sentía que deberían preocuparme mucho más las demás enfermedades comunes de la zona para las cuales no hay preventivos: dengue, chikunguña y enfermedad de Chagas. (Para entonces, la Zika aún no había llegado a Honduras.)

Volví a los INS tres meses después, en septiembre de 2015, para mi seguimiento. Nash y O'Connell me revisaron, picaron la cicatriz, sacaron un poco de sangre y concluyeron que habían apaleado la enfermedad hasta mandarla a remisión. Estaba curado, por lo menos lo más posible. Aunque ninguno de ellos podía hablar de los demás miembros de la expedición a causa de la confidencialidad médica, sí me enteré de que formaba parte de los afortunados, y de que algunos de mis colegas viajeros (quienes me pidieron que no los identificara) no están curados y requieren tratamiento adicional con miltefosina u otros medicamentos. Algunos siguen luchando contra la enfermedad. (Desafortunadamente, mientras escribo esto, mi propia leish parece estar volviendo, aunque no se lo he contado a mis médicos.)

Mientras tanto, me había dado curiosidad la investigación sobre *Leishmania* de los INS, de la que se decía que era la más avanzada del mundo. Me preguntaba qué habrían aprendido sus científicos, si acaso habían aprendido algo, al estudiar nuestro parásito particular. Así que aproveché la oportunidad para visitar el laboratorio de *Leishmania* del campus, donde los investigadores mantienen una colonia de jejenes y ratones infectados. Es uno de los pocos laboratorios en el mundo que cría jejenes infectados, un trabajo delicado y peligroso.

El laboratorio de leish se llama oficialmente la Sección de Biología Intracelular de Parásitos. Mantiene un archivo biológico de parásitos de *Leishmania* vivos de muchas cepas y especies distintas, algunas desde hace varias décadas. Cultivan los parásitos a partir de muestras de tejido de biopsias tomadas de gente como yo. Esos pedazos de tejido son colocados en una placa de agar-sangre, donde engañan a los parásitos para que se multipliquen. Luego los transfieren a botellas llenas de un medio nutritivo líquido y las almacenan a veinticinco grados celsius, la temperatura corporal de los jejenes. En las botellas, los parásitos siguen en sus asuntos, creyendo que están nadando en las entrañas de un jején portador.

Los jejenes tienen una temperatura corporal mucho menor que la humana. A los parásitos de leish cutánea y mucosa no les gusta el calor del cuerpo humano; por eso normalmente se quedan en la piel o buscan las membranas bucales y nasales, donde la temperatura corporal es algunos grados más baja. (Eso no es cierto de la leish visceral, que tolera el calor y entra en lo profundo del cuerpo.)

Cada cepa de esa biblioteca de parásitos debe ser reciclada regularmente por medio de ratones para mantener su virulencia. De lo contrario se vuelve "vieja", débil e inútil para su estudio. Los protocolos de investigación con animales tratan de prevenir el trato inhumano en la medida de lo posible; el sufrimiento de los ratones involucrados en la investigación, aunque se mitigue lo más posible, es necesario para estudiar y combatir la enfermedad. No hay alternativas a la investigación en vivo.

Los jejenes y ratones se mantienen en un laboratorio con bioseguridad nivel 2. La bioseguridad nivel 2 es para agentes biológicos de "riesgo potencial moderado". (Hay cuatro niveles de bioseguridad, BSL-1 a BSL-4). Llegué durante la hora de la comida de los jejenes. Un asistente me acompañó al laboratorio BSL-2, que era un pequeño cuarto con puerta sellada y un letrero de advertencia de riesgo biológico pegado en ella. Bajo el símbolo había un papel con una foto enorme de un jején y el nombre Kultibo de mozkaz de Phil. Phil, me enteré, era un científico, muerto hace mucho, que había ayudado a desarrollar las técnicas de alimentación de jejenes.

No se requería traje NBQ. Entré un poco agitado, mirando a mi alrededor en busca de jejenes sueltos, pero estaban encerrados en casilleros de acero inoxidable con clima controlado. Sin embargo, fuera del casillero había una caja de plástico transparente sobre una mesa de laboratorio, y dentro había un espectáculo repelente: dos ratones anestesiados panza arriba, con las patas al aire, retorciéndose. Estaban completamente cubiertos de jejenes alimentándose, cuyos diminutos estómagos se estaban expandiendo hasta convertirse en brillantes bayas rojas de sangre. Me estremecí al pensar en estar acostado en mi tienda de campar, panza arriba y dormido, mientras los jejenes me chupaban la sangre. Esos jejenes en particular aún no estaban infectados de leish; ya que los infectan, los tratan con más cuidado, no sólo porque pueden transmitir la enfermedad, sino porque se vuelven más valiosos para la ciencia.

Más tarde, esos jejenes serían infectados artificialmente, un proceso complicado. Una delicada botellita de vidrio soplado tiene un pedazo de piel de pollo cruda estirado contra su apertura como parche de tambor. La piel está humedecida con sangre de ratón para hacer creer a los jejenes que es piel de mamífero. El líquido dentro del tubo también es sangre de ratón infestada de parásitos. El jején inserta su probóscide a través de la piel de pollo y chupa la sangre y parásitos. Ya que está infectado, los trabajadores del laboratorio tienen que obligarlo a picar un ratón, para transferir la infección. El ratón objetivo es colocado en una caja apretada de plexiglás y mantienen su oreja unida con una abrazadera a un pequeño vial que contiene los jejenes infectados. Las hambrientas hembras vuelan por un tubo, aterrizan en la oreja del ratón y le chupan sangre, con lo que le transmiten los parásitos.

Al final de mi tour, un asistente de laboratorio sacó dos botellas de parásitos de *Leishmania* vivos para que los viera por el microscopio. Estaban viviendo en un caldo de nutrientes de un rojo anaranjado opaco. Me asomé a una de las botellas con un microscopio binocular. Al enfocar los oculares, los parásitos se volvieron visibles, miles de ellos en movimiento constante, chocando entre sí y yendo de aquí para allá. Tenían cuerpos puntiagudos y elongados con flagelos como látigos, que están al frente de la célula y la jalan hacia adelante en vez de empujarla desde atrás. Durante un rato observé a los mocositos retorcerse, pensando en el lío en el que nos habían metido.

El jefe del laboratorio es el doctor David Sacks, un científico delgado, bien parecido y franco que ocupa una oficina abarrotada en el sótano.

—Esos jejenes están desesperados por sangre —me dijo—. Están buscando cualquier fuente y ustedes estuvieron en el lugar correcto y en el momento adecuado.

¿Por qué, pregunté, no nos habíamos enfermado todos? ¿Por qué sólo la mitad?

—Creo que todos fueron picados e infectados —dijo—. No me sorprendería que el ciento por ciento de ustedes hubieran estado expuestos, dada la frecuencia de picaduras que parece que tuvieron. Así que, de hecho, es más interesante saber por qué algunos no desarrollaron lesiones.

Explicó que uno de los mayores misterios de la medicina es por qué algunas personas se enferman y otras no, dada la misma exposición. El entorno y la nutrición influyen en la infección, pero la genética es primordial. Es la misma pregunta que yace en el fondo de por qué tanta gente del Nuevo Mundo murió de enfermedades del Viejo. ¿Cuál fue la maquinaria genética exacta que hizo a algunos más susceptibles que a otros?

Con la secuenciación genética, dijo Sacks, por fin tenemos las herramientas para averiguar por qué hay personas más vulnerables que otras. Los científicos están secuenciando los genomas enteros de la gente y comparándolos, para ver qué diferencias genéticas saltan entre aquellos que, expuestos a una infección, se enfermaron, y aquellos que no. Por fin tenemos las herramientas para comprender la biología detrás de la gran extinción y cómo tales pandemias podrían evitarse en el futuro, pero la investigación sigue en sus primeros pasos.

Durante nuestra conversación, cuando comenté de pasada lo repugnantes que eran los jejenes, me reprendió:

—Por supuesto que no creemos que sean repugnantes en absoluto. Amamos a nuestros jejenes.

El laboratorio de leish, dijo Sacks, lleva años trazando cada etapa de la vida de la *Leishmania*, en busca de muescas en su armadura que podría aprovechar una vacuna. Es más difícil diseñar una vacuna contra un protozoario que contra un virus o una bacteria más simple; de hecho, aún no existe una vacuna confiable para ninguna efermedad parasitaria importante. La leish tiene una manera muy sofisticada de infectar el cuerpo. Es, como dijo un parasitólogo, "la realeza del mundo de las enfermedades". En vez de desatar una carnicería como muchas enfermedades virales y bacterianas, y así provocar una reacción inmune masiva, los parásitos tratan de "tomar el té con tu sistema inmune". Sacks y su equipo han identificado las proteínas esenciales que usa el parásito durante su ciclo de vida dentro de los jejenes, y han creado formas mutantes de ellas que podrían bloquear su desarrollo. Pero averiguar cómo aprovechar esas vulnerabilidades es difícil, y pasar de ahí a una vacuna lo es aún más.

Como suele ser el caso demasiado a menudo, el mayor obstáculo es el dinero. Cuesta millones de dólares desarrollar, probar y llevar al mercado una vacuna. Las pruebas con humanos implican miles de pacientes.

—Es difícil conseguir que las compañías se asocien en las pruebas —me dijo Sacks—. No le ven ningún mercado, porque la gente con leishmaniasis no tiene dinero.

Durante la última década, la Organización Mundial de la Salud patrocinó una serie de pruebas clínicas para probar una vacuna contra leish simple, en la que se mataba con calor a los parásitos y se los inyectaba a la gente. Los doctores tenían la esperanza de que los parásitos muertos prepararían al sistema inmune para que atacara a los vivos cuando llegaran. Las pruebas fallaron, pero no está claro por qué. Otras vacunas posibles están en las primeras etapas de las pruebas.

Uno de los mayores descubrimientos que hicieron Sacks y su equipo es que los parásitos de leish tienen sexo dentro de los jejenes. Antes se creía que sólo se podían reproducir por división: reproducción clonal. Al tener sexo, pueden recombinar sus genes. Eso les da una manera de hibridar y adaptarse, y explica por qué hay docenas de especies de leish y por qué, incluso dentro de una especie, hay tantas cepas distintas. La capacidad de tener sexo le da a la *Leishmania* una ventaja evolutiva tremenda. Es la razón principal por la que ha prosperado y se ha propagado durante cien millones de años, infectando dinosaurios y personas y convirtiéndose en una de las enfermedades más exitosas del mundo (desde su perspectiva).

Si la leishmaniasis es tan prevalente en el valle de O1, me pregunté cómo pudieron haber lidiado con la enfermedad los antiguos. ¿Es posible que la controlaran despejando la vegetación o matando a los animales que fungían de portadores? Le planteé la pregunta a Sacks.

Señaló que a la gente de O1 le habría costado trabajo identificar a los jejenes como vector y seguramente imposible saber que era necesario un portador; si los insectos los asediaban a diario, probablemente no hayan hecho la conexión entre una picadura de jején y una lesión que se desarrollara semanas después. (El vínculo entre mosquitos y malaria, por ejemplo, no se hizo sino hasta 1897. Antes de eso, se creía que la causaba el "mal aire" de la noche, que es lo que *mal aria* significa en italiano.)

La leishmaniasis tampoco pudo haber sido la razón del abandono de O1, porque la enfermedad estaba demasiado extendida en tiempos precolombinos: la gente de O1 no tenía a dónde huir. Vivían con la enfermedad, como cientos de millones de personas lo hacen hoy en día.

Cuando diagnosticaron a los miembros de nuestro equipo, tomaron biopsias de nuestras lesiones y las enviaron a otro laboratorio en los INS, llamado Sección de Parasitología Molecular, cuyo director, Michael Grigg, identificó al parásito como *L. braziliensis* al secuenciar parte de su genoma. Llamé a Grigg para averiguar si había encontrado algo inusual.

—El tipo de leish que fue muy difícil de cultivar —recordó—. De hecho, al igual que algunas cepas difíciles, se negó a crecer.

Untó muestras de tejido de nuestras biopsias en placas de agar-sangre, pero los parásitos se negaron a multiplicarse. A causa de eso, su laboratorio no logró separar suficientes parásitos del tejido humano para secuenciar todo el genoma en ese entonces, había demasiado ADN humano enturbiando el trabajo.

En vez de eso, al principio secuenciaron un gen o marcador: uno característico, que revela la especie. El marcador correspondió con *braziliensis*. Pero más tarde, Grigg secuenció cinco marcadores, que describió como "cinco ventanitas al parásito". Se llevó una gran sorpresa. En dos de las "ventanitas" encontró secuencias genéticas distintas de cualquier especie conocida de leish. En otra, descubrió que el ADN se parecía al de otra especie llamada *L. panamensis*, una cepa mucosa igual de dañina. Pero ese gen también tenía un par de mutaciones.

Nuestro parásito, dijo, podría haber sido un híbrido de *panamensis* y *braziliensis*, en el que dos especies socializaron en las entrañas de un jején, se aparearon y produjeron un linaje híbrido. Aquel híbrido luego quedó aislado y comenzó a evolucionar hasta convertirse en una nueva cepa, o quizá hasta una nueva especie. Había suficientes mutaciones, llamadas "SNP", en los cinco sitios para indicar que esa especie en particular llevaba un tiempo aislada.

¿Cuánto? Pregunté.

—Es una pregunta difícil. No hay muchos SNP, así que diría que han pasado cientos de años, no miles ni decenas de miles.

Tuve una idea repentina. Le expliqué a Grigg que el valle alguna vez había sido sede de una bulliciosa ciudad, con redes comerciales activas. Pero hacía unos quinientos años, la ciudad había sido abandonada y de pronto el valle había quedado aislado del resto del mundo, sin gente que entrara y saliera para propagar la enfermedad. ¿Acaso ese abandono podría ser el momento en el que se había aislado el parásito? Y de ser así, ¿podría usarse el reloj molecular del parásito para datar el momento del abandono?

Lo pensó y declaró que era una hipótesis razonable.

—Cuando tienes índices de cambio de uno o dos SNP, estamos hablando de un aislamiento de cientos de años. Es relativamente reciente. Es consistente con tu teoría.

Todas las especies tienen lo que se conoce como reloj molecular. Mide lo rápido que se acumulan las mutaciones a lo largo de generaciones. Algunas especies, como los virus del resfriado, tienen relojes rápidos, mientras que otras, como los humanos, tienen relojes lentos. Al contar la cantidad de mutaciones, el reloj molecular te dirá cuánto tiempo lleva aislada una especie. Es como jugar teléfono descompuesto: puedes saber qué tan lejos estás del mensaje original al escuchar lo incoherente que se ha vuelto.

Más tarde le presenté a Sacks la misma idea de datar la muerte de O1 usando el reloj molecular del parásito.

—Eso tiene sentido —dijo—. Los árboles filogenéticos están publicados, así que cuando encuentras una especie nueva, la insertas en el árbol para encontrar la distancia genética.

Y eso te daría el periodo de aislamiento.

De ser verdad, ésta sería la primera instancia en la que un sitio arqueológico fuera datado con reloj molecular; nuestra enfermedad podría tener pistas del destino de O1. Sin embargo, todavía se tiene que hacer la investigación.

Capítulo 26

La Ciudad del Jaguar

Después de que nuestra expedición dejara el valle de O1 en febrero de 2015, las ruinas permanecieron inalteradas durante casi un año. Un contingente de soldados hondureños en rotación se quedó en nuestro campamento, resguardando la ciudad. En pocas semanas, los soldados comenzaron a caer por leishmaniasis, algo que el ejército hondureño no había vivido en otras partes del país. Consideraron sacarlos de ahí, pero al final lidiaron con el problema rotando a los soldados con frecuencia, con la esperanza de que eso minimizara la exposición. Los soldados despejaron la maleza y la vegetación en la zona del campamento, dejando sólo los árboles, en un esfuerzo por reducir el hábitat de los jejenes. Para hacer las rotaciones más simples y rápidas, el ejército construyó un cuartel en el aeródromo de El Aguacate.

La excavación del depósito de artefactos en O1 se convirtió en prioridad. Incluso Chris comprendía que dejar todo en el terreno no era opción a largo plazo. Como el saqueo arqueológico era un problema generalizado en Honduras y el depósito valía millones de dólares, el ejército tendría que vigilarlo indefinidamente. Eso no era realista, dados los costos, los frecuentes cambios de gobierno y el azote de la leishmaniasis que volvía problemática la presencia humana permanente en el valle.

Al mismo tiempo que libraba su cruenta batalla contra la leish, Chris preparó un plan de trabajo y comenzó a reunir un equipo experto de arqueólogos y técnicos para excavar el depósito. La idea no era retirar la ofrenda entera, sino sólo sacar los artefactos que sobresalieran del suelo y estuvieran en peligro de ser perturbados. Planeaba dejar el resto del sitio cubierto y escondido para que el material que quedara bajo tierra estuviera a salvo. Esperaba que una excavación parcial nos ayudara a comenzar a entender el significado del depósito y cualquier respuesta que tuviera de los muchos misterios en torno a esa cultura. (Más tarde, arqueólogos hondureños continuaron la excavación y al momento en que escribo han recuperado más de quinientos artefactos.)

La controversia académica en torno a la expedición no se apagó, como era la esperanza de muchos en el equipo. Muchos meses después de la expedición de 2015, Juan Carlos dio una plática en Tegucigalpa sobre el trabajo de lidar de la expedición, y un grupo de manifestantes se presentó para protestar. Su líder, Gloria Lara Pinto, profesora de la Universidad Pedagógica Nacional "Francisco Morazán", en Tegucigalpa, llegó tarde. Se puso de pie durante el periodo de preguntas y respuestas y desafió a Juan Carlos, diciendo que no era arqueólogo y no tenía por qué hacerse pasar por uno, y que su plática (dirigida al público general) carecía de rigor científico. Juan Carlos señaló que había hecho precisamente esas advertencias al principio de la conferencia y que era una pena que se las hubiera perdido por llegar tarde.

—Reconocí —me dijo más tarde— que no era arqueólogo ni antropólogo, pero que como hondureño sí tengo el derecho y el deber de comprender más de la geografía e historia de mi país, y que como investigador con doctorado tengo las herramientas básicas para hacer una investigación histórica.

Después de su respuesta, dijo, la audiencia abucheó a la profesora Pinto y su grupo de provocadores.

El precio del viaje de vuelta y la excavación se elevaba a casi un millón de dólares, la mayoría, de nuevo, debido al costo de operar helicópteros. Con ayuda de Chris, Steve Elkins y Bill Benenson trabajaron para recabar los fondos, y recibieron contribuciones del gobierno hondureño y de la National Geographic Society. *National Geographic* me contrató de nuevo para cubrir el trabajo del equipo. Me inquietaba volver, pero me daba una curiosidad intensa ver qué había en el depósito. Sabiamente o no, ya no me preocupaba la leish: de hecho, me inquietaban mucho más las serpientes venenosas y el dengue. El tamaño, poder y letalidad de la primera barba amarilla que enfrentamos había sido una experiencia que nunca olvidaría. En vez de reusar mis viejas polainas antiserpientes de kévlar, entré a internet y compré un par de guardias antiserpientes de doscientos dólares, con fama de ser las mejores. El fabricante había subido un video de ellas repeliendo ataques sucesivos de una gran cascabel lomo de diamante. Llamé y pregunté si las habían probado contra una barba amarilla, y me dijeron que no, y que tampoco garantizaban que funcionaran contra ese tipo de víbora. Las compré de todos modos.

También tenía un plan contra el dengue: rociaría mi ropa de DEET por dentro y por fuera, me desnudaría dos veces al día para cubrirme de DEET y me refugiaría en la tienda al atardecer, antes de que salieran los mosquitos, y no volvería a salir hasta el amanecer. A principios de enero de 2016 Chris Fisher y su equipo de arqueólogos, hondureños y estadounidenses, llegaron al sitio, instalaron un campamento base y llevaron sus suministros por aire. Estaban trabajando con lo último en equipo arqueológico, incluyendo tabletas reforzadas y en estuches diseñados para soportar los rigores de la selva, unidades GPS de punta y una unidad de lidar portátil operada por Juan Carlos. Sorprendentemente, ni Juan Carlos ni nadie más que se hubiera enfermado durante la expedición original se negó a regresar, excepto Oscar Neil, quien (por razones comprensibles) informó al IHAH que no volvería a poner un pie en la selva.

En menos de una semana, Fisher y su equipo estuvieron listos para comenzar a trabajar en el depósito. Abrir brecha en la ciudad perdida generó mucha emoción en la prensa hondureña, aunque hasta entonces su ubicación había permanecido secreta con éxito; lo cual era sorprendente dado cuánta gente la conocía. El presidente Hernández anunció al país que volaría al sitio en persona para retirar los primeros dos artefactos y llevarlos al nuevo laboratorio que estaban construyendo en el aeródromo de El Aguacate. Además de tener un interés personal profundo en el proyecto, el presidente quería producir buenas noticias para el país.

Como quizá fuera de esperar, el torbellino de notas de prensa sobre la excavación resucitó la querella académica y también disgustó a un segmento de la comunidad indígena hondureña. Los críticos del proyecto empuñaron sus blogs y se quejaron con la prensa. El exdirector del IHAH, Darío Euraque, le dijo al sitio Vice.com que los arqueólogos estaban robando el crédito de un descubrimiento que "no era suyo" y que habían ofendido a grupos indígenas al desatar un "diálogo racista". Dijo que la publicidad había dejado las ruinas expuestas al saqueo y que le entristecía ver a Honduras convertida "en *reality show*". Algunos arqueólogos y otras personas acusaron al presidente Hernández de explotar el hallazgo para distraer la atención de la corrupción, abusos de los derechos humanos y asesinatos de activistas ambientalistas. Condenaron a la expedición por cooperar con tal gobierno.⋆

El 13 de enero un grupo de líderes indígenas hondureños, "Los Hijos de la Muskitia", escribieron una carta abierta en la que criticaban al gobierno y declaraban que la excavación de O1 violaba tratados indígenas. El comunicado tenía una larga lista de exigencias, y objetaba el uso del término "rey mono", que los redactores consideraban "denigrante, discriminatorio y racista". La carta concluía: "Nosotros los hijos del Pueblo Indígena Miskitu [...] exigimos el retorno inmediato de las piezas arqueológicas saqueadas de nuestro sitio sagrado denominado 'Ciudad Blanca'". La carta incluía un mapa del territorio miskito que parecía tragarse las tierras tradicionales de otras comunidades indígenas, como los pech y los tawakhas, que se cree son los verdaderos descendientes de los pueblos antiguos de la Mosquitia. La cuestión de los derechos indígenas en Honduras no es simple: el país es una robusta sociedad mestiza en la que la mayoría de los ciudadanos, ricos y pobres, tienen una gran proporción de linaje indígena. Los

---

⋆ La corrupción es un asunto serio y sin duda hay un agudo problema de abuso de derechos humanos en Honduras. Aunque esté muy por fuera del objetivo de este libro investigar la corrupción en Honduras, personalmente no vi evidencia directa de ella en mi limitada experiencia relacionada con el gobierno de Hernández, ni en el ejército ni en el IHAH. Debe decirse que, en general, si los arqueólogos se rehusaran por principio a trabajar con gobiernos conocidos por corruptos, la mayoría de la arqueología del mundo se detendría; no habría más investigación en China, Rusia, Egipto, México, la mayor parte del Medio Oriente y muchos países en Centro y Sudamérica, África y el Sureste Asiático. Presento esto no como justificación ni disculpa, sino como observación de la realidad de hacer arqueología en un mundo difícil.

miskitos mismos tienen ancestros indígenas, africanos, españoles e ingleses con raíces en la costa, no en las montañas del interior, donde está localizado O1.

Cuando le pregunté a Virgilio por la carta, dijo que el gobierno la tenía muy presente, la había estado esperando y lidiaría con ella. (Hasta donde pude ver, el gobierno lidió con ella ignorándola.)

John Hoopes organizó una plática en su universidad sobre lo que llamó "charlatanería de ciudad perdida" titulada "La Ciudad Perdida que no lo estaba". Cuando le pregunté lo que cubriría la plática, me explicó que el objetivo de la discusión sería sobre todo ayudar a los estudiantes a "pensar cómo los asuntos 'candentes' como el colonialismo, la supremacía blanca, la hipermasculinidad, la fantasía y la imaginación [y] los derechos indígenas [...] se intersectan con las narrativas que se han urdido y aún se urden en torno a la Ciudad Blanca".

A mediados de enero volé a Tegucigalpa para volver a entrar a la selva y cubrir la excavación para *National Geographic*. Me daba curiosidad cómo iban a manejar la jungla infestada de víboras e insectos el presidente, su corte y la prensa. También me descubrí ansioso por pensar en que podrían haber arruinado la imponente perfección del bosque tropical y que la zona estaría degradada por la ocupación humana, de la que había formado parte.

Mi viaje de vuelta a O1 inició la mañana del 11 de enero de 2016, cuando un conductor me recibió antes del alba para el largo viaje por tierra hasta el aeródromo, donde un vuelo militar me llevaría al valle a las 8:00 a.m. Virgilio me había advertido que empacara todo lo necesario para pernoctar en el valle, incluyendo comida y agua, porque el transporte por helicóptero era incierto y probablemente tendría que pasar por lo menos una noche allá, quizá más. Lancé mi mochila sobresaturada a la parte trasera de la vieja pick-up con el parabrisas roto y logos del gobierno engalanando los lados. Arrancamos a alta velocidad; la camioneta voló por las calles desiertas y posapocalípticas de la capital. No tardamos en salir de la ciudad y correr arriba y abajo por caminos de montaña mareadores. Una hora después, en lo alto de la sierra, quedamos envueltos en una densa bruma. Las luces amarillas de los coches y camiones que se acercaban se avecinaban ominosas, encendidas como fuegos artificiales, y luego relampagueaban junto a nosotros y sus luces traseras se perdían en la oscuridad de tinta china. Al crecer la luz del alba, retazos de bruma se aferraron a las laderas y llenaron las tierras bajas de bruma. El interior de Honduras es espectacularmente hermoso y escarpado, una sierra tras otra, separadas por profundos valles verdes. Mientras subíamos y bajábamos, los nombres encantados de los pueblos pasaban en destellos: El Mago, Guaimaca, Campamento, Lepaguare, Las Joyas. Eran los mismos pueblos por los que habíamos pasado un año atrás, pero esta vez, velados por la niebla matutina, parecían de otro mundo, y despertaron en mí cierta comprensión de la inescrutabilidad y "disonancia cognitiva" de la Honduras de hoy en día.

Llegamos al aeródromo de El Aguacate muy a tiempo para el vuelo, que se retrasó muchas horas. Me sorprendió lo rápida e ingeniosamente que habían remodelado el edificio destartalado de la terminal para convertirlo en laboratorio arqueológico. Junto a él había un cuartel militar nuevecito, bloques amarillo pálido con tejado de lámina corrugada: alojamiento para los soldados que hacían rotación en el sitio.

El helicóptero hondureño, un Bell UH-1 verde oliva, estaba esperando en la pista. Por fin despegamos, y una hora más tarde cruzamos la muesca; el valle mágico de O1 se desplegó una vez más ante nosotros, salpicado de luz solar. Pero al flotar sobre el campamento, mis miedos parecieron confirmarse: desde el aire, la zona junto al río era irreconocible. Habían despejado una zona de aterrizaje nueva y más grande en la margen contraria del río, con una X roja gigante marcada con tiras de plástico sobre la tierra.

Aterrizamos y bajé de un salto con mi mochila; el helicóptero volvió al cielo con un ruido atronador. Todo era distinto. Elegí mi camino entre pilas marchitas de vegetación macheteada y crucé el río sobre varios troncos dispuestos en zigzag. Una inundación tremenda había asolado el valle después de la expedición de 2015, se había llevado la antigua zona de aterrizaje y la había convertido en una isla rocosa en medio del río. La inundación también había cambiado el cauce, tallando un canal nuevo más cerca del terraplén que llevaba al campamento. Por suerte, el sitio arqueológico, situado en las altas terrazas sobre el humedal, no había sido afectado.

Al escalar el terraplén, de nuevo me impresionó el cambio a nuestro antiguo campamento. Todo el sotobosque y los árboles pequeños habían sido cortados y retirados, dejando sólo los árboles grandes. Estaba soleado, abierto, caliente y pisoteado. El inefable misterio de estar inmerso en el bosque tropical vivo y en movimiento se había ido; la zona se sentía encogida y desaliñada. Un año de ocupación continua había tenido su precio. Ya no había tiendas y hamacas individuales metidas aquí y allá entre los grandes árboles sombríos, cada campamento escondido en su propio claro. En vez de eso, habían erigido una ciudad de tiendas. El campamento de los soldados hondureños estaba desnudo y expuesto bajo el caliente sol, una serie de chozas de lona verde y toldos azules erigidas en astas de madera, envueltas por el humo de las cocinas. Era más seguro contra víboras, pero mucho menos evocativo. Senderos de bambú cortado y planchas de madera yacían sobre el piso lodoso y un generador ronroneaba. Me sentí angustiado aunque comprendiera que eran cambios inevitables, el resultado ineluctable de la exploración del valle por parte de nuestra expedición. Hasta los sonidos selváticos eran distintos: los gritos y llamados eran más distantes, la vida silvestre se había retirado con la jungla.

Pero al borde del claro, me alegró ver el muro virgen de la selva elevándose en todas direcciones, oscuro, insondable, lleno de murmullos animales. Nuestro campamento seguía siendo tan sólo una punzadita en la gran naturaleza. Al entrar saludé a Spud, que estaba en la zona de cocina, haciendo café. Era el gerente de logística de esa expedición, porque Woody y Sully estaban en otros proyectos. Se habían hecho mejoras importantes: el mar de lodo succionador que casi nos ahoga la vez anterior estaba superado por corredores elevados y un entablado de madera con tapizado de hule.

Traté de levantar mi tienda lo más lejos posible de la ciudad, pero al encontrar una zona al borde del claro, un joven soldado que estaba patrullando me detuvo amablemente y me dirigió de vuelta a señas.

—No, no, señor —dijo—. Serpientes para allá. *Snakes over there.*

Disgustado, levanté mi tienda en un lugar abierto en medio de la ciudad. Me metí a rastras, me desnudé y me unté de DEET ciento por ciento por segunda vez en el día. Rocié mi ropa y me la volví a poner; el hedor asfixiante del aerosol antibichos inundó el interior de la tienda. Luego tomé libreta y cámara y caminé hasta la ciudad perdida. Habían despejado un buen sendero hasta ella: no había necesidad de escolta con machete ni posibilidad de perderse. El día estaba encantador; el cielo, lleno de cúmulos a la deriva.

Crucé el río por otro puente de troncos y seguí el sendero. Al llegar a la pendiente empinada bajo la pirámide encontré una pandilla de soldados tallando una escalera en la tierra, que estaban apuntalando con troncos y estacas, para la visita del presidente. Una soga de nailon servía de barandal. Al subir las escaleras y llegar a la base de la pirámide, el sendero se angostaba y de nuevo estaba de vuelta en selva casi intacta, agradecido de verla igual, excepto por un letrero que decía: PROHIBIDO FUMAR A PARTIR DE ESTE PUNTO.

El sitio del depósito casi no había cambiado. Sólo habían hecho un despeje mínimo, lo suficiente para dar a Anna, Chris y los demás arqueólogos espacio para moverse. Chris había tenido el mayor cuidado en mantenerlo lo más intacto posible.

Saludé a Chris y a Anna, que estaban trabajando en un metro cuadrado de suelo que contenía los artefactos que el presidente retiraría al día siguiente. Anna estaba cepillando cuidadosamente una espectacular vasija ritual tallada con cabezas de buitre. Conocí a los nuevos arqueólogos que trabajaban en el sitio, hondureños y estadounidenses.

El área del depósito había sido acordonada con cinta amarilla y cuadriculada con cordel en unidades de un metro cuadrado. En los pocos días desde que habían iniciado el trabajo, habían abierto tres de esos cuadrados. Dos estaban retacados de artefactos impresionantes. Habían abierto un tercer cuadrado en el piso hacia un lado, afuera del depósito, para determinar la estratigrafía natural del sitio: cómo estaban acomodadas las capas de tierra sin artefactos, como control.

Me alegró ver a Dave Yoder, de nuevo engalanando con equipo de fotografía, disparando su objetivo. Estaba cubriendo la excavación para *National Geographic*, y se veía mucho mejor que la última vez que lo había visto. Le pregunté por su leish. La buena noticia era que, incluso con sólo dos infusiones, su enfermedad había sanado rápido y no había habido necesidad de tratamiento adicional. Pero su recuperación del medicamento había sido agonizante.

—Me sentí agotado y cansado durante meses —me dijo—. Para serte honesto, no estoy seguro de estar completamente recuperado.

¿Qué opinaba de haber vuelto a la selva? ¿Le preocupaba su seguridad?

—Soy fotógrafo —dijo con un bufido—. No vengo a lugares así para estar seguro.

Y no lo estuvo: más tarde en el mes, en esa misma misión, se salvó varias veces por un pelo. Una noche, de camino a la letrina, se topó con lo que describió como una coralillo de 1.20 metros "totalmente molesta" bajando por un palo de bambú. Llegó al suelo y fue directo hacia el campamento, aunque Dave intentara encandilara con su lámpara de cabeza y pisotear el suelo para asustarla. Los soldados hondureños tenían una "patrulla antiserpientes" por las noches, y llegaron justo a tiempo para hacerla pedacitos con un machete. ("Me hizo sentir mal, pero era media noche, no la puedes transportar, ¿qué vas a hacer?". Añadió secamente: "Por lo menos salvé la vida de un sinnúmero de roedores").

Más tarde en el mes, Dave y Spud, junto con varios de los arqueólogos, casi mueren en un accidente de helicóptero. Estaban saliendo del valle en el mismo helicóptero que me había metido a mí, un viejo Bell Huey que había estado en acción en Vietnam y aún tenía monturas para ametralladoras calibre .50 en las puertas. La puerta estaba abierta, una práctica común para que Dave pudiera tomar fotos sin impedimentos. Pero cuando terminó de fotografiar y alguien fue a cerrarla, salió proyectada hacia afuera del helicóptero. En su caída hacia la selva abrió hoyos en el fuselaje y por poco le da al rotor de la cola y las aletas estabilizadoras. Si hubiera arañado alguna, habrían salido ocho bolsas para cadáveres de O1. Chris había sido fanático al tratar de minimizar el riesgo de su equipo, y estaba muy molesto cuando se enteró del accidente. La causa, me enteré después, es que las puertas de ese tipo de Bell Huey deben cerrarse de una manera específica durante el vuelo, para evitar crear una presión aérea diferencial que tenga la suficiente potencia para botarles las bisagras.

Mientras Dave pintaba con luz y fotografiaba los artefactos, uno de sus asistentes filmaba el sitio desde el aire con un dron, que zumbaba por la jungla como insecto gigante del Cretácico. Chris daba vueltas por el sitio, dando instrucciones para clausurarlo y protegerlo durante la visita del presidente al día siguiente. La tarea involucraba apuntalar los bordes de la fosa de excavación con pedazos de madera contrachapada para reforzarlos contra los pisotones, y acordonarla con cinta policiaca en un esfuerzo por controlar la multitud. No quería gente caminando entre los artefactos. Chris había coreografiado con cuidado la visita y tenía una lista de los pocos que tendrían permitido cruzar la cinta amarilla para la sesión de fotos.

No estaba de buen humor. No le había alegrado enterarse de que un soldado curioso, el mes anterior, había desenterrado inocentemente un par de artefactos, incluyendo la famosa cabeza de jaguar, para ver cómo se veían por debajo. (Sin embargo, no había habido saqueos, al contrario de la predicción de Sully.) Como perfeccionista obsesionado con su trabajo, no recibía bien la potencial amenaza a la integridad del sitio, aunque se tratara del presidente del país. Además de eso, le preocupaba su fecha límite inminente. Ahora tenía claro que sería imposible terminar de excavar, estabilizar y conservar los artefactos antes del primero de febrero, cuando se acababa su beca y tenía que regresar a Estados Unidos para seguir dando clases. El depósito era enorme, mucho más grande de lo que podía verse en la superficie.

A nivel profesional, también le angustiaba la falta de apoyo de su universidad. Su participación en la identificación y excavación de O1 había atraído bastante atención mediática a la Universidad Estatal de Colorado, con menciones de Chris en el *New Yorker*, en *National Geographic* y en la revista de exalumnos. Su trabajo en Angamuco también era bien conocido y respetado. Para la expedición de 2015 la universidad le había pedido a Chris que "comprara una de sus clases", es decir que tuvo que conseguir él mismo el dinero para contratar un adjunto que diera sus clases mientras él estuviera en Honduras, y la otra la dio él mismo con un programa intensivo. Steve Elkins le había regalado ocho mil dólares de su bolsillo para lograrlo.

Durante la excavación de 2016 el departamento le pidió que diera las primeras dos semanas de clase en línea —desde la selva—, lo que casi siempre implicaba volar en helicóptero a Catacamas, donde había conexión a internet. El jefe del departamento le pidió que a partir de entonces limitara su investigación de campo a los meses de verano, cuando no hay clases. Sin embargo, el verano es temporada de lluvias en Honduras y México, un periodo durante el cual es difícil hacer excavaciones arqueológicas.

A pesar de esas frustraciones, las dificultades de ser un arqueólogo indigente y poco apreciado estuvieron, durante mucho tiempo, más que compensadas por la oportunidad de participar en un descubrimiento extraordinario, único en la vida. Desde el principio, Chris había sido una fuerza impulsora de energía y entusiasmo para el equipo, un profesional devoto tan ansioso por explorar ese paisaje virgen que en nuestro primer viaje a las ruinas había seguido adelante tras dejarnos a Woody y a mí rezagados, al diablo con las víboras y los peligros de la jungla. Sin embargo, por imprudente que fuera con su propia seguridad, protegía con ferocidad a su equipo. Cuando después del accidente en helicóptero que amenazó a sus arqueólogos hubo varios casos de leish tras su segundo viaje a la selva, Chris concluyó que era demasiado peligroso enviar más personas a O1.

—La lección de esto —dijo— es muy clara: el riesgo de trabajar en el sitio es demasiado grande.

Después de su segundo mes en el sitio, no dirigiría más arqueología en O1.

Mientras el grupo trabajaba en el sitio, mi mirada vagó hacia la pirámide de tierra, cuya forma selvática se elevaba sobre el depósito. Tres árboles monstruosos se erguían en grupo justo encima del depósito, y más allá, la verdadera forma de la pirámide se perdía en una masa de vegetación. Me pregunté si la pirámide seguía igual. Pasando el lugar de trabajo, escalé más allá de los arbolones y no tardé en caer en el crepúsculo esmeralda del bosque tropical virgen. Me alegró ver que seguía intacto desde el año anterior. En la cima de la pirámide me detuve, respirando el aroma fecundo y tratando de conectarme con la ciudad como habría sido en su apogeo, antes de su final abrupto y trágico. La densidad de la vegetación aún velaba cualquier pista de la distribución y tamaño de la ciudad. Incluso en la cumbre, seguía enterrado entre gigantes greñudos que se erguían a treinta metros o más sobre mi cabeza, cubiertos de matapalos y enredaderas. No podía ver a los arqueólogos trabajando abajo, pero sus voces se filtraban por entre las hojas, distorsionadas e ininteligibles, como murmullos de fantasmas.

Concentré mi atención en el suelo de la cumbre. Estaba exactamente igual a como había estado un año atrás, la primera vez que subimos. Había una vaga depresión rectangular y otros bultos que debían de ser los restos de un pequeño templo o estructura. Ése sería otro lugar que excavar, para tratar de comprender los antiguos rituales de ese pueblo desaparecido, pero parte de mí tenía la esperanza de que no sucediera, de que ese lugar nunca perdiera su misterio. Me pregunté qué ceremonias se habrían realizado ahí. Los mayas y otras culturas mesoamericanas hacían sacrificios humanos, para ofrecer a los dioses el alimento más sagrado y precioso de todos: la sangre humana. El sacerdote decapitaba a la víctima o cortaba el esternón y arrancaba el corazón aún palpitante, ofreciéndolo al cielo. Esos sacrificios solían realizarse en la cima de una pirámide, a la vista de todos. ¿Acaso la gente de la Mosquitia también llevaba a cabo tales ritos? Cuando la ciudad de O1 fue barrida por epidemias, y la gente sintió que sus dioses la habían abandonado, me pregunto qué ceremonias habrían ejecutado en un esfuerzo desesperado por restaurar el orden del cosmos. No importa lo que hayan hecho, falló: malditos y rechazados por los dioses, dejaron la ciudad para nunca volver.

Con esos solemnes pensamientos en mente, descendí la colina y regresé al campamento mientras la puesta del sol llenaba las copas de los árboles. Después de la cena, cuando oscureció y salieron los bichos, olvidé mi promesa de refugiarme en mi tienda y me quedé en el área de cocina con Chris, Dave, Anna, Spud y los demás. Nos relajamos bajo el toldo, contando historias, escuchando música y bebiendo té a la luz de una linterna Coleman que silbaba suavemente. Las noches en el campamento tienen algo irresistible, la temperatura refresca y el suave aire nocturno se llena de ruidos de vida silvestre, mientras todos se relajan del trabajo del día. En el campamento de los soldados, un cordel de luces navideñas se encendió y oímos el ruido de una película de acción haciendo eco desde la tienda principal.

A la mañana siguiente, me alegró oír el rugido familiar de los monos aulladores al alba, aunque para entonces ya se habían retirado al otro lado del río. La neblina matutina inundaba el aire. Los soldados estaban de vuelta al trabajo, emocionados y nerviosos, poniendo los toques finales en la escalera para la visita presidencial de esa misma mañana. Sus botas estaban boleadas; las armas, limpias y aceitadas; los uniformes, lo más pulcros posible en el húmedo entorno selvático.

La niebla se abrió a media mañana y cayó una breve lluvia entre la débil luz. Entonces el ruido de helicópteros inundó el aire, al principio distante y después cada vez más fuerte. Aterrizaron tres en rápida sucesión, vomitando prensa y funcionarios hondureños… y a Steve Elkins. Los mandamases incluían al comandante general del ejército hondureño; al secretario de Defensa; a Ramón Espinoza, ministro de Ciencia y Tecnología, y a Virgilio. El presidente, Juan Orlando Hernández, acompañado por el embajador estadounidense, James Nealon, se apeó del tercer helicóptero, engalanado con banderas hondureñas.

Chris Fisher recibió al presidente Hernández en la pista de aterrizaje con un regalo urgente: un par nuevecito de polainas antiserpientes que tenía que ponerse antes de dar un paso más. Observamos mientras el presidente se las ponía feliz en las espinillas, charlando en inglés con Steve, Chris y el embajador. Vestido con guayabera y sombrero Panamá, Hernández no era un hombre alto y tenía una cara amigable e infantil, y se comportaba sin el acartonamiento ni la pompa que uno esperaría del dirigente del país. De hecho, me había dado cuenta de que cuando la gente entraba al valle de O1, un lugar tan aislado del mundo, las distinciones y las divisiones jerárquicas parecían difuminarse. Me descubrí, por ejemplo, arremangándome para comparar mis cicatrices de leishmaniasis con las del teniente coronel Oseguera.

Seguí al presidente y su corte en la caminata hacia el sitio, mientras se esforzaban por subir por la escalera de tierra y se amontonaban en el área del depósito, rodeados de selva. No tardaron en ignorar la cinta policial de Chris y todo mundo se abalanzó sobre la zona excavada, pisoteando por todos lados y posando para las fotos. Pude ver a Chris tratando de mantener la compostura, con una sonrisa nerviosa colgada del rostro.

El presidente estaba lleno de energía. Era más que un deber oficial. El primer objeto en ser retirado, el recipiente de piedra con las cabezas de buitre, había sido dejado in situ, sobre un pedestal de tierra, exactamente igual a como lo habían dispuesto como ofrenda quinientos años atrás. El presidente se hincó junto a ella, junto con Chris Fisher, Steve, Ramón Espinoza y Virgilio. Steve puso su mano sobre la vasija y dijo unas palabras.

—Han pasado unos largos veintitrés años hasta este momento. ¡Por fin! Y probablemente pasen otros doscientos antes de encontrar lo que haya aquí.

Chris y el presidente Hernández entonces asieron las agarraderas de la enorme vasija mientras centelleaban las cámaras, la desprendieron de su cama de siglos y la sacaron del agujero.

Mientras empacaban los artefactos para el viaje de salida, entrevisté a Hernández, que habló con entusiasmo del descubrimiento y de lo que significaría para Honduras. De niño había oído leyendas de la Ciudad Blanca y le había conmovido la noticia en 2012, cuando era presidente del Congreso hondureño, de que nuestro improbable sondeo mediante lidar de la Mosquitia había descubierto no una, sino dos ciudades perdidas.

—Éste es un suceso arqueológico e histórico —dijo—. Esta cultura es fascinante, pero tenemos mucho que aprender, y va a llevar tiempo.

Añadió con orgullo:

—Nos alegra compartir este conocimiento con el mundo.

Pensé en el comentario de Juan Carlos de que Honduras carecía de una identidad nacional fuerte y de una noción de su propia historia. Quizá todos compartiéramos la esperanza de que ese descubrimiento lo cambiaría.

Cuando el artefacto estuvo empacado y listo, los arqueólogos y los soldados lo cargaron de vuelta por el estrecho sendero selvático, una persona en cada esquina, imitando la técnica de camilla usada por Howard Carter en la tumba de Tutankamón. Los dos artefactos, el jarrón y el metate del hombrejaguar, fueron almacenados a bordo de un helicóptero.

Aunque yo había anticipado una estadía ligeramente más larga, mientras observaba esas actividades de pronto me dijeron que mi boleto de salida de la selva era el tercer helicóptero, que saldría en un minuto. Una vez más tuve que agarrar mi mochila y salir a las prisas de O1, sin tiempo para ponerme sentimental. No tardamos en estar en el aire, sobrevolando las copas de los árboles, en dirección a Catacamas. Sería mi última visita al valle.

Al llegar a la pista, todo estaba listo para una importante ceremonia nacional. Habían montado una carpa detrás del laboratorio, con sillas, altavoces, televisiones de pantalla ancha y comida. La informalidad de la selva se perdió en un mar de oficiales del ejército, dignatarios, ministros y prensa.

Con pompa y circunstancia, sacaron las cajas de los helicópteros y las cargaron por la pista, como en desfile, entre líneas de prensa hondureña e invitados distinguidos. Mientras una pantalla plana reproducía un emotivo video, Chris y un asistente, con guantes de látex, desempacaron los dos artefactos y los acomodaron en estuches de museo sobre el estrado, construidos especialmente para recibirlos. El metate del hombre-jaguar estaba a un lado y el jarrón de los buitres al otro. Cuando estuvieron fijos en sus estuches con las tapas de vidrio puestas, la audiencia aplaudió.

Chris dio un corto discurso en el que habló de lo importante que era preservar el sitio y el bosque tropical circundante, y en el que advirtió de la grave amenaza de la tala que se acercaba.

—Por primera vez —le dijo a la audiencia— somos capaces de poder estudiar esta cultura en forma sistemática.

El presidente Hernández dio un discurso breve pero emotivo, y sus palabras adquirieron un sentimiento casi religioso. "Démosle gracias al Señor por poder vivir nosotros este momento especial en la historia de Honduras y para muchos amantes de la arqueología", dijo, añadiendo que todos los reunidos tenían "una gran expectativa de lo que esto va a significar para Honduras y para el mundo". También declaró que el descubrimiento de O1 era importante más allá de su beneficio a la arqueología. Finalmente, delineó una visión de lo que significaba para los hondureños: no sólo fomentaría el turismo y ayudaría a entrenar una nueva generación de arqueólogos hondureños, sino que también hablaba de la identidad del país y de su gente. Más tarde construiría una sala especial en el palacio presidencial para exhibir algunos de los artefactos.

Honduras es un país espectacularmente interesante, cuya gente tiene una historia bifurcada que se remonta al Viejo

Mundo y al Nuevo. Aunque la historia española de Honduras sea bien conocida, su historia precolombina (aparte de Copán) sigue siendo un enigma. La gente necesita de la historia para conocerse a sí misma, para construir orgullo e identidad, continuidad, comunidad y esperanza en el futuro. Por eso la leyenda de la Ciudad Blanca llega tan profundo en la psique nacional hondureña: es una conexión directa con un pasado precolombino rico, complejo y digno de memoria. Hace quinientos años, los supervivientes de la catástrofe de O1 que salieron de la ciudad no sólo desaparecieron. La mayoría siguieron adelante, y sus descendientes siguen formando parte de la vibrante cultura mestiza de la Honduras actual.

Hernández cerró su discurso con una última proclama dramática. La ciudad de O1 recibiría un nombre real: La Ciudad del Jaguar.

Capítulo 27

Quedamos huérfanos ¡oh hijos míos!

Cuando los humanos entraron en América por primera vez, hace quince mil a veinte mil años sobre el Puente de Beringia,★ nuestra especie existía por doquier como pequeñas bandas vagabundas de cazadores-recolectores. No había ciudades, ni pueblos, ni agricultura, ni animales domesticados. Estábamos esparcidos y moviéndonos todo el tiempo, rara vez encontrábamos otros grupos. La baja densidad de población evitaba que la mayoría de las enfermedades echaran raíz. La gente sufría de parásitos e infecciones, pero no se contagiaba de la mayoría de las enfermedades familiares de la historia humana reciente: sarampión, varicela, resfriados, influenza, viruela, tuberculosis, fiebre amarilla y peste bubónica, por sólo nombrar algunas.

Durante los últimos diez mil años, al incrementarse la densidad de población humana, las enfermedades entraron en el centro de atención de los asuntos humanos. Las pandemias cambiaron el arco de nuestra historia. A pesar de nuestra deslumbrante tecnología, seguimos a merced de los patógenos, viejos y nuevos.

★ El periodo de tiempo y la ruta migratoria de la primera población de América son muy debatidos.

En su revolucionario libro *Armas, gérmenes y acero*, el biólogo Jared Diamond plantea la pregunta: ¿Por qué nuestras enfermedades del Viejo Mundo devastaron al Nuevo y no al revés? ¿Por qué las enfermedades sólo fluyeron en una dirección?* La respuesta yace en cómo divergieron las vidas de la gente del Viejo y del Nuevo Mundo a partir de la migración intercontinental hace más de quince mil años.

La agricultura, que permitió a la gente asentarse en pueblos y aldeas, se inventó de forma independiente en el Viejo y en el Nuevo Mundo. La diferencia clave fue la cría de animales. En el Viejo Mundo se domesticó una gran variedad de animales, comenzando por el ganado hace unos ocho o diez mil años y pasando rápidamente a cerdos, pollos, patos, cabras y ovejas. Los campesinos del Nuevo Mundo también domesticaron animales, sobre todo llamas, cobayas, perros y pavos. Pero en Europa (y Asia y África), la cría de animales se convirtió en un aspecto central de la vida, una actividad esencial en casi todos los hogares. Durante miles de años, los Europeos vivieron en intimidad con su ganado y estuvieron en exposición constante a sus microbios y enfermedades. En el Nuevo Mundo, quizá porque tenían más espacio y menos animales domesticados, la gente no vivía hombro con ala con sus animales.

Los humanos no suelen contraer enfermedades infecciosas de animales: los patógenos tienden a limitar su fea tarea a una sola especie o género. (La leishmaniasis es una excepción impresionante.)

Pero los microbios mutan todo el tiempo. De vez en cuando, un patógeno animal cambiará de tal manera que de pron-

---

* La única excepción notable es la sífilis, que es probable que los hombres de Colón hayan llevado de vuelta al Viejo Mundo al regresar del primer viaje

to infecte a una persona. Cuando la gente de Medio Oriente domesticó ganado por primera vez, un tipo de buey llamado uro, una mutación del virus de viruela vacuna le permitió saltar a los humanos, y nuestra viruela nació. La peste bovina migró a la gente y se convirtió en sarampión. La tuberculosis probablemente se originara en el ganado; la influenza, en aves y cerdos; la tos ferina, en cerdos o perros; y la malaria, en pollos y patos. El mismo proceso sigue hoy en día; el ébola probablemente haya saltado a los humanos desde los murciélagos y el VIH se estrelló con nuestra especie desde los monos y chimpancés.

Junto con la domesticación de animales, los humanos del Viejo Mundo comenzaron a asentarse en aldeas, pueblos y ciudades. La gente vivía junta en cantidades mucho más densas que antes. Las ciudades, con su ajetreo, comercio, inmundicia y hacinamiento, crearon un hogar maravilloso para los patógenos, y un escenario ideal para las epidemias. Así que, cuando las enfermedades migraban del ganado a la gente, se disparaban epidemias. Esas enfermedades encontraron bastante combustible humano, corrieron de una ciudad a otra y de un país a otro e incluso cruzaron océanos a bordo de barcos. Los biólogos las llaman "enfermedades de multitudes", porque eso es exactamente lo que necesitan para propagarse y evolucionar.

Las epidemias barrían periódicamente los asentamientos europeos, matando a los susceptibles y dejando a los fuertes, seleccionando el acervo genético. Como siempre, los niños eran la mayoría de las víctimas. Casi ninguna enfermedad es ciento por ciento fatal: siempre sobreviven algunas víctimas. Los supervivientes tendían a tener genes que les ayudaron a resistir un poco mejor, y transmitieron esa resistencia a sus hijos. A lo largo de miles de años e incontables muertes, la gente del Viejo Mundo gradualmente adquirió una resistencia genética a muchas enfermedades epidémicas brutales.

En el Nuevo Mundo, por otro lado, no parece que ninguna enfermedad importante haya saltado de animales a humanos. Aunque América tuviera ciudades tan grandes como las europeas, eran mucho más nuevas a la llegada de los españoles. La gente del Nuevo Mundo no llevaba suficientemente tiempo viviendo hacinada para que las enfermedades de multitudes brotaran y se propagaran. Los nativos americanos nunca tuvieron oportunidad de desarrollar resistencia a la miríada de enfermedades que plagaban a los europeos.

Esa resistencia genética, por cierto, no debería confundirse con inmunidad adquirida. La inmunidad adquirida es cuando el cuerpo se libra de un patógeno y a partir de entonces mantiene un estado de alerta máxima contra ese mismo microbio. Por eso la gente no suele enfermarse de lo mismo dos veces. La resistencia genética es algo más profundo y misterioso. No se adquiere por exposición: naces con ella. Hay gente que nace con mayor resistencia a ciertas enfermedades que otra. La experiencia de nuestro equipo en el valle de O1 es un ejemplo de libro de texto. Los médicos creen que todos en la expedición fuimos picados y estuvimos expuestos. Sin embargo, sólo la mitad se enfermó. Unos cuantos, como Juan Carlos, fueron capaces de combatir la enfermedad sin medicamentos. Otros cayeron severamente enfermos, y algunos, a la fecha en que escribo, siguen luchando contra ella.

Los genes que resisten enfermedades sólo pueden propagarse por una población por medio de la implacable lotería de la selección natural. La gente con sistemas inmunes más débiles (sobre todo niños) debe morir, mientras los fuertes sobreviven, para que una población adquiera una resistencia generalizada. Una asombrosa cantidad de sufrimiento y muerte durante miles de años aportó para forjar la resistencia europea (y africana y asiática) a las enfermedades de multitudes. Un biólogo me dijo que lo que probablemente salvara a muchas culturas indígenas de la extinción total fueron las violaciones masivas de mujeres nativas por parte de hombres europeos: muchos de los bebés de esas violaciones heredaron la resistencia genética europea a las enfermedades. (El científico, después de contarme esa horripilante teoría, dijo: "Por el amor de Dios, no relaciones mi nombre con esa idea".)

En el Nuevo Mundo, esos miles de años de angustia y muerte se comprimieron en una ventana de 1494 a 1650. El genocidio por patógenos sucedió durante ese cruel siglo y medio, y llegó en el peor momento, cuando la población del Nuevo Mundo acababa de reunirse en grandes ciudades y alcanzado el nivel de densidad suficiente para que esas epidemias se propagaran con furia. Fue una tormenta perfecta de infecciones.

No oímos muchas de las voces de esas víctimas. Sólo sobrevivieron un puñado de testimonios del cataclismo por parte de nativos americanos. Uno en particular destaca, un texto notable llamado *Anales de los Cakchiqueles*, que describe una epidemia, probablemente de viruela o influenza, que barrió una zona de Guatemala, al noroeste de la Mosquitia. Ese extraordinario manuscrito, descubierto en un convento remoto en 1844, fue escrito en una lengua maya llamada cakchiquel por un indio de nombre Francisco Hernández Arana Xajilá. De adolescente, Arana Xajilá vivió la epidemia que destruyó a su pueblo.

Hé aquí que durante el quinto año [1520] apareció la peste ¡oh hijos míos! Primero se enfermaban de tos, padecían de sangre de narices y de mal de orina. Fué verdaderamente terrible el número de muertes que hubo en esa época. Murió entonces el príncipe Vakaki Ahmak. Poco a poco grandes sombras y completa noche envolvieron a nuestros padres y abuelos y a nosotros también ¡oh hijos míos! […] Grande era la corrupción de los muertos. Después de haber sucumbido nuestros padres y abuelos, la mitad de la gente huyó hacia los campos. Los perros y los buitres devoraban los cadáveres. La mortandad era terrible […] Así fué como nosotros quedamos huérfanos ¡oh hijos míos! Así quedamos cuando éramos jóvenes. Todos quedamos así. ¡Para morir nacimos!

Quiero pedir al lector que se detenga un momento a meditar sobre las estadísticas. Las estadísticas no son más que cifras: necesitan ser traducidas a experiencia humana. ¿Qué implicaría una tasa de mortandad de noventa por ciento para los supervivientes y su sociedad? En Europa, la Muerte Negra, en su peor momento, se llevó entre cincuenta por ciento y sesenta por ciento de la población. Y fue devastador. Pero la tasa de mortandad no fue suficiente para destruir la civilización europea. Una tasa de mortandad de noventa por ciento sí lo es: no sólo mata gente, aniquila sociedades; destruye lenguas, religiones, historias y culturas. Corta de tajo la transmisión de conocimiento de una generación a la siguiente. Los supervivientes quedan privados de una conexión humana vital con su pasado; despojados de sus historias, su música y su danza, sus prácticas y creencias espirituales; carentes de identidad.

La tasa de mortandad general en esa oleada de epidemias fue aproximadamente de noventa por ciento. Para poner esa estadística en términos personales, haz una lista de las diecinueve personas más cercanas que tengas: todas menos una morirán. (Esto, por supuesto, también te cuenta a ti como sobreviviente.) Piensa en cómo sería para ti si hubieras sido el autor del manuscrito de Cakchiquel, ver morir a todas esas personas: tus hijos, tus padres, abuelos, hermanos y hermanas, tus amigos, los líderes de tu comunidad y tus autoridades espirituales. ¿Qué te provocaría verlos perecer de la manera más agonizante, humillante y aterradora posible? Imagina el colapso de todos los pilares de tu sociedad; imagina el páramo que quedaría, los pueblos y ciudades abandonados, los campos descuidados, las casas y calles repletas de muertos que nadie pudo enterrar; imagina la riqueza inservible, el hedor, las moscas, los animales carroñeros, la soledad y el silencio. Amplía ese escenario más allá de pueblos y ciudades; amplíalo más allá de reinos y civilizaciones; amplíalo más allá de continentes… hasta que abarque la mitad del planeta. Ese infierno de contagio destruyó miles de sociedades y millones de personas, desde Alaska hasta Tierra del Fuego, desde California hasta Nueva Inglaterra, desde el bosque tropical del Amazonas hasta la tundra de la Bahía de Hudson. Eso fue lo que destruyó O1, la Ciudad del Jaguar, y al antiguo pueblo de la Mosquitia.

Es el tipo de cosa que los escritores de ficción posapocalíptica se disponen a imaginar, el tema de nuestras mayores pesadillas noticiosas, pero ese Apocalipsis real está fuera del alcance de las peores fantasías hollywoodenses. Fue la mayor catástrofe en la historia de la especie humana.

¿Deberíamos culpar a los europeos del siglo XVI y XVII? Si alguien puede culpar a los muertos, son responsables. Los españoles, ingleses y demás contribuyeron mucho a la mortandad con crueldad, esclavitud, violaciones, abusos, hambrunas, guerra y genocidio. Los europeos mataron a muchos nativos directamente, sin ayuda de enfermedades. En algunas instancias, usaron enfermedades como arma biológica, dándoles a propósito, por ejemplo, sábanas infectadas de viruela a los indios. Y millones de indios más, que habrían sobrevivido a las enfermedades, murieron porque la brutalidad europea los había dejado debilitados y susceptibles.

Es tentador argumentar que si los europeos no hubieran llegado al Nuevo Mundo, esas pandemias letales no habrían ocurrido. Pero el encuentro entre los mundos era inevitable. Si los europeos no hubieran llevado enfermedades al Nuevo Mundo, los asiáticos o los africanos lo habrían hecho; o los marineros del Nuevo Mundo habrían llegado al Viejo tarde o temprano. Sin importar lo que pasara, habría sobrevenido el desastre. Era un accidente geográfico monstruoso al acecho. Era una bomba de tiempo que llevaba quince mil años corriendo, contando hasta el fatídico día en que un barco con pasajeros enfermos por fin cruzara el amplio océano.

No se trata de ninguna manera de una apología del genocidio. De todos modos, la catástrofe fue en gran parte un suceso natural, un imperativo biológico inconsciente, una vasta migración de patógenos tontos de un lado del planeta al otro.

Hay mucha ironía en la historia de nuestra propia enfermedad. La cepa de leishmaniasis que nos atacó es un raro ejemplo de enfermedad del Nuevo Mundo que ataca a una población (en su mayoría) del Viejo. Aunque obviamente no crea en maldiciones, hay una ineludible sensación de venganza en que una ciudad del Nuevo Mundo destruida por las enfermedades del Viejo causara estragos entre sus redescubridores del Viejo Mundo con una enfermedad del Nuevo. Pero esa ironía no contempla la lección moderna: era una enfermedad del Tercer Mundo atacando a gente del Primero. Ahora, el mundo está dividido en Tercero y Primero, no en Viejo y Nuevo. Patógenos alguna vez confinados al Tercer Mundo ahora están haciendo incursiones mortales al Primero. Ésa es la futura trayectoria de las enfermedades en el planeta Tierra. Los patógenos no tienen fronteras; son los máximos viajeros; van donde quiera que haya combustible humano. Nosotros los primermundistas nos hemos vuelto demasiado complacientes con la idea de que las enfermedades, sobre todo las ETD, pueden quedarse en cuarentena en el Tercer Mundo, y que podemos vivir seguros en nuestras comunidades supuestamente amuralladas contra patógenos, ignorando el sufrimiento de las tierras lejanas y pobres.

La crisis médica del VIH ya empujó la leishmaniasis a nuevas áreas del globo, en especial Europa del sur. El VIH incrementa vastamente el poder destructivo de la leish y viceversa. Una coinfección *Leishmania*-VIH es una combinación terrible; se le considera una enfermedad "nueva" por mérito propio, casi imposible de tratar y normalmente fatal. El VIH y la *Leishmania* se encierran en un círculo vicioso de refuerzo mutuo. Si una persona con leishmaniasis contrae VIH, la leish acelera el acaecimiento de sida avanzado y bloquea la efectividad de los medicamentos antiVIH. Lo contrario también es cierto: una persona con VIH que viva donde haya leishmaniasis es entre cien y mil veces más susceptible a contraer la enfermedad que alguien sano, debido a un sistema inmune debilitado. La gente que sufre de una coinfección leish-VIH está tan repleta del parásito que se convierte en superportadora, un potente depósito que acelera su propagación. Y se ha demostrado que la leish visceral, al igual que el VIH, se transmite por medio de agujas sucias entre usuarios de drogas intravenosas: dos estudios de finales de los años noventa encontraron parásitos de leish en cincuenta por ciento de las agujas sucias desechadas por consumidores de drogas en Madrid en dos ubicaciones distintas a varios años de distancia. El sesenta y ocho por ciento de todos los casos de leishmaniasis visceral en España fue entre consumidores de drogas intravenosas.

La leishmaniasis es una enfermedad que prospera en el detritus de la miseria y el abandono: viviendas destartaladas, ratas, arrabales sobrepoblados, tiraderos de basura, drenajes al aire libre, perros callejeros, desnutrición, adicciones, falta de servicios de salud, pobreza, guerra y terrorismo. La leish cutánea está corriendo sin frenos en las zonas de Iraq y Siria controladas por el Estado Islámico; tanto, que las familias están prefiriendo inocular a sus hijas jóvenes con leishmaniasis en una parte cubierta de su cuerpo para que no les dé en la cara, donde dejaría cicatriz. (Ese tipo de leish es una variedad leve que suele desaparecer por su cuenta y dejar a la persona inmune.)

Desde 1993 el parásito de *Leishmania* se ha estado propagando, no sólo por la coinfección con el VIH, sino también porque la gente se está mudando de zonas rurales a urbanas. Está atacando gente que se aventura en el bosque tropical para proyectos como construcción de caminos y presas, tala y contrabando de drogas, al igual que turismo, fotografía, periodismo y arqueología. Abundan las anécdotas extrañas. Casi todos en una aventura de yoga selvático en Costa Rica fueron abatidos por leish. Un concursante de un programa de supervivencia perdió parte de la oreja por leish. Un equipo de cineastas que filmaba un video de turismo de aventuras contrajo leish.

La leish se está propagando en Estados Unidos. Durante todo el siglo XX sólo se reportaron veintinueve casos de leish en Estados Unidos, todos en Texas, cerca de la frontera con México. Pero en 2004 un joven de un pueblito en el sureste de Oklahoma, a dieciséis kilómetros de la frontera con Arkansas, fue a ver al doctor, quejándose de una llaga en su cara que no sanaba. El médico la cortó y la envió a un patólogo en la ciudad de Oklahoma, quien no adivinó lo que era y almacenó el tejido congelado. Un año después, el mismo patólogo, por pura casualidad, obtuvo otra muestra de tejido de otro paciente que vivía en el mismo pueblito. Llamó de inmediato al Departamento Estatal de Salud de Oklahoma y acudió a la doctora Kristy Bradley, la epidemióloga estatal. Ella y su equipo ordenaron que enviaran las dos muestras de tejido a los Centros para el Control de Enfermedades, en Atlanta. El diagnóstico volvió: leishmaniasis cutánea, de un tipo leve que suele curarse retirando quirúrgicamente la úlcera. (De hecho, ambos pacientes fueron curados así.)

Mientras la doctora Bradley investigaba la enfermedad en Oklahoma, ocurrió un brote de leishmaniasis cutánea en el noreste de Texas y en una serie de suburbios de la zona metropolitana Dallas–Fort Worth; la docena de víctimas incluía a una niñita con lesiones en la cara, y en un caso, un gato y un humano en el mismo hogar se contagiaron. Los doctores de los departamentos de salud de Texas y Oklahoma unieron fuerzas para rastrear la fuente. Les preocupaba sobre todo que ninguna de las víctimas hubiera viajado: se habían infectado en sus propios patios.

La doctora Bradley dirigió la investigación de los dos casos en Oklahoma. Reunió un equipo que incluía un entomólogo y un biólogo. Cuando el equipo visitó a los pacientes y sondeó sus propiedades, descubrieron madrigueras de ratas de bosque y jejenes, que concluyeron que debieron ser las portadoras y vectores. Los investigadores atraparon varias ratas y jejenes y les hicieron pruebas de leish. Ninguna tenía la enfermedad, pero para entonces, el minibrote había disminuido.

Llamé a Bradley y pregunté si la leish realmente había desaparecido o si seguía por ahí. "Estoy segura de que no ha desaparecido —dijo—. Se está cocinando a fuego lento en algún lugar, circulando tranquilamente en la naturaleza", esperando la combinación de circunstancias correcta para brotar de nuevo. Cuando ella y su equipo cartografiaron los casos de leish en Estados Unidos a lo largo del tiempo, revelaron una inexorable propagación hacia el noreste, a través de Texas y Oklahoma, hacia los demás estados al noreste.

¿Por qué?

Su respuesta fue inmediata:

—Cambio climático.

Al calentarse Estados Unidos, dijo, los rangos de los jejenes y las ratas de bosque avanzan hacia el norte, y el parásito de leish los acompaña. El género de jején que se sabe que propaga ese tipo de leish ha sido encontrado en Estados Unidos ochocientos kilómetros más al noroeste y trescientos veinte kilómetros más al noreste de su rango previamente establecido.

Un estudio reciente modeló la posible expansión de leishmaniasis por Estados Unidos durante los siguientes sesenta y cinco años. Como se requiere al vector y al portador para propagar la enfermedad, los científicos querían saber dónde podía migrar en conjunto la combinación jején-rata de bosque. Vislumbraron dos posibles escenarios climáticos futuros, mejor y peor de los casos. Para cada uno, extrapolaron a los años 2020, 2050 y 2080. Incluso bajo los supuestos de mejor caso climático, descubrieron que el calentamiento global empujaría la leishmaniasis por todo Estados Unidos, hasta el sureste de Canadá, para 2080. Cientos de millones de estadounidenses quedarían expuestos, y eso es sólo hablando de ratas de bosque. Como muchas otras especies de mamíferos pueden portar el parásito de la leish —incluyendo perros y gatos—, sabemos que el problema potencial es mucho mayor de lo que describe ese estudio.* Una propagación similar de la enfermedad se espera en Europa y Asia.

Parece que la leishmaniasis, una enfermedad que ha aquejado a la raza humana desde tiempos inmemoriales, ha alcanzado su madurez en el siglo XXI. Anthony Fauci, director del Instituto Nacional de Alergias y Enfermedades Infecciosas de los INS, le dijo con franqueza a nuestro equipo que, al ir a la selva y contraer leishmaniasis, "Tuvieron una buena probada de lo que sufren las mil millones de personas menos afortunadas de la Tierra". Nos hicieron ver, dijo, de manera muy drástica, lo que mucha gente tiene que vivir toda su vida. Si hay algo positivo a nuestro predicamento, nos dijo, "es que ahora contarán su historia, llamarán la atención a lo que es una enfermedad muy frecuente y muy seria".

Si la leish se sigue propagando como está predicho por Estados Unidos, para finales de siglo ya no estará confinada a los "mil millones menos afortunados" en tierras lejanas. Estará en nuestros patios.

El calentamiento global ha abierto la puerta sureña de Estados Unidos no sólo a la leish, sino a muchas otras enfermedades. Las grandes que están entrando a nuestro país incluyen Zika, virus del Nilo Occidental, chikunguña y dengue. Incluso es posible que enfermedades como el cólera, ébola, borreliosis de Lyme, babesiosis y peste bubónica infecten a más personas conforme se acelere el calentamiento global.

Los viajes modernos le han dado nuevas formas de propagación a las enfermedades infecciosas. La peste bubónica viajó de Asia central a Levante y Europa a caballo, camello y barco en el siglo XIV; el virus del Zika en el siglo XXI saltó de

---

* Recientemente ha habido brotes serios de leishmaniasis visceral mortal en perreras por todo Estados Unidos, con la posibilidad muy real de una transmisión de perros a humanos.

Yap, en Micronesia, a la Polinesia Francesa, Brasil, el Caribe y Centroamérica en avión, en 2015. En el verano de 2016 el Zika llegó a Miami, otra vez en avión. El brote de la influenza porcina letal H1N1 en México tomó aviones para atacar lugares tan lejanos como Japón, Nueva Zelanda, Egipto, Canadá e Islandia. Como señaló Richard Preston en su aterrador libro *Zona caliente*, "un virus 'caliente' procedente de la selva sobrevive a las veinticuatro horas que tarda un avión en llegar a cualquier aeropuerto del planeta".

La última gran pandemia mundial fue la influenza española de 1918, que mató a cien millones de personas, un cinco por ciento de la población mundial. Si ocurriera una pandemia así ahora, se propagaría más rápido y podría ser imposible de contener. Según la Fundación Bill y Melinda Gates, en una pandemia así "la mortandad alcanzaría los trescientos sesenta millones", incluso con el despliegue total de vacunas y potentes medicamentos modernos. La Fundación Gates estimó que la pandemia también devastaría financieramente al mundo, precipitando un colapso económico de tres billones de dólares. No estoy incitando al pánico: la mayoría de los epidemiólogos cree que tal pandemia sucederá tarde o temprano.

La arqueología contiene muchos relatos admonitorios para que meditemos en el siglo XXI, no sólo acerca de enfermedades, sino también sobre el éxito y fracaso humanos. Nos da lecciones de degradación ambiental, desigualdad de ingresos, guerra, violencia, división de clases, explotación, agitación social y fanatismo religioso. Pero también nos enseña cómo han prosperado y resistido las culturas, cómo han superado los retos de su entorno y el lado oscuro de la naturaleza humana. Nos muestra cómo se adaptaron las personas, vivieron sus vidas, se realizaron y hallaron sentido bajo condiciones fantásticamente diversas. Rastrea los fracasos y los éxitos. Nos cuenta cómo distintas culturas enfrentaron las dificultades y los retos, a veces de manera exitosa y a veces de formas que, aunque tuvieran éxito al principio, plantaron la semilla del colapso final. Los mayas crearon una sociedad vibrante y brillante que, al final, no logró ajustarse a un entorno cambiante ni a las necesidades de su pueblo; tampoco el Imperio romano y los antiguos khmers, por nombrar civilizaciones sacadas de la manga al azar. Pero la gente de la Ciudad del Jaguar sí se adaptó a los retos del bosque tropical, y siguieron prosperando en uno de los entornos más duros del planeta, lo transformaron en un hermoso jardín… y perecieron abruptamente.

Puedo recordar el momento exacto en que nos tropezamos con el depósito y vi por primera vez esa cabeza de jaguar sobresaliendo del piso. Brillante por la lluvia, se alzaba gruñendo, como si luchara por escapar de la tierra. Era una imagen que me hablaba directamente a través de los siglos, que forjaba una conexión inmediata y emotiva con ese pueblo desaparecido. Lo que había sido teórico para mí se volvió real: esa imagen vivaz había sido creada por gente confiada, consumada y formidable. Parado en la penumbra entre los montículos antiguos, casi podía sentir la presencia de los muertos invisibles. En su cenit, la gente de la ciudad de O1, la Ciudad del Jaguar, debió haberse sentido casi invulnerable en su reducto de valle circundado por montañas. ¿Qué poder podría derrocar a sus poderosos dioses y potentes rituales? Pero el invasor invisible entró como fantasma y blandió una destrucción tan imposible de resistir como de predecir. A veces, una sociedad puede ver acercarse su fin desde lejos y aun así no poder adaptarse, como los mayas; otras veces, el telón cae sin advertencia, y el espectáculo terminó.

Ninguna civilización ha sobrevivido por siempre. Todas avanzan hacia la disolución, una tras otra, como olas del mar contra la costa. Ninguna, incluyendo la nuestra, está exenta del destino universal.

Agradecimientos

Además de la gente incluida en este libro, me gustaría agradecer a muchas otras personas no mencionadas que hicieron posible este proyecto.

Me gustaría expresar mi profunda apreciación por la cooperación, permiso y apoyo del gobierno de Honduras: en particular del presidente Porfirio Lobo Sosa, el presidente Juan Orlando Hernández Alvarado; el secretario del Interior y de Población, Áfrico Madrid Hart; el ministro de Ciencia y Tecnología, Ramón Espinoza; Virgilio Paredes Trapero, director del Instituto Hondureño de Antropología e Historia (IHAH); Oscar Neil Cruz, jefe de la División de Arqueología del IHAH, y los arqueólogos Ranferi Juárez Silva, Norman Martínez y Santiago Escobar. Me siento agradecido con el ministro de Defensa, Samuel Reyes, y las Fuerzas Armadas de Honduras bajo el mando del general Fredy Santiago Díaz Zelaya; el general Carlos Roberto Puerto; el teniente coronel Willy Joel Oseguera y los soldados de TESON, Fuerzas Especiales de Honduras.

También quiero agradecer a mis muchos buenos editores: Millicent Bennett y Melanie Gold, de Grand Central Publishing; Alan Burdick y Dorothy Wickenden, del *New Yorker*;

Jamie Shreeve y Susan Goldberg, de *National Geographic*, y a Jaime Levine. Gracias especiales a Eric Simonoff, Raffaella De Angelis y Alicia Gordon de William Morris Endeavor; Jeremy Sabloff, Instituto Santa Fe; Michael Brown, Escuela de Investigaciones Avanzadas; David Hurst Thomas, Museo Estadounidense de Historia Natural; William Fash, Universidad de Harvard; el difunto Evon Z. Vogt, Universidad de Harvard; George Rossman, Caltech; Ann Ramenofsky, Universidad de Nuevo México; Timothy D. Maxwell, Oficina de Estudios Arqueológicos de Nuevo México; Fredrik Hiebert, National Geographic Society, y Robert Crippen, NASA Laboratorio de Propulsión a Reacción.

Estoy, como siempre y para siempre, agradecido con mis amigos y colegas del grupo Hachette Livre: Michael Pietsch, Jamie Raab, Caitlin Mulrooney-Lyski, Brian McLendon, Deb Futter, Andrew Duncan, Beth de Guzman, Oscar Stern, Shelby Howick, Flamur Tonuzi y Jessica Pierce. Sinceras gracias adicionales a Barbara Peters, Poisoned Pen Bookstore; Devereux Chatillon; Garry Spire; Maggie Begley; Wendi Weger; Myles Elsing; Roberto Ysais, y Karen Copeland, que lo mantiene todo en marcha. Y un agradecimiento muy especial a mi esposa, Christine, y a Selene, Josh, Aletheia e Isaac, y a mi madre, Doffy.

Finalmente, me gustaría expresar mi gran apreciación por los Institutos Nacionales de Salud, quienes, por medio de sus programas de investigación médica extraordinariamente valiosas y efectivas, han quitado el peso de la enfermedad y la miseria de millones de personas en Estados Unidos y todo el mundo. Me gustaría señalar que durante la última década, a causa de cortes presupuestarios mal dirigidos, los INS han sufrido un recorte de más de veinte por ciento de su financiamiento, lo que ha comprometido e incluso clausurado algunos de sus programas de investigación más importantes sobre problemas de salud que nos afectan a todos: enfermedades infecciosas, cáncer, diabetes, apoplejía, afecciones cardiacas, artritis, enfermedades mentales, adicciones y mucho más. Puede que no haya un mejor uso de los dólares de los contribuyentes que financiar los INS: son un brillante ejemplo de algo que nuestro gobierno hace extremadamente bien y que, a causa de los requisitos financieros y de lucro, el sector privado no puede lograr.

Fuentes y bibliografía

Las conversaciones reportadas en este libro fueron grabadas o escritas en el momento en el que ocurrieron. Los sucesos fueron registrados en tiempo real, en notas contemporáneas o en video. Ningún detalle, suceso, descubrimiento ni conversación fue reconstruido después del hecho ni imaginado. Para evitar confusiones y complejidad innecesarias, algunas citas de entrevistas llevadas a cabo en ocasiones separadas fueron combinadas en la misma conversación.

Las fuentes están organizadas según el orden aproximado en el que aparecen en cada capítulo.

Los capítulos sin fuentes declaradas están basados únicamente en la experiencia del autor.

Capítulo 2: En algún lugar de América

Entrevistas del autor y correspondencia con Ron Blom y Bob Crippen, Laboratorio de Propulsión a Reacción, agosto y septiembre de 1997.

Entrevista del autor con David Stuart, Harvard University, 1997.

Entrevista del autor con Gordon Willey, Harvard University, 1997.

Entrevistas del autor y correspondencia con Steve Elkins, 1997.

Capítulo 3: El diablo lo había matado

Hernán Cortés, "Carta dirigida a la sacra católica cesárea majestad del invictísimo Emperador Don Carlos V, desde la ciudad de Temixtitan, a 3 de setiembre de 1526 años", en Julio le Riverend (revisión y notas), *Cartas de relación de la conquista de América*, México, Editorial Nueva España, 1945, pp. 469 y 561.

Christopher Begley y Ellen Cox, "Reading and Writing the White City Legend: Allegories Past and Future", *Southwest Philosophy Review*, t. 23, núm. 1, enero de 2007.

John L. Stephens, *Incidents of Travel in Central America, Chiapas and Yucatan*, vols. 1 y 2, Nueva York, Dover Publications, 1969.

Edouard Conzemius, "Los indios payas de Honduras: Estudio geográfico, histórico, etnográfico y lingüístico", en *Journal de la Société des Américanistes*, t. 19, 1927, p. 302. Obtenido de persee.fr.

William Duncan Strong, "1936 Strong Honduras Expedition", t. 1 y 2, Washington, D.C., Instituto Smithsoniano. Diarios inéditos.

William Duncan Strong, "Honduras Expedition Journal 1933", Washington, D.C., Instituto Smithsoniano. Diario inédito.

Ralph Solecki y Charles Wagley, "William Duncan Strong, 1899-1962", *American Anthropologist*, t. 65, núm. 5, 1963. PDF obtenido de Wiley Online Library.

Capítulo 4: Una tierra de selvas crueles

Christopher S. Stewart, *Jungleland*, Nueva York, HarperCollins, 2013, (versión electrónica).

Lawrence M. Small, "A Passionate Collector", Washington, D.C., revista *Smithsonian*, noviembre de 2000.

"George Heye Dies; Museum Founder", *New York Times*, 21 de enero de 1957.

Leona Raphael, "Explorer Seeks Fabled Lost City; Spurns Weaker Sex Companionship", *Calgary Daily Herald*, 16 de junio de 1934.

"Frederick Mitchell-Hedges Dies; British Explorer and Author, 76", *New York Times*, 13 de junio de 1959.

J. Eric S. Thompson, *Maya Archaeologist*, Londres, Robert Hale, 1963.

"Seek Cradle of Race in American Jungle", *New York Times*, 24 de enero de 1931.

"Hold-Up of Explorer in England Proves Hoax", *New York Times*, 17 de enero de 1927.

Capítulo 5: Uno de los pocos misterios que quedan

" 'City of Monkey God' Is Believed Located", *New York Times*, 12 de julio de 1940.

"Honduran Jungles Yield Indian Data", *New York Times*, 2 de agosto de 1940.

"TV Producer a Suicide", *New York Times*, 28 de junio de 1954.

Christopher S. Stewart, *Jungleland*, *op. cit.*

Museo Nacional del Indígena Americano, Instituto Smithsoniano. 52 tarjetas de adquisición y fotografías inéditas de la Tercera Expedición Hondureña de Theodore Morde.

Theodore Morde, "In the Lost City of Ancient America's Monkey God", *Milwaukee Sentinel*, 22 de septiembre de 1940.

"Seek Long Lost City of Monkey God", *Sunday Morning Star*, United Press, 7 de abril de 1940.

"Theodore Ambrose Morde, 1911-1954". Tomo encuadernado inédito de documentos, cartas, artículos, fotografías y transcripciones originales de o relacionadas con Theodore Morde. En posesión de la familia Morde.

Theodore Morde y Lawrence Brown, diarios inéditos de la Tercera Expedición Hondureña (3 tomos), 1940. En posesión de la familia Morde.

Correo electrónico de Christopher Begley, 4 de noviembre de 2015, en el que confirma que Lancetillal es la supuesta ciudad de Morde.

Correspondencia con Derek Parent, 2015, 2016.

Capítulo 6: El corazón de las tinieblas

Entrevistas del autor y correspondencia con Steve Elkins, 1997, 2010-1016.

Entrevistas del autor con Bruce Heinicke, 2012.

Entrevista de Steve Elkins con George Hasemann, 1994.

Correspondencia del autor con la Universidad de Pensilvania y con la Universidad Estatal de Pensilvania.

Bhupendra, Jasani, "Remote Monitoring from Space: The Resolution Revolution", en *Verification Yearbook, 2000*, Londres, Vertic, 2000. Obtenido de <www.vertic.org/media/Archived_ Publications/Yearbooks/2000/VY00_Jasani.pdf>.

Entrevista de Steve Elkins con Sam Glassmire, 1997.

S/A, *Corán,* trad. de Julio Cortés, Barcelona, Herder, 1999.

Sam Glassmire, *The Bush*, libro en edición privada, 2002.

Sam Glassmire, "He Found a Lost City", *Denver Post Sunday Empire Magazine*, 27 de noviembre y 4 de diciembre de 1960.

Sam Glassmire, mapa dibujado a mano con fecha del 2 de febrero de1960.

"Obituario para Glassmire", *Albuquerque Journal*, 1º de diciembre de 2002.

Thomas H. Maugh II, "Ubar, Fabled Lost City, Found by L. A. Team", *Los Angeles Times*, 5 de febrero de 1992.

Capítulo 7: El pez que se tragó a la ballena

Philip Sherwell, "Welcome to Honduras, the Most Dangerous Country on the Planet", *Telegraph*, 16 de noviembre de 2013.

Rich Cohen, *The Fish That Ate the Whale*, Nueva York, Farrar, Straus and Giroux, 2012.

Boston Fruit Company, Registros de la Boston Fruit Company, 1891-1901, Biblioteca Baker, Escuela de Negocios de Harvard. Obtenido de Online Archival Search Information System.

United Fruit Company, "Andrew W. Preston Biography". Obtenido de unitedfruit.org.

Julio Verne, *La vuelta al mundo en 80 días*, trad. por Janina Muls, Barcelona, Bruguera, 1970.

William Finnegan, "An Old-Fashioned Coup", *New Yorker*, 30 de noviembre de 2009.

Capítulo 8: Láseres en la selva

"The Loot of Lima Treasure Story". Obtenido de aqvisions.com.

Arlen F. Chase, Diane Z. Chase y John F. Weishampel, "Lasers in the Jungle", *Archaeology*, t. 63, núm. 4, julio/agosto de 2010.

Arlen F. Chase *et al.*, "Geospatial Revolution and Remote Sensing LiDAR in Mesoamerican Archaeology", *Proceedings of the National Academy of Sciences*, t. 109, núm. 32, 25 de junio de 2012. Obtenido de pnas.org.

Arlen F. Chase *et al.*, "Airborne LiDAR, Archaeology, and the Ancient Maya Landscape at Caracol, Belize", *Journal of Archaeological Science*, t. 38, núm. 2, febrero de 2011.

Juan Carlos Fernández Díaz, "Lifting the Canopy Veil", *Imaging Notes*, t. 26, núm. 2, primavera de 2011.

Capítulo 9: Algo que nadie había hecho nunca

Entrevistas del autor y correspondencia con Bruce Heinicke, 2012, 2013.

Entrevista del autor con Mabel Heinicke, 2013.

Entrevista del autor con Ramesh Shrestha, 2013.

Entrevista del autor con William Carter, 2013.

Entrevistas del autor con Michael Sartori, 2012, 2013.

Entrevistas del autor con Steve Elkins, 2012-2016.

Entrevista del autor con el presidente Porfirio Lobo y el ministro Áfrico Madrid, 2013.

Capítulo 10: El lugar más peligroso del planeta

Entrevistas del autor con Bill Benenson, 2012, 2013, 2016.

Entrevistas del autor con Juan Carlos Fernández, 2012, 2013, 2016.

Entrevista del autor con Tom Weinberg, 2016.

Entrevistas del autor y correspondencia con Bruce Heinicke, 2012, 2013.

Capítulo 11: Territorio inexplorado

Entrevistas del autor con Chuck Gross, 2012, 2013.

Entrevistas del autor con Juan Carlos Fernández, 2012, 2015.

Entrevista del autor con Ramesh Shrestha, 2013.

Entrevista del autor con William Carter, 2013.

Entrevistas del autor con Michael Sartori, 2012, 2013.

Ramesh L. Shrestha y William E. Carter, "In Search of the 'Lost City' by Airborne Laser Swath Mapping in Honduras, Final Report", Houston, Centro de Investigación de Ingeniería en Sistemas de Geodetección, Universidad de Houston, 18 de julio de 2012. Informe inédito.

Capítulo 12: No hay coincidencias

Entrevista del autor con Áfrico Madrid, 2013.

"The Government of Honduras and UTL Scientific, LLC Announce Completion of First-Ever LiDAR Imaging Survey of La Mosquitia Region of Honduras", comunicado de prensa, UTL Scientific, 15 de mayo de 2012.

"UH Research Team Uses Airborne LiDAR to Unveil Possible Honduran Archaeological Ruins", comunicado de prensa, Universidad de Houston, 5 de junio de 2012.

Entrevista del autor con Rosemary Joyce, 2012.

"Mythical Ciudad Blanca", 20 de mayo de 2012. Obtenido de hondurasculturepolitics.blogspot.com. Uno de los autores anónimos de esta publicación de blog es Rosemary Joyce.

Rosemary Joyce, "Good Science, Big Hype, Bad Archaeology", 7 de junio de 2012. Obtenido de the Berkeley Blog, blogs.berkeley.edu.

Entrevistas del autor con Chris Fisher, 2013, 2015, 2016.

Entrevista del autor con Alicia González, 2013.

Capítulo 19: Controversia

Entrevista con Trond Larsen, 2016.

Carta de Harrison Ford al presidente Hernández, 22 de abril de 2016.

"Letter from International Scholars: Archaeological Finds in Honduras", publicada el 6 de marzo de 2015. Obtenida de realhonduranarchaeology.wordpress.com.

"Who Signed the Letter from International Scholars?" Obtenido de realhonduranarchaeology.wordpress.com.

La lista de firmantes es: doctor Christopher Begley, Universidad de Transilvania; doctora Eva Martínez, Universidad Nacional Autónoma de Honduras; doctora Rosemary Joyce, Universidad de California-Berkeley; doctor John Hoopes, Universidad de Kansas; doctor Warwick Bray, PhD, profesor emérito de arqueología latinoamericana, Colegio Universitario de Londres; doctor Mark Bonta, Universidad Estatal de Pensilvania; doctora Julia Hendon, Universidad de Gettysburg; doctor Pastor Gómez, historiador y arqueólogo hondureño; doctor Alexander Geurds, Universidad de Leiden y Universidad de Colorado-Boulder; licenciada Carmen Julia Fajardo, Universidad Nacional Autónoma de Honduras; doctora Gloria Lara Pinto, Universidad Nacional Autónoma de Honduras; doctor Jorge G. Marcos, Centro de Estudios Arqueológicos y Antropológicos, Escuela Superior Politécnica del Litoral, Guayaquil, Ecuador; doctor Geoff McCafferty, Universidad de Calgary; Mtro. y doctorante Adam Benfer, Universidad de Calgary; maestro Ricardo Agurcia, Asociación Copán; doctora Karen Holmberg, Universidad de Nueva York; maestro Roberto Herrera, Hunter College, Universidad de la Ciudad de Nueva York, doctorante por la Universidad de Nuevo México; doctor Christopher Fung, PhD, Universidad de Massachusetts–Boston; doctor Brent Metz, Universidad de Kansas; doctor Jeb Card, Universidad de Miami; doctor Ronald Webb, Universidad del Templo; doctora Karen O'Day, Universidad de Wisconsin-Eau Claire; doctora Antoinette Egitto, Universidad Haskell de las Naciones Indígenas; licenciado y maestrante Grant Berning, Universidad de Kansas; maestro y doctorante Roos Vlaskamp, Universidad de Leiden; maestra Silvia Gonzalez, Universidad Nacional Autónoma de Honduras.

Charles C. Poling, "A Lost City Found?", *American Archaeology*, t. 19, núm. 2, verano de 2015. (Algunos de los pasajes citados provienen de la correspondencia con Poling y los editores de *American Archaeology*, y no fueron publicados en el artículo final.)

Becca Clemens, "Transy Professor Gets Grant to Search for 'Lost City' in Honduras", *Lexington Herald Leader*, 5 de julio de 2011. Obtenido de <www.kentucky.com/news/local/counties/fayette-county/article44114496.html>.

Chris Kenning, "Kentucky Professor a Real-Life Indiana Jones", *Louisville Courier-Journal*, 10 de junio de 2016.

Sarah Larimer, "The Very Real Search for an Ancient City that Probably Doesn't Exist", *Washington Post*, 11 de enero de 2016.

Chris Begley, "The Pech and Archaeology in the Mosquitia", publicado el 15 de marzo de 2015. Obtenido de realhondura-narchaeology.wordpress.com.

Alan Yuhas, "Archaeologists Condemn National Geographic over Claims of Honduran 'Lost Cities'", *The Guardian*, 11 de marzo de 2015.

"Media FAQ: Under the LiDAR Expedition", febrero de 2015. Obtenido de resilientworld.com.

Entrevistas del autor con Virgilio Paredes, 2015, 2016.

Capítulo 20: La Cueva de las Calaveras Brillantes

Timothy Berg, "Digging 3,000 Years into the Past". Obtenido de old.planeta.com.

Entrevista del autor con James Brady, 2015.

James E. Brady, George Hasemann y John H. Fogarty, "Buried Secrets, Luminous Find", *Americas*, t. 47, núm. 4, julio-agosto de 1955.

John Noble Wilford, "Age of Burials In Honduras Stuns Scholars", *New York Times*, 26 de enero de 1995.

Joel Skidmore, "Copan's Founder", Obtenido de mesoweb.com.

William L. Fash, *Scribes, Warriors and Kings: The City of Copán and the Ancient Maya*, Nueva York, Thames & Hudson, 1991.

Ellen E. Bell, Marcello A. Canuto y Robert J. Sharer (eds.), *Understanding Early Classic Copan*. Philadelphia, Museo de Arqueología y Antropología de la Universidad de Pensilvania, 2004.

B. L. Turner y Jeremy A. Sabloff, "Classic Period Collapse of the Central Maya Lowlands: Insights about Human–Environment

Relationships for Sustainability", PNAS, t. 109, núm. 35, agosto de 2012. Obtenido de <pnas.org/content/109/35/13908>.

Marilyn A. Masson, "Maya Collapse Cycles", PNAS, t. 109, núm. 45, noviembre de 2012. Obtenido de <pnas.org/content/109/45/18237>.

Simon Martin y Nikolai Grube, *Chronicle of the Maya Kings and Queens*, segunda edición, Londres, Thames & Hudson, 2008.

Zach Zorich, "The Man under the Jaguar Mountain", *Archaeology*, t. 62, núm. 5, septiembre/octubre de 2009.

David Stuart, "The Arrival of Strangers". Extracto de un artículo presentado en la Universidad de Princeton, octubre de 1996, revisado en febrero de 1998. Obtenido de mesoweb.com.

Diego Durán, *Historia de las Indias de Nueva España e islas de tierra firme, t. 2: Libro de los ritos y ceremonias en las fiestas de los dioses y celebración de ellas*, México, Conaculta, 1995.

M. R., "Palace Coop", *Economist*, 14 de marzo de 2014.

Jared Diamond, *Colapso: por qué unas sociedades perduran y otras desaparecen*, Barcelona, Debate, 2012.

Entrevista del autor con John Hoopes, 2016.

Entrevistas del autor con Christopher Begley, 2012, 2015, 2016.

Christopher Taylor Begley, "Elite Power Strategies and External Connections in Ancient Eastern Honduras", tesis inédita, Universidad de Chicago, 1999.

Oscar Neil Cruz, *Informe Exploración en la Mosquitia*, Tegucigalpa, Archivo del IHAH, febrero de 2015. Informe inédito.

Christopher T. Fisher *et al.*, "Identifying Ancient Settlement Patterns through LiDAR in the Mosquitia Region of Honduras", PLOS/one, t. 11, núm. 8, agosto de 2016. Obtenido de <journals.plos.org/plosone/article?id=10.1371%2Fjournal.pone.0159890>.

Dealbook, "Blankfein Says He's Just Doing 'God's Work' ", *New York Times*, 9 de noviembre de 2009.

David Grann, *The Lost City of Z*, Nueva York, Doubleday, 2009.

Entrevistas del autor con Chris Fisher, 2015, 2016.
Entrevista del autor con Oscar Neil Cruz, 2015.

Capítulo 21: El símbolo de la muerte

George R. Rossman, "Studies on Rocks from the UTL Archeology
    Site in Honduras", informe inédito, 19 de diciembre de 2015.
Entrevista del autor con Chris Fisher, 2016.
Entrevista del autor con John Hoopes, 2016.
Correspondencia del autor con Rosemary Joyce, 2016.
Anne Chapman, *Masters of Animals: Oral Traditions of the Tolupan
    Indians*, Honduras, Filadelfia, Gordon and Breach, 1992.
David E. Stuart, *Anasazi America: Seventeen Centuries on the Road
    from Center Place*, Albuquerque, University of New Mexico
    Press, 2014.

Capítulo 22: Vinieron a marchitar las flores

Noble David Cook, *Born to Die: Disease and New World Conquest,
    1492-1650*, Cambridge, Cambridge University Press, 1998.
Cristóbal Colón, "Diario de navegación", en Julio le Riverend
    (revisión y notas), *Cartas de relación de la conquista de América*,
    México, Editorial Nueva España, 1945.
Cristóbal Colón, *Carta Relación del viaje de exploración a Cuba y
    Jamaica [418]*, citado por María Montserrat León Guerrero, *El
    segundo viaje colombino*, tesis de doctorado, Universidad de Valla-
    dolid, 2000.
Bernardino de Sahagún, *Historia general de las cosas de Nueva España*,
    trad. de Ángel María Garibay, México, Porrúa, 1970.
Bartolomé de las Casas, *Historia de las Indias*, México, FCE, 1965.
Francisco de Aguilar, *Relación breve de la conquista de la Nueva Espa-
    ña*, edición, estudio preliminar, notas y apéndices de Jorge

Gurría Lacroix, octava edición, México, UNAM, Instituto de Investigaciones Históricas, 1980.

Fernando de Alva Ixtlilxóchitl, *Relación de la venida de los españoles y principio de la ley evangélica*, en Bernardino de Sahagún, *Historia general de las cosas de Nueva España*, México, Porrúa, 1975.

Pedro de Alvarado, "Carta de D. Pedro de Alvarado al Emperador Carlos V, dándole cuenta de la construcción de su armada, y de sus propósitos de ir a descubrir, fechada en Santiago de Guatemala a 1° de septiembre de 1532", en J. Antonio Villacorta C., *Biblioteca "Goathemala", t. 12, Libro viejo de la fundación de Guatemala y papeles relativos a D. Pedro de Alvarado*, Guatemala, Sociedad de Geografía e Historia, 1934.

Antonio de Herrera, *Historia general de los hechos de los castellanos en las islas y tierra firme del mar océano*, t. 10, Madrid, Real Academia de Historia.

Ioseph de Acosta, *Historia natural y moral de las Indias*, Sevilla, Juan de León, 1590.

William M. Denevan (ed.), *The Native Population of the Americas in 1492*, segunda edición, Madison, University of Wisconsin Press, 1992.

David Henige, *Numbers from Nowhere: The American Indian Contact Population Debate*, Norman, University of Oklahoma Press, 1998.

Alfred W. Crosby Jr., *The Columbian Exchange: Biological and Cultural Consequences of 1492*, edición del 30 aniversario, Westport, Praeger Publishers, 2003.

Richard Preston, *The Demon in the Freezer: A True Story*, Nueva York, Random House, 2002.

Hugh Thomas, *Conquest: Montezuma, Cortés, and the Fall of Old Mexico*, Nueva York, Simon & Schuster, 1994.

Linda Newson, *El costo de la conquista*, trad. de Federico Travieso, Tegucigalpa, Guaymuras, 2000.

Ann F. Ramenofsky, *Vectors of Death: The Archaeology of European Contact*, Albuquerque, University of New Mexico Press, 1988.

Juan José Hoíl, *Libro de Chilam Balam de Chuyamel*, trad. de Antonio Mediz Bolio, México, Ediciones de la Universidad Nacional Autónoma, 1941.

Capítulo 23: Lepra blanca

G. Poinar Jr. y R. Poinar, "Evidence of Vector-Borne Disease of Early Cretaceous Reptiles", *Vector Borne Zoonotic Disease*, t. 4, núm. 4, invierno de 2004. Obtenido de <ncbi.nlm.nih.gov/pubmed/15682513>.

F. F. Tuon, V. A. Neto y V. S. Amato, "Leishmania: Origin, Evolution and Future since the Precambrian", FEMS *Immunology and Medical Microbiology*, t. 54, núm. 2, noviembre de 2008. Obtenido de <ncbi.nlm.nih.gov/pubmed/18631183>.

F. E. G. Cox (ed.), *The Wellcome Trust Illustrated History of Tropical Diseases*, Londres, Trustees of the Wellcome Trust, 1996.

Centers for Disease Control and Prevention, "Leishmaniasis". Obtenido de cdc.gov.

Elizabeth Martinson *et al.*, "Pathoecology of Chiribaya Parasitism", *Memórias do Instituto Oswaldo Cruz*, t. 98, Río de Janeiro, enero de 2003. Obtenido de scielo.br.

Maria Antonietta Costa *et al.*, "Ancient Leishmaniasis in a Highland Desert of Northern Chile", PLOS/*one*, t. 4, núm. 9, septiembre de 2009. Obtenido de journals.plos.org.

Alun Salt, "Ancient Skulls Haunted by Their Past", 28 de septiembre de 2009. Obtenido de alunsalt.com.

Entrevista del autor con James Kus, 2016.

Daniel W. Gade, *Nature and Culture in the Andes*, Madison, University of Wisconsin Press, 1999.

Obituary Notices of Fellows Deceased, Actas de la Sociedad Real de Londres, Serie B, Que Contiene Papeles de Carácter Biológico, t. 102, núm. 720, 2 de abril de 1928. (Biografía de William Leishman.)

Capítulo 24: Los Institutos Nacionales de Salud

Entrevistas del autor con el doctor Theodore Nash, 2015, 2016.
Entrevista del autor con la doctora Elise O'Connell, 2016.
Entrevistas del autor con Dave Yoder, 2015, 2016.

Capítulo 25: Una especie aislada

Entrevistas del autor con el doctor David Sacks, 2015.
Benenson Productions, entrevista grabada con el doctor David Sacks, 2015.
Entrevista del autor con el doctor Michael Grigg, 2016.

Capítulo 26: La Ciudad del Jaguar

Entrevista del autor y correspondencia con Juan Carlos Fernández, 2016.
Gabriela Gorbea, "Looters, Tourism, and Racism: Controversy Surrounds 'Discovery' of Lost City in Honduras", *Vice.com*, 31 de marzo de 2016. Obtenido de <news.vice.com/article/honduras-rainforest-controversy-white-city-lost-civilization>.
MASTA, "Comunicado Público". Obtenido de <www.masta-miskitu.org/files/COMUNICADO_PUEBLO_MISKITU-CASO_CIUDAD_BLANCA.pdf>.
Comunicación con John Hoopes, 2016.
Entrevista del autor con el presidente Juan Orlando Hernández, 2016.

Jared Diamond, *Armas, gérmenes y acero: breve historia de la humanidad en los últimos trece mil años*, trad. de Fabián Chueca, México, Debolsillo, 2016.

Francisco Hernández Arana Xajilá, *Memorial de Solola. Anales de los Cakchiqueles*, trad. de Adrián Recinos, México, FCE, 1950.

R. Molina, L. Gradoni y J. Alvar, "HIV and the Transmission of Leishmania", *Annals of Tropical Medicine and Parasitology*, t. 97, sup. 1, mayo de 2003. Obtenido de <www.who.int/ leishmaniasis/burden/hiv_coinfection/ATMP3.pdf>.

Organización Mundial de la Salud, "Leishmaniasis and HIV Coinfection". Obtenido del sitio de internet de la Organización Mundial de la Salud, who.int.

Entrevista del autor con la doctora Kristy Bradley, 2016.

Carmen F. Clarke *et al.*, "Emergence of Autochthonous Cutaneous Leishmaniasis in Northeastern Texas and Southeastern Oklahoma", *American Journal of Tropical Medicine and Hygiene*, t. 88, núm. 1, enero de 2013. Obtenido de <ncbi.nlm.nih.gov/ pmc/articles/PMC3541728/>.

Christine A. Petersen y Stephen C. Barr, "Canine Leishmaniasis in North America: Emerging or Newly Recognized?", *Veterinary Clinics of North America: Small Animal Practice*, t. 39, núm. 6, noviembre de 2009. Obtenido de <ncbi.nlm.nih.gov/ pmc/ articles/PMC2824922/>.

Bill & Melinda Gates Foundation, "Preparing for Pandemics", 10 de julio de 2016. Obtenido de <paidpost.nytimes.com/gatesfoundation/preparing-for-pandemics.html>.

Camila González *et al.*, "Climate Change and Risk of Leishmaniasis in North America: Predictions from Ecological Niche Models of Vector and Reservoir Hosts", *PLOS/Neglected Tropical*

Diseases, t. 4, núm. 1, enero de 2010. Obtenido de .

Benenson Productions, entrevista grabada con el doctor Anthony Fauci, 2015.

Richard Preston, Zona caliente, traducción de Antonio Juan Desmonts Gutiérrez, Barcelona, Salamandra, 2014.

Índice onomástico

Acerca del autor

DOUGLAS PRESTON trabajó como escritor y editor para el Museo Americano de Historia Natural y dio clases de escritura en la Universidad de Princeton. Ha escrito para el *New Yorker, Natural History, National Geographic, Harper's, Smithsonian* y el *Atlantic*. Es autor de varios libros aclamados de no ficción —incluyendo *Cities of Gold* y *El monstruo de Florencia*— y también coautor con Lincoln Child de la exitosa serie de novelas del agente Pendergast, del FBI.

Créditos fotográficos

Todas las fotografías fueron usadas con permiso

La Ciudad Perdida del Dios Mono de Douglas Preston
se terminó de imprimir en junio de 2018
en los talleres de
Impresora Tauro S.A. de C.V.
Av. Plutarco Elías Calles 396, col. Los Reyes,
Ciudad de México